第 十 六 辑

北大讲座

《北大讲座》编委会

北京大学 出版社
PEKING UNIVERSITY PRESS

图书在版编目(CIP)数据

北大讲座.第十六辑/《北大讲座》编委会.—北京:北京大学出版社,2007.12
ISBN 978-7-301-13154-1

Ⅰ.北… Ⅱ.北… Ⅲ.①社会科学—中国—文集②自然科学—中国—文集 Ⅳ.Z427

中国版本图书馆 CIP 数据核字(2007)第 182386 号

书　　　名:北大讲座(第十六辑)
著作责任者:《北大讲座》编委会
责 任 编 辑:胡利国
标 准 书 号:ISBN 978-7-301-13154-1/G·2258
出 版 发 行:北京大学出版社
地　　　址:北京市海淀区成府路 205 号　100871
网　　　址:http://www.pup.cn　电子邮箱:hlgws0380@sina.com
电　　　话:邮购部 62752015　发行部 62750672　出版部 62754962
　　　　　　编辑部 62765016
印　刷　者:北京汇林印务有限公司
经　销　者:新华书店
　　　　　　650mm×980mm　16 开本 20.25 印张　307 千字
　　　　　　2007 年 12 月第 1 版　2010 年 8 月第 2 次印刷
定　　　价:22.00 元

未经许可,不得以任何方式复制或抄袭本书之部分或全部内容。
版权所有,侵权必究
举报电话:010-62752024　电子邮箱:fd@pup.pku.edu.cn

北大讲座

季羡林

《北大讲座》编委会

主　　任：许智宏
副 主 任：张　彦
成员单位：北京大学党委宣传部
　　　　　北京大学学生工作部
　　　　　北京大学教务部
　　　　　北京大学教育基金会
　　　　　北京大学科学研究部
　　　　　北京大学社会科学部
　　　　　共青团北京大学委员会
　　　　　北京大学艺术学院
　　　　　北京大学出版社

《北大讲座》(第十六辑)编委会

主　　　编：韩　流
副　主　编：郑清文
执 行 主 编：卢　亮　于明明
执行副主编：赖琳娟　廖雯颖
编辑委员会：(按姓氏笔划排序)
　　　　　　马文彬　马清伟　王　鹏　刘晓玉　刘宏剑
　　　　　　庄姝婷　孙天博　余思颖　李翔宇　李　竹
　　　　　　李　佳　吴　迪　卓　杰　杨晓慧　陆顾婧
　　　　　　郝丽华　姬　晨　高晓敏　黄　莉　赖琳娟
　　　　　　廖雯颖　熊　攀

目　录

大学：大人之学……………………………………唐代兴/1
　　　大学就是追寻理性生活的地方，就是讲求道理、明辨是非的地方，就是学习掌握世界法则、宇宙规律、万物根本之智慧和方法的地方。说得更通俗点，大学就是培养人凡事先动脑子掌握根本，然后才按法则和规律行动的能力、品格的地方。

透视"万岛之国"印度尼西亚……………………………梁敏和/16
　　　印度尼西亚共和国，位于亚洲东南部，地跨赤道，有17508个大小岛屿，素称万岛之国，陆地面积1 904 443平方公里，海岸线3.5万公里，年平均温度25—27℃，人口2.4亿，是世界第四人口大国，100个多民族，爪哇族占47%，约88%的居民信奉伊斯兰教。首都雅加达。印尼国徽由一只金色的鹰、一面盾和鹰爪抓着的一条绶带组成，绶带上写着异中有同。主要旅游点有巴厘岛、婆罗浮屠佛塔、印尼缩影公园、日惹王宫、多巴湖等。

武术散打技术及其比赛规则………………………………毛智和/28
　　　散打，又称武术散打，简单地说就是两人徒手面对面地打斗。散打是中国武术一个主要的表现形式，以踢、打、摔、拿四大技法为主要进攻手段。另外，还有防守、步法等技术。1979年散打在我国成为竞技的比赛项目。散打比赛允许使用踢、打、摔，不允许使用擒拿，不许攻击后脑、喉、裆等要害部位；运动员分体重、穿护具在相同的条件下平等竞争。散打是一项对抗性很强的运动，练习散打能培养机智、顽强、勇敢、灵活、果断等意志品质。至于强身健体，凡是参加散打运动的人都能体会到，散打运动员的强健体魄是从散打训练中得到的。

温柔可以改变世界…………………………………………张李玺/39
　　　温柔可以改变世界，温柔不一定不坚强，温柔不一定不自信，温柔不一定没有个性。温柔是女性的特质。男性一定要记住：女性不解放，男性永远也不会得到真正的自由。

美丽的意味……………………………………………………… 俞　虹/51
　　　美丽的女性,她意气风发,积极进取,进步、自主、自强,充满了自信与坚定,很阳光,很健康;美丽的女性,她淡泊、优雅、温柔、恬静,远离浮躁、浅薄、轻浮;美丽的女性,她宽容、大气、坦诚,欣赏别人,也欣赏自己,她有好人缘,她随遇而安;美丽的女性,她简单、坦率、真诚、纯粹,不矫揉造作;美丽的女性,她得体,言谈举止把握好分寸,她浓妆淡抹总相宜;美丽的女性,她秀外慧中。

我国环境问题的解决思路
　　——从环境保护到可持续发展……………………… 王　奇/59
环境伦理中的科学与民主
　　——漫谈环境实用主义…………………………… 林官明/76
全球变化与人类生存环境安全…………………………… 刘树华/90
　　　本讲座讲述当前人们关注的全球变化概念;全球变化证据;全球变化成因;全球变化研究项目介绍;全球变化研究方法;全球变化气候系统观测研究;温室效应防治对策;人类面临的环境危机,提高人类环境保护意识的迫切性和重要性;通过介绍国际上重大环境生态研究计划的实施,启发学生对国际重大科学问题的思考和责任感,加强环境生态保护意识。培养创新精神和实践能力,促进知识、能力、素质的综合提高。

中国环境法规政策回顾与展望…………………………… 别　涛/132
信息技术与微电子………………………………………… 张　兴/143
　　　微电子是信息社会的基石,没有微电子就没有今天的信息社会。要把我国建设成为一个微电子强国依然任重而道远。我们要实现民族的伟大复兴,仅仅靠传统的产业是很难实现的,那么必须发展我国的信息产业。未来十余年对我们国家的微电子产业来说是一个非常重要的时期。

全球化的经济特点和中国数字产业的发展情况……………… 乔世赵/161
漫谈德国文学批评教皇赖希·拉尼茨基………………… 黄燎宇/177
　　　赖希·拉尼茨基是德国著名的文学评论家,从小在德国长大,纳粹统治时期被迫流亡波兰,在"华沙犹太人隔离区"度过了几年非人生活的日子,1958年返回德国,担任《法兰克福汇报》文艺副刊主编达15年之久;他在德国文学评论界独领风骚数十年,享誉欧洲文坛,有"文学教皇"之称。拉尼茨基20世纪80年代就访问过中国,他的作品也深受我国读者的喜爱。

目 录

《源氏物语》在中国 ·························· 文洁若　张龙妹/195
　　《源氏物语》是日本最早的长篇小说，也是目前所知世界上第一部长篇小说，共五十四卷，一百余万字。作者是平安时代（公元794—1192年）的著名女作家紫式部（973—1015），成书年代在11世纪初。这部小说描写了宫中的斗争，反映了当时妇女的无权地位和苦难生活，被称为日本的国宝。本讲座主要介绍的是《源氏物语》在中国的几个译本的大致情况。

女娲神话的民俗研究 ······························ 王　娟/215
　　女娲神话是我国古代创世神话中的精彩而又经典的乐典，女娲补天造人，与伏羲一起繁衍人类，从神话角度回答了人类的起源问题。女娲作为古老的华夏大地母系氏族社会女性的化身，女神的形象，被中国文化认可。女娲文化是一种独特的文化现象，值得我们关注。

纠纷的化解
　　——理论思考与经验研究 ························ 刘世定/226

浅论哲学经典的解释问题
　　——以《庄子》的解释为例 ······················ 韩林合/246
　　哲学经典需要解释，哲学经典的生命力就在于解释。每一个哲学经典文本都有若干多可能的解释，我们根据不同的理解、不同的训练，本着创新的精神，尽量完全地、系统地、一致地去解释它们，这就是哲学的生命所在。

传统文化与新农村建设 ···························· 雷　原/257
我为什么写科幻 ······························ 韩　松/285
中国医药学——伟大的宝库 ························ 杨志勋/296
　　中医学博大精深，来源于民间，来自于五千年广大百姓的实践；中医在所有的学科里面是一门做人与做事统一的学科，中医特别强调：做事先做人，学医先学道；中医药不是一门简单的技术，它来自于中国文化，并以它为基础；中医能够增强人们融类旁通的能力。

大学:大人之学

■唐代兴

唐代兴,1956年生,男,四川广安人。四川大学文学院教授,硕士研究生导师。主要研究方向是哲学,包括伦理学、美学、政治哲学和教育哲学。研究的基本主题是"当代人类何以才能理性生存发展"。20多年来一直围绕这一主题,分别从形而上学、伦理学、美学、政治哲学、教育哲学等领域,展开对生态理性哲学的探询。他一生的学术使命是完成36卷本《生态理性研究》,构建当代生态理性哲学思想及其方法论体系。初步发表论文70余篇,出版个人学术专著10本,其中伦理学三本:《利益伦理》(北京大学出版社,2002)、《公正伦理与制度道德》(人民出版社,2003)、《优良道德体系论:新伦理学研究》(中国大百科全书出版社,2004);美学专著1本:《当代语义美学论纲:人类行为意义研究》(四川人民出版社,2001);哲学专著5本:《生态理性哲学导论》(北京大学出版社,2005)、《语义场导论:人类行为动力研究》(四川大学出版社,1998)、《作家哲学论》(香港:新世纪出版社,1990)、《人类书写论》(香港:新世纪出版社,1991)、《超越人生极限的力量和方法》(中国国际广播出版社,2003)。获科研成果奖两项:伦理学专著《公正伦理与制度道德》获2004年四川省第十一届哲学社会科学优秀成果二等奖;哲学专著《语义场导:人类行为动力研究》获2000年四川省第九届哲学社会科学优秀成果社联奖。另有伦理学专著《宪政伦理》、《制度伦理》和教育哲学专著《汉语教育哲学导论》即将出版。目前正在从事《伦理学的生态哲学基础和道德蓝图》(六卷本)研究。

一、什么是大学?

我想,作为大学生,需要做的第一件事,就是去了解大学。要了解大学,最好是了解大学的诞生。大学最早诞生于何处?因为什么而诞生?大学诞生之后主要干什么?为什么要干这些呢?

最早的大学并不诞生于中国。中国第一所大学,既不是湖南大学(有人认为中国最早的大学是湖南大学,湖南大学的前身是岳麓书院,北宋开宝九年,即公元976年创办,其前身是唐末五代——约958年智睿等二僧所办学堂。岳麓书院根本不具备现代大学的任何特征),也不是清朝盛宣怀创办的北洋大学堂(1895)和南洋公学(1896),更不是北大的前身京师大学堂(1898年筹办,1902年12月17日开学典礼),而是诞生于19世纪60年代的英国教会大学——上海圣约翰大学。上海圣约翰大学是完全按照西方大学模式设立的大学,这所大学实力雄厚,1952年全国高校院系调整时并入上海其他高校。

中国最早的大学也只有150年历史,并且其大学理念和模式均源于西方;西方最早的大学是意大利的博罗尼亚大学(1088),距今近千年;其次是法国的巴黎大学(1170)、英国的牛津大学(1167)和剑桥大学(1209)。

西方的大学产生于宗教。在人类四大古文明中,希腊是最灿烂的一支,辉煌的希腊文明被罗马文明所取代的最终文明标志,就是基督教的胜利,基督教成为罗马时代的主导意识形态,实现了政教合一。基督教有两个来源:一是古希腊的哲学遗产(关心世界的本原、宇宙的生成、万物有灵论)和理性教化精神(人是可教的动物);二是基督教经典《圣经》(包括记载希伯莱人,即犹太教经典的《旧约》和记载耶稣及门徒言行的《新约》)。在宗教对政治的主导这种格局中,宗教哲学繁荣,公元5世纪奥古斯丁实现了对基督教信仰精神与哲学理性精神的第一次大综合,把基督教由一个只是信仰的宗教变成了一个理性的宗教,一个讲道理的宗教。宗教开始学术化,到了公元12世纪,托马斯·阿奎那完成了基督教的第二次大综合,使基督教更加理性化,基督教变得越来越能够讲道理,越来越讲究严格的理论推理,于是就有了最早的大学。大学诞生于宗教的理性化,诞生于宗教信仰的学术化,诞生于宗教追求讲道理、讲最高法则、讲普遍规律、讲最终秩序。人类最早产生的这批大学——博罗尼亚大学、巴黎大学、牛津大学、剑桥大学等等,这些大学干什么呢?就是要寻找上帝创造这个世界时赋予的规律、规则,就是要寻找一种抽象的道理,寻找万物背后的Logos。换句话讲,大学就是干一些只说不做的事,并且是光说一些没有用的东西。比如,针尖上能站多少个天使；上帝抽取亚当身上一根肋骨，把它变成了夏娃（女人），那男人身上现在是不是少了一根肋骨；秃头复活以后在天堂里面长不长头发；上帝可不可以是女人的样子；亚当和夏娃有没有肚脐眼，等等。这些问题看起来无聊透顶，但是这些问题就是最早的大学要争论的话题。从实用的角度看，这些争论毫无意义，但这种表面看来无意义的争论却体现了一种更大的意义，即这种争论背后有一个信念，那就是万物背后都是有道理的，这个道理才是万物的根本，而且这个道理是可以争出来，是可以推理的，可以去证明的，可以去寻找的，越争论，真理就越明白。西方最早的大学，做的就是这些事情。大学，是一个社会的文化精英、思想家们聚集的所在，从一开始，西方社会的精英们就相信这个社会必须有一种超越任何个人意志，超越物质外表的一种抽象的道理，一种法则，一种规律，一种秩序，而且这种抽象的法则、规律、秩序本身能够严格遵守逻辑（比如永恒的活火，在变中不变，在不变中变），遵守数学原理（点、线、面、体）、遵守实证推理。这样一个东西，这就是古希腊的理性思维，这就是柏拉图的学院（Academy）留下来的这样一种精神，这种精神就是现代大学精神。柏拉图的学院要干什么呢？西方人认为，看得见摸得着的东西并不是最重要的，它背后有一个抽象的能够用数学、用逻辑、用语言精确表达的 Logos，按今天的话说，是一种规律、一种规则，那才是万物的根本。只要把握了这个 Logos，把握了万物的规律，你就把握了万物。这种柏拉图式的信念，也就是古希腊哲学的基本精神，通过基督教的讲道理和理论推究，而构成了现代大学精神（顺便说一下，这种大学精神与近代城市运动的结合，就产生了资本主义）。

　　由此可以看到，大学就是追寻理性生活的地方，就是讲求道理、明辨是非的地方，就是学习掌握世界法则、宇宙规律、万物根本之智慧和方法的地方。说得更通俗点，大学就是培养人凡事先动脑子掌握根本，然后才按法则和规律行动的能力、品格的地方。换句话讲，大学就是引导我们追求真理、获得真理、掌握真理，然后运用真理来指导实践和检验实践，而不是用实践来检验真理。用实践来检验真理，是让人的行动始终先于思考，因而行动始终只能跟着感觉走，失误与挫折，就不断纠缠着我们。相反，用真理来规范和检验实践，则可使行动避免盲动，减少挫折与失误。

二、大学对于我们来讲,意味着什么?

大学既然是一个寻求理性、讲求道理、明辨是非、了解根本、掌握法则的场所,那么,大学对于在座的同学们来讲,意味着什么呢?

为此,我想说说"大学"这个概念。首先,我先说说大学之"学"字。什么叫大学之"学",当问这个问题时,我首先想到中国的第一位教育家、思想家孔子,记载他及其弟子之言行的汇编《论语》开篇曰:"学而时习之,不亦悦乎!有朋自远方来,不亦乐乎!人不知而不愠,不亦君子乎!"孔子的这段话,分别从三个方面解释了"学"的内涵和学的对象内容:

孔子之"学"→
⎡ 学而时习之,不亦悦乎!→学知识,要不失时机,
⎢ 有朋自远方来,不亦乐乎!→学知人(他人和自己)
⎣ 人不知而不愠,不亦君子乎!→学做人—⎡待人要宽容
　　　　　　　　　　　　　　　　　　　⎢→对己要豁达
　　　　　　　　　　　　　　　　　　　⎣对事要严格

孔子所释义的"学",应该说,包含了我们今天所讲的大学之"学"的基本含义:

大学之学→
⎡ 知知之学——不失时机(主动性)
⎢ 知人之学—不论对象(普遍性)
⎣ 做人之学——不计得失——⎡待人要宽容
　　　　　　　　　　　　⎢对己要豁达
　　　　　　　　　　　　⎣对事要严肃、严谨、严格
　　　　(超越性→为我)

概括1:大学对我们来讲,意味着主动地追求知识之道,普遍实践知人和知己之道,积极地探索超越性的做人之道;概言之,大学意味着引导我们追求(自然、社会、人生)真理。

其次,再说说大学之"大"字。什么叫大学之"大"? 大学是与小学、中学相区别而成其为大的,所以,大学之大从根本上体现为它追求认知、生活、做人的大气魄、大胸襟:

大学之大 → {
　大知识 → 大视野、大认知、大方法
　大智慧 → 大情感、大意志、大情绪、大志向、大目标
　大学问 → 大问题、大思考、大探索
}

比如，中学时的生活主题是考上大学就好了，因而，一切问题都围绕如何考上大学、考上好大学而展开。到了大学，考上大学并不是什么都好了，而是一切都变成了问题，一切都得从头来开始，并且所面临的一切问题，都有待你获得了"大"的视野、确定了大的志向与目标、进行了大的思考与探索之后，才可能一一解决。

概括2：大学对于我们来讲，意味着让我们学会用脑袋支配身体，用思想支配行动，用理性支配欲望，用道理控制野性，用推理实证阻止粗暴与蛮干。总之，一句话，大学意味着使我们敬畏真理、遵循法则、理性行动和生活。

再次，将大学之学和大学之大结合起来看，所谓大学，就是使人成就为大人的学府是也。

什么叫"大人"？我理解，"大人"首先指成人，并在此基础上成为成人之大者：

首先，大人即成人，成人乃成熟的人 → {
　成熟的意志
　成熟的情感
　成熟的思想与认识
　成熟的心理
} → 大人即担当责任的人

在成熟的人的众多构成条件中，最重要的是成熟的意志，这是决定一个人的人生走向、人生命运的根本力量和决定因素。

成熟意志的标志 → {
　独立判断力、辨识力：意志是人生的灵魂、统帅、主宰
　明确的方向性：意志的方向性生成人生的目标感和情感方向
　自我坚韧力：生命的内力，即生命的抗挫力、自救力、自拯力、自强力
}

概括3：大学意味着培养我们自我成长的精神、自我拯救、自我强大的力量和自我担当生活责任的能力与德性。

三、对我们来讲,大学生意味着什么?

1996年的一天,在华盛顿最繁华的大街上,有一个人卖一块铜牌,喊价28万美元,其实这块铜牌只值9美元。好奇的记者一打听,得知他是一位艺术家,于是把他邀请到了电视台,请他讲述为何要把价值9美元的铜牌标成28万美元的天价。这位艺术家说:这块价值9美元的铜牌如果制成门柄,价值增值为21美元;如果制成日常生活品,价值就变成300美元;如果用它制成纪念碑,它的价值就该是28万美元。他的创意打动了华尔街的一位金融家,他买下这块铜牌为一位成功人士制造了一座铜像,价值为30万美元。

这个故事告诉了我们,大学生意味着什么?不管我们愿意还是不愿意,我们都付出了十二年的珍贵生命来换取大学生这个资格;不管我们意识到没有,我们的父母、家庭都十二年如一日,为我们能获得大学生资格而牺牲了太多太多。难道我们自己的付出和父母、家庭的牺牲,就仅仅是换一个大学生的资格吗?不!我们以及我们的父母、家庭为之所付出和牺牲的一切,都是为了使我们能够成为**塑造自我人生**的艺术家。大学,就是把我们每个人培养成为塑造自我人生的艺术家的地方。我们每个人,生下来不过是一个自然的动物,中小学学习,使我们这些自然的动物变成了社会的动物,作为社会的动物,我们就是一块待打造的"铜牌",价值不过9美元。我们成为大学生,就意味着我们获得了打造我们生命之躯的艺术家资格,我们凭借大学给我们提供的平台,把自己的生命锻造成为社会生活和人类历史的纪念碑。当然,如果我们不很好地珍惜,或者根本没有意识到自己的艺术家责任,我们就有可能把自己打造成粗糙的"门柄"(21美元)或普通的"制成品"(300美元)。

大学生即是自我人生塑造的艺术家。

大学生要成为自我人生塑造的艺术家,需要一种崭新的生存姿态和学业姿态。这种生存姿态和学业姿态之所以"新"就在于它既不同于小学生,也不同于中学生:小学生是以躺着的姿态而生活和学习,中学生是以坐着的姿态而生活和学习,而大学生则需要一种站着的姿态来生活和学习。以站着的姿态来生活和学习,意味着:第一,必须努力站立为人;第二,必须为站立而为人而积极主动,竭尽全力,用心专一;第三,必须在站立中抬起头,挺起胸,瞭望天空。哲学家、数学家和教育哲学家怀特海认为,"大学的理想与其说是知识,不如说是力量,大学的任务在于把一个孩子的知识转变为一个成人的力量。"①因此,他指出:"在中学阶段,从智力培养方面来说,学生们一直伏案专心于自己的课业;而在大学里,他们应该站立起来并四面瞭望。正因为如此,如果大学的第一年仍然耗费在用旧的态度重温旧的功课,这是致命的错误。"②

大学生要成为自我人生塑造的艺术家,必须去学会探索一种自我激励的方式:取法上上。

大学生要成为自我人生塑造的艺术家,必须掌握"三定"的自我教育方式:定位→定性→节欲。

大学生要成为自我人生塑造的艺术家,必须具备"三学会"的自我关怀方式:学会照顾自己(心灵、情感、意志、理想情操、浪漫精神的照顾),学会约束自己,学会超越自己。

大学生要成为自我人生塑造的艺术家,除了上面这些要求外,还需要不断地进行自我认识,不断地提升"**高水平的承认自己**"的能力。

故事之一　中国古代医书《医部奏录》记载这样一个医案:明朝年间,一个村姑因发伸了一个懒腰、打了一个哈欠,两个上肢再也放不下来了。面对如此怪病,家人着急万分,从外地请了一个名郎中来给姑娘治病,郎中一边说此病必须用艾叶敷灸脐下丹田,一边便动手去解姑娘的裙带,姑娘羞得赶快用手去掩护,不知不觉中两只胳膊都放下来了。

故事之二　在沙特阿拉伯的塔伊夫城,一个25岁的姑娘,长得非常漂亮,可惜是一个哑巴,并且不明不白地哑了20年,家人多年奔走求治无任何效果。一天,一个媒婆领来一个50岁的老头,姑娘的父亲逼着女儿嫁给他,哑姑娘在情急之下脱口而出:"不,我宁死也不嫁给他。"姑娘的哑症不治自愈。

这两个真实的事例揭示了一个普遍性现象:一个人如果在特定的环境中,给他一个致命的刺激,往往会激活体内的潜在的神秘力量,使原来

---

① 怀特海:《教育的目的》,三联书店2002年版,第49页。
② 同上书,第47页。

的"症状"彻底消除。

这两个真实的事例也表明了一个心理事实：人身上都有其未被开发和挖掘的内在能力或能量（躯体的、心理的、情感的、意志的、智力的和生命整体的）。这种内在能力和能量，从躯体的角度讲，是免疫力和自愈力；从心理、情感角度讲，是自化力和自纯力；从意志、品格和生命角度讲，是自张（张扬、扩张）力和自创力；从智力角度讲，是自掘力和自生力。

生命研究表明：人的内在能力与能量 90% 处于休眠状态，未得到开发。

一位心理学家曾经运用整体分析的方法，系统地研究了如杰斐逊、林肯、罗斯福、卢梭、弗洛伊德、歌德、爱因斯坦等历史名人，最后得出结论：高水平地承认自己，相信自己具有超常的自动力和创造力，是促使自己获得人生成功、成就的主要因素、主要动力。

四、对我们来讲，大学生活意味着什么？

大学生的生活面临着两个方面的根本任务：一是成长；二是学习。

1. 大学生活意味着创造性的学习

大学生活的基本任务，就是创造性地学习，因为真正意义上的大学教育，始终是一种智慧化的力量教育：

第一，中学教育是以**传授基础知识**为主要内容的教育，它以记忆、掌握和重复运用知识为主要任务；大学教育却是一种**智慧教育**，它要求学生必须身心整体投入、感受、体验、领悟，从而达到整体理解，追求对新知识、新方法、新智慧、新思想的创造。因而，同样是学知识，中学生学习主要是运用新知，大学生学习主要是创造或开拓新知。

第二，中学教育是以培养学生**一般智力**为基本任务的教育；大学教育则是以**专业的方式**全面、纵深开发人的心智、情商、潜能的教育，所以，自我综合开发心智、情商、潜能，成为大学生学习的奠基任务。

第三，中学教育是以**对知识和智力的反复强化训练**为基本途径，大学教育则是以**强化方法为基本途径**，包括培养和训练学生的思维方法、思想方法、学习方法、读书方法、查阅、检索资料的方法、收集、处理、归类信息的方法、发现问题、探索问题、解决问题的方法、实践操作方法等等，因而，探索方法、革新方法，成为大学生学习的基础性任务。

第四，中学教育以培养学生情感、开阔学生知识视野、激发学生的好奇心和想象力为重要任务；大学教育则必须以开阔学生文化视野、形成学生学科历史意识、学科与学科间渗透、融合发展观、形成学生科学探索精神为重要任务。因而，大学生的学习面临两个基本问题：一是在学习学科理论知识的过程中，必须养成学科发展观和学科历史品格；二是在学科知识拓展的过程中，必须追求跨学科、跨专业的文化视野和专通并举的科学探索精神。

第五，中学教育以培养学生的感性思维能力为主、以奠定理性思维能力基础为主要的思维任务，大学教育则着力对学生进行理性思维能力的深度训练和广度训练，在此基础上培养学生独立的、有创见性的认知能力和思想能力。

概括如上五方面，大学学习生活具有如下特点：第一，始终充满了学科探索的前沿性、启发性、激励性、想象性；第二，始终充满了思想、方法、视野的探索性、求证性；第三，始终充满了科学精神的开创性和人类文化视野的拓展性；第四，始终充满了学科发展的历史观，充满了人类智慧进步的整体观和人类文明前进的生态观。

2. 大学生活意味着自主独立的成长

大学生和中学生都追求成长，中学生的成长主要表现为如下两个方面的倾向性：第一，中学生的成长更多是生理的，往往与独立、自主、责任相脱离，也更多地与人格、尊严、荣誉、道德不相干。第二，中学生的成长多在襁褓中展开，它具有方向不明确的散漫性、任意性和父母家庭老师的呵护性，换句话讲，中学生的成长是在家长的监护下和老师的保护下展开的。第三，成长的蓝图主要靠父母或老师来设定，并且实施也主要靠父母或老师。

大学生的成长，第一，更多是精神（心理、情感、意志）的，因而其成长必然与独立、自主、责任紧密联系，并体现其个人的人格、尊严、荣誉和道德感。换句话讲，大学生的成长就是追求独立人格、担当责任、有道德地做人、有尊严地生活(在家不讲个人卫生没啥,在学校不讲个人卫生,就没有尊严;在家偷偷地拿点东西,不是一回事,如果这个习惯存在于大学宿舍,则就是不道德,甚至是犯罪)。第二,大学生的成长是在独立自主匍匐前行中展开的(过桥爬坡——自我激励、自我鞭策),它具有明确的方向性和自我鞭策性。换句话讲,大学生的成长是靠自我激励、自我教育、自我关怀来实现的。第三,大学生的成长蓝图靠自己自主设计,其成长蓝图的实施也靠自己。因而,大学生的成长必须遵循拿破仑的创生原则。

拿破仑一生干了两件流传千古的事,一是用手中的剑征服和统一过欧洲,二是为后世留下四句千古名言:"不想当将军的士兵不是好士兵"、"灵魂比剑还硬"、"想象力统治着世界"、"唯一不会留下遗憾的征服,就是对愚昧的征服"。

拿破仑征服和统一欧洲不过是他的这四句名言的人生实践。拿破仑不仅是最伟大的政治军事家,而且他首先是最伟大的思想家和教育家,他的四句名言构成了他完整的思想体系,也构成了最完整的教育和自我教育思想体系,所以,我从教育和自我教育角度,把拿破仑的思想概括为"拿破仑创生原则"。

第一条创生原则:**自我主人原则**。"灵魂比剑还硬"——人有两个形体,并由此形成两个自我:一个外形体,即我们的躯体,这是外在的自我;另一个是内形体,即我们的灵魂,这是内在的自我。内在自我的灵魂表现为对外在自我的支配,就是自我意志。自我意志统帅自我人生;我是独一无二的这一个,我才是我自己的主人,我应该拥有使我成为我自己的主人的独立意志,并且生生不息,顽强不已。

第二条创生原则:**目标·行动·效果原则**。"不想当将军的士兵不是好士兵"——你是你自己的塑造者,你想你自己成为什么样的人,你就会最终成为什么样的人。在人的世界里,或者说在人的生活里,不是物质决定精神,也不是环境决定人生,更不是条件决定作为,而是精神决定物质,人生志向改变环境。作为创造条件,因为对任何一个人来讲,目标决定行动,行动产生效果,效果创造条件、改变环境。

这一创生原则还告诉我们:在人的社会里,等级永远存在,社会即是等级的社会,无作为的平等和自由永远不存在。平等只意味着生活的起点的平等、机会的平等和行动规则的平等,在这样一个以起点、机会、规则为根本内容的平等平台上,产生出等级人生,你居于什么样的等级,获得什么样的生存发展空间,完全由你自己遵循平等的规则而塑造自己、改变自己,并在塑造和改变自己的过程中,为他人和社会所做出的贡献的大小而定。因而,拿破仑的**目标·行动·效果原则**亦可称为平等创造原则。

第三条创生原则:**生存疆域拓展原则**。"想象力统治着世界"——人只能做他曾经想过的事情……你能想象到什么程度,你的世界就达到哪种疆域;想象是一切创造之父,想象是生活希望的播种机,是人生浪漫的原动力。

第四条创生原则:**思想指导人生原则**。"唯一不会留下悔恨的征服是对愚昧无知的征服"——人的生命受之于天,形之于地,得之于父母,浩瀚天宇的神意、广袤大地的灵光,还有人与群所散发出来的气势,均灌注于人体,集聚于大脑,灵光的大脑成为人策划自我、创生自我的中枢,而人的屁股功能则主要是支撑躯体重压的,所以它需要一堆死肉。在这里,大脑意味着思想,而屁股象征本能和欲望。思想指导人生原则,就是大脑支配屁股的原则,大学生之成为大学生,就是学会用大脑支配屁股的人生法则与智慧,而不能用屁股支配大脑。用屁股支配大脑、指导人生,就是愚昧无知;用大脑支配屁股、指导人生,就是对愚昧无知的征服。

例1 比如每年都有一些成绩好的学生或因考得不好、或因自愿填得不好而到一般大学或者自己不喜欢的大学读书。对这些学生来讲,四年大学生活将如何度过,四年之后将以什么样的姿态走出校门,这主要取决于自己是用灵光的大脑思考学校与自己的关系,还是用死肉一堆的屁股来思考学校与自己的关系。如果是取前者,就会从刘禹锡的"山不在高,有仙则名,水不在深,有龙则灵"里获得灵性的感悟:学业成败的关键,并不在学校,也不在学校的名气,而是自己如何对待自己和开发自己。如果你一心想做仙,在什么样的山里修炼,你都能成为仙;如果你是一条龙,在什么样的水里,你仍然是龙,并且终将腾空而起。如果你用死肉一堆的屁股来思考,你所感受到的全部是一片人生的黑暗,并在惋惜自己由龙而虫的苦闷中度过几年大学生活,结果不仅什么也没有学到,而且还可能消磨掉你全部人生斗志。

例2 学校对于我们来讲是重要的,但学校并不决定我们今天的作为和未来的人生,决定我们今天的作为和未来人生的,永远是我们的思

想,是我们用大脑来思考的思想。几年前,因上课的缘故,曾经有5个学生成为我家里的常客。客观地讲,他们都很聪明、有灵性,我给他们讲同样的道理,提出同样的鼓励。他们中只有一个人自始至终用大脑来思考我的建议,最后考上北大哲学系的研究生。另外三个偶尔用大脑来思考,结果是两个考上本校,一个考上本省的另一所普通学校的研究生。还有一个,开始一年半用大脑思考,大二上学期就过了英语六级,后来两年多时间里,与高年级的几位社会活动家交友频繁,开始用屁股面对我的建议,结果,考研失败,回去当了一年多教师。这段经历促使他大脑的清醒,反思自己用屁股设计人生的失误,因而,他重新辞职回到学校跟随我学习伦理学考研。这半年多来,他重新学着用大脑思考的方式与我交流,思维进展迅速,而且对未来人生充满自信。

思想指导人生的原则,是大学生在大学期间真正成为大人的根本原则。祝在座的每位大学生朋友,从走进大学校门开始,就学会个性化地和创造性地运用这一原则,来指导自己的行动,履行好读书的天职,自我培养人生的根底能力和生存技能。

五、大学生活中的教与学

大学与中学的区别,有许多许多。如果从教师教与学生学这个角度看,更应该注意如下这些方面:

1. 中学里有固定的教室、固定的座位、固定的教师,大学里则教室不固定,座位不固定,更重要的是教师不固定,一个老师往往可能只给你上一门课,就完了。这一区别决定了在大学里,作为学生,你不像在中学那样,等老师来找你,你应该主动接近老师,主动向老师提问题,请教老师释惑解疑。

2. 中学里,就是那几门课,三年反复学,只有知识内容的增加和知识深广度的拓展,却没有学科的增加。大学则不一样,要学的课程几十门,涉及的学科领域也是几十门,一个学科一门课程,一门课程往往就是一个学期就完成考试,下个学期又是新课程、新学科、新领域。这一特点,给大学生的学习提出了两个基本要求。一是如何很好地整合学科与学科之间的知识、视野、方法,使之变成自己的东西,这是学习必须要解决的问题,而要解决这一问题,方法的探索就非常重要。所以,大学学习与其说是学知识,倒不如说是学方法,方法比知识更为根本。二是如何解决对学科知识、理论的真正理解问题。因为一门课程就是一门学科,一门课程就是几十个课时,因而,一门课程的教学时间非常有限,它只能介绍一点基本的东西、表面的东西。如果应付考试,基本没有问题,如果要真正学懂,并形成自己的能力或创意性思考、思想,则需要在课外下很大的工夫。在我与学生的接触中,学生感到最困难的是读不懂书,因而畏难退却。这种情况可能会在每个学生身上发生,当面对这种情况时,怎么解决它?我想有一个最好的办法,也是最笨的办法,那就是硬着头皮读(读书不求甚解)。

3. 在中学里,教与学基本上相等,教师教多少,学生学多少;课堂是绝对的重要,甚至是唯一的学习渠道;学生的学习,是以教师的教为标准的;学生所学的内容和掌握的东西是以教材为范围的。但在大学里,教学则不相等,往往是教师教的少,需要学生学的多;课堂虽然重要,但更重要的是图书馆和阅览室(四年沉浸图书馆);学生所学的并不必然以老师教的为标准,而是以真理为标准;学生所学的内容和要理解、掌握的东西,是以人类智慧和民族文化为范围。

4. 在中学里,我们只需要学会对知识的证实,即掌握这些知识是什么,并学会运用这些知识就够了。在大学里,我们需要学会对知识的证伪,即这些知识为什么是这样而不是那样,是那样又可不可以。

比如,$1+1=2$,在中学里,这是绝对不容质疑的,$1+1$就是等于2。但在大学里,却允许也需要你去质疑,你去发问,你去证伪,$1+1$为什么要等于2?这种结论的依据何在?$1+1$可不可以等于3或者5?

再比如说,"物质第一性,精神第二性"的观念,在中学里,我们背下来就行了,理不理解无所谓,只要能应付考试,得高分就行了。但到了大学里,你就必须学会去理解,学会去追问:为什么说物质是第一性的,精神是第二性的?难道不可以说精神也具有第一性?比如说,是思想支配肉体,不是肉体支配思想;是精神创造物质,而不是物质创造精神。

5. 在中学里,我们主要学的是"是什么"的知识,在大学里,我们主要学的是"为什么是这样"的知识,因而,大学学习,必须注重训练根底之学。美国教育思想家哈钦斯说:"高等教育的目的是培养智慧。智慧就是关于原理和原因的知识。因此,形而上学就是最高的智慧。……如果我们不能求诉于神学,我们就必须转向形而上学。要是没有神学或形而上学,大学就不能存在。"所以,哈钦斯非常坦率地指出:离开科学而独立存在,并且具有永恒有效性的形而上学,是任何有意义的大学教育的必要基础。他建议:"在一个理想的大学教育里,学生不是从最新的观察着手然后回到第一原理,而是从第一原理着手,到所有那些我们认为对了解这些原理是有意义的最新观察。……自然科学从自然哲学导出了它们的原理,而自然哲学则依赖形而上学。……研究第一原理的形而上学,贯穿整个一切。……依靠着它并且从属于它的则是社会科学和自然科学。"①

六、大学的专业与通识

如前所说,大学源于基督教的讲道理。基督教的讲道理,融进了两种传统,一是希伯莱人的信仰传统,一是古希腊的理性传统。古希腊的理性传统,包括理性思维传统、理性精神传统和理性教化传统。这三大传统就是人们通常所讲的古希腊的理性精神。古希腊的理性精神是建立在"人是可教的动物"这一人性论假定基础上的,古希腊的理性精神传统所追求的是道德品味和道德境界,即通过理性教化而使人人成为善行善德的人。大学的诞生,就是秉承精神传统而构成现代大学精神,大学的崇高目标就是通过理性的教化使接受大学教育的人成为善行善德的人。大学要实现这一崇高目标,则需要教授一些重要的文化学科:这些文化学科在近代大学里,就是文理七科(seven liberal arts),即文学三科(法律、修辞、逻辑)(Trivium)和科学四科(算术、几何、声学、天文学)(Quadrivium)。大学文理七科不是指人的谋生手段,而是指知识体系,这是大学的根本,即通过这一知识体系的学习而对人的身心进行全面训练,使之获得人的精神,成为善行善德的人。当代大学与近代大学相比,因其时势的变化、独特的存在困境和生存问题,赋予了大学以更高的要求和特殊的任务,因而,根据当代生存对人整体要求之标准,大学要将普通人培养成有多元开放的文化视野、身心健康的文明修养的人,其应该教授如下文化学科:

---

① 引自《美国高考教育》(*Higher Learning in America*)(纽黑文(New Haven),耶鲁大学出版社 1936 年版。

(1) 自然宇宙体系的学问——→物理学；
(2) 生命世界生生演化的学问——→生物学；
(3) 人类发展历史进程的学问——→历史学；
(4) 社会生活结构和功能的学问——→社会学；
(5) 塑造人性和突围生存的学问——→伦理学；
(6) 人的存在理由和生存根据的学问——→哲学。

如上文理六科，构成了当代大学的通识教育。通识教育的目的，就是如何把人培养成有文化、有教养、有理想、有健全的人格和健康的精神的善行善德的人。通识教育的目的有四：
(1) 把一个孩子的知识转化成为一个成人的生活智慧和创生力量；
(2) 把一个孩子的朦胧向往转化成为一个成人的不衰志业理想；
(3) 把一个孩子的朴素道义转化成为一个成人的天职责任；
(4) 把一个孩子的浪漫情感转化成为一个成人的道德实践能力。

今天我所要讲的，到此为止。感谢大家的光临。

(2007年9月)

透视"万岛之国"印度尼西亚

■梁敏和

梁敏和,男,北京大学外国语学院东语系系主任,印尼语专业教授、博士生导师;中国高等教育学会理事;北大东南亚研究中心副主任;教育部高校外语专业教学指导委员会委员。1992年3月任北京大学东方学系东方社会文化研究室副主任;1994年6月—1998年任东方学系主任助理;1995年12月—1999年任东方学系印尼语、菲律宾语教研室主任;1999年9月—2002年1月任外国语学院东语系副主任;2001年10月—2002年任北京大学国家非通用语本科人才培养基地领导小组副组长;2002年10月任北京大学国家非通用语本科人才培养基地领导小组组长;2002年1月任外国语学院东语系主任。1992—2002年先后7次参加中国非通用语教学研讨会,著有《世界政党词典》印尼等条目、《世界风情大全》印尼部分、《印度尼西亚文化与社会》等研究著作。

很高兴今天能和同学们一起走进"万岛之国"印度尼西亚。在座的同学知道印尼,可能主要是因为1998年印尼的排华事件和著名的旅游胜地巴厘岛。关于排华,原因有很多,我接下来会给大家谈谈,但是在当今这个和平与发展的世界大环境下,排华事件我认为今后应该不会再次发生了,因为1998年排华事件后,华人撤走了在印尼的大量资金,世界各国也异口同声谴责印尼,使印尼本国无论是经济上还是政治上,也都蒙受了巨大的损失。尤其是它的旅游业,损失惨重。同学们知道巴厘岛,其实也说明旅游业在印尼的国内经济和国外形象上的重要性。的确,印尼是一个旅游胜地。如果有空的话,我想很多同学还是可以去游览一番的。

谈到旅游,印尼是世界上旅游资源最丰富的国家之一,它以旖旎秀丽的热带风光、灿烂辉煌的历史古迹及多姿多彩的民俗风情而闻名于世,每年慕名而去的世界各国游客多达五六百万人次。

印尼著名的旅游景点不胜枚举,各具特色。最令人神往的当首推有"诗之岛"、"天堂岛"等美称的巴厘岛。人们都说,如果到印尼而不去巴厘岛观光旅游,那就不算到过印尼。

有的外国游客曾一次再次地去巴厘岛旅游、度假,欣赏它的自然美景和丰富的文化艺术。中爪哇的千年古塔婆罗浮屠佛塔和甫兰班南印度教陵庙群,均被联合国教科文组织首批列入世界文化遗产名录,也是外国游客首选的景点之一。日惹市内的日惹王宫,建筑精美,宫内收藏丰富的珍品,令游人赞叹。首都雅加达的"美丽的印度尼西亚缩影公园",是印尼各民族文化的概括和缩影,是外国游客必游之地。

北苏门答腊境内的东南亚第一大淡水湖——多巴湖及其湖心岛,风景优美,文化习俗独特,最令游人陶醉。西伊里安的查业维查亚山,矗立云端,雄伟壮丽,且地处赤道而山顶终年积雪不化,是印尼又一堪称世界一绝的风景线。印尼东部班达海上的小群岛班达群岛,孤处深海,自然风光如诗如画,已被联合国教科文组织列入世界自然遗产名录,是世界少有的休闲旅游的好去处,深受广大游客,尤其是中老年游客的钟爱。此外,婆罗摩火山,乌绒库伦自然保护区(也被联合国教科文组织列入世界自然遗产名录),茂物大植物园,茂物总统行宫,多拉查人的葬俗及葬礼、各种博物馆及民间音乐、舞蹈、雕刻、绘画等艺术的表演和展示都具有独特的魅力。

为方便外国游客,印尼旅行社把著名的自然景点、人文景观及独特的民族风情融进了数条旅游专线中,游客可以根据各自的心愿选择要去的专线,也可选择专线以外的其他旅游景点。

当然,我们今天要谈论的是除了旅游之外的一些情况。正像同学们所说的,是要走进这个万岛之国。

印度尼西亚之所以被称为万岛之国,是因为这个国家是由一万七千五百零八个大小岛屿组成的。另外一种说法是有一万三千零四十个岛屿。产生这种差别的原因,是因为印尼的一些岛屿在涨潮的时候就没了,而落潮时它又露出来。这些岛屿中约6 000个有人居住。

它的陆地面积为1 904 443平方公里。领海面积约是陆地面积的4倍。印尼位于亚洲东南部,地跨赤道。在太平洋和印度洋之间,北部的加里曼丹岛与马来西亚接壤,新几内亚岛与巴布亚新几内亚相连。东北部面临菲律宾,东南部是印度洋,西南与澳大利亚相望。海岸线长3.5万公里。

它虽然是海岛国家,但它的森林覆盖面积1.45亿公顷,占国土面积的74%,森林覆盖率是相当高的。大家看新闻也能知道,到了旱季,印尼经常发生森林大火。如果印尼着火,马来西亚和新加坡就得戴口罩。因为它森林广阔,从上空俯瞰,印尼一片郁郁葱葱,所以它又被称为赤道翡翠。

印尼的气候属于热带雨林气候,年平均温度25—27℃。

印尼有人口两亿四千多万,为世界第四人口大国。原来世界第四人口大国是苏联,苏联解体后,印尼就成为继中国、印度、美国之后的人口大国。它的人口还是很多的,另外,在世界上讲马来语、印尼语的人口有三亿多人,也比较多。

因为人口比较多,所以印尼也开展计划生育运动,并取得了显著的成绩。1983年,苏哈托总统获得了联合国人口奖。联合国也在印尼拍摄了宣传计划生育的短片,再到其他有人口压力的国家放影宣传。我们国家也派过代表团去印尼取经,效果也还是不错的。印尼计划生育的政策是这样的,每家每户,只生两个,不管男女。我们国家是只生一个。尽管印尼的要求是这样,但实际情况据我的观察并没有完全执行。因为处罚并不像我们国家这么严厉。我在雅加达乘出租车,问了几个司机,都是有四五个小孩。

印尼的国徽由一只金色的鹰、一面盾和鹰爪抓着的一条绶带组成。

鹰——哥鲁达,是印度史诗《罗摩衍那》中的圣兽。它就像我们国家的龙凤,是想象出来的,现实中是没有的。它象征创造力。鹰的胸前有45片鳞片,两翼各有17根羽毛,尾羽有8根,这是为了纪念印度尼西亚的独立日——1945年8月17日。鹰胸前的盾面由五部分组成:黑色小盾和金黄色的五角星代表宗教信仰,也象征"潘查希拉"——印尼建国的五项基本原则;水牛头象征主权属于人民;榕树象征民族意识;棉桃和稻穗象征富足和公正;金色饰环象征人道主义和世代相传。盾面上的粗黑线代表赤道。鹰爪抓着的绶带上用印尼文写着"异中有同",有时也翻译为"殊途同归"。

印尼国旗的旗面由上红下白两个相等的横长方形构成,长与宽之比为 3∶2。红色象征勇敢和正义,还象征印度尼西亚独立以后的繁荣昌盛;白色象征自由、公正、纯洁,还表达了印尼人民反对侵略、爱好和平的美好愿望。

印尼有三种国花,1990 年前是一种,就是茉莉花,1990 年环境日时,苏哈托总统宣布印尼国花增加大王花和兰花。所以印尼现在有三种国花。

有一种花叫腐尸花,只在印尼和澳大利亚才有,另外今年才刚刚在英国培育成功。这种花开花后会散发出一股尸体的臭味。昆虫,甚至是小老鼠走近都会被它吃掉。花一般是长在茎上,但它是直接长在根上。这种花败了之后,就长出一棵树来,非常的奇特。印尼的这种花开了后,周边国家有很多人专程跑来观看这一奇观。这种花也挣了很多外汇。

印尼的国语是印尼语,大家知道,印尼语的前身是马来语。印尼语和马来语到底有什么区别呢?其实就像英国的英语和美国的英语。二者是相同的。讲印尼马来语的国家一共有四个,它们是印尼、马来西亚、新加坡、文莱。新加坡的国语是马来语,但是新加坡百分之七十七都是华人,还有一些人马来语不是很精通的。我记得印尼亚齐海啸的时候,新加坡派了一支救援队,结果因为语言不通,很不方便。救援队回国后,新加坡舆论觉得新加坡国语是马来语,到印尼还讲不通,太没面子了,总理李显龙就下达命令,要加强马来语的训练。印尼语的文字和英文一样,都是二十六个字母,所以我们使用电脑打印尼文的时候,不需要文字转换。像乌尔都语、缅甸语、印地语都是要转换的,很麻烦。

印尼有五大岛屿,最大的是加里曼丹岛。加里曼丹岛北部是马来西亚和文莱,南部是印尼。第二大岛是苏门答腊岛,在马六甲海峡地域,它的对面是新加坡。第三大岛是西伊里安岛,因它形似鸟头所以又叫鸟头半岛。第四大岛是苏拉威西岛,它的形状像汉字"斤"字。第五大岛就是爪哇岛。印尼首都雅加达就在爪哇岛上。

印尼是赤道国家,它不像我们国家有四季,它只分旱季和雨季。四月到九月是旱季,十月到三月是雨季。它是热带雨林气候,年平均温度 25—27℃,因此又被称为是长夏之国。

印尼最珍贵的动物是科摩多龙。它和中国的大熊猫齐名。全世界只

有印尼的东努沙登加有这种动物。它是史前动物,研究的价值也非常高。印尼曾经要用它和我国交换大熊猫,我们国家还没有答应,大熊猫比它好看。

谈到动物,苏拉威西岛的一个叫万鸦老的地方的蝙蝠也世界闻名。因为那里有一道世界名菜——蝙蝠汤,游客从世界各地前去品尝。这种蝙蝠只吃水果,所以它的肉质相当的鲜美。

到印尼了解信息的渠道主要有报纸《罗盘报》、《专业之声报》、《印尼媒体报》、《共和国日报》、《革新之声报》和《印尼商报》等。这些报纸大多都是由华人创办的。英文报纸有《雅加达邮报》、《印尼观察家报》等。

印尼的中文报纸原来只有政府主办的《印度尼西亚日报》,近两年新创建的有《华文邮报》。

1937年成立的安塔拉通讯社是官方通讯社。2000年10月开设的美都电视台是印尼首家新闻电视台,并开创了播放中文新闻的先例。

印尼市场上,除纺织品和服务外,一般商品的价格都不比中国便宜,大可不必花钱去买一般商品,可以选购有印尼特色的工艺品和纪念品。印尼的工艺品和纪念品花色品种繁多,各有独特之处。其中有巴迪布、格里斯短剑、木雕、银制品、铜或铜合金神像、皮影戏傀儡、木偶戏傀儡、景物模型如婆罗浮屠佛塔、甫兰班南陵庙、彩贝制品、丁香串艺术品、天然宝石、印尼风景画如巴厘岛、装饰扇、牛角制工艺品、果核小工艺品、龙目岛瓷壶等,这些都是外国游客喜爱的物品。

印尼的银制品也很漂亮,因为印尼产的银比较多,质量也比较好。印尼的银制品分两大类,一类是我们熟悉的纯银或银合金制作的装饰品,另一类银制品则是用一条纤细的银缕按图案设计焊接而成的。其作品做工精湛,玲珑剔透,十分美观。银制工艺品的造型很多,有一些小巧玲珑的花形银胸针、银耳环,既美观又便于携带,常成为游客的首选之物。

印尼的民族特性我简要地介绍一下。印尼人总体来讲非常的谦和,注重礼节。像对不起、你好、谢谢,是经常挂在嘴边的。有主人在家招待客人的时候,妇女们在客人面前经过的时候都要弯腰低头走过。印尼人广义上是勤劳勇敢的。我为什么说是广义的呢?因为印尼的地理环境,很多印尼人还是比较懒散的,这主要指的是印尼的原住民。印尼一年四季都可以种植,所以饿不死,像果树如香蕉树到处都有,气候又暖和,所以印尼人一般不用为生存去奋斗,也就不如其他一些国家的人民勤劳了。另外,印尼人还有个特点就是不知储蓄。很多人是挣一百要花一百一,今天花明天的钱。在印尼的农村,人死后的尸体在路边被一些木头、树叶盖着,这是因为这些人死后没有积蓄,而印尼人死后的习惯是要办一个盛大的宗教仪式的,这些人办不了。家里人只好先把人的尸骨放在外面,等有钱了再办丧事。这在我们几乎是不能想象的。

印尼有100多个部族,其中爪哇族占45%,巽他族占14%,马都拉族7.5%,马来族7.5%,其他26%。大家可以发现,它没有超过半数的民族,所以它不像我们是分为多数民族和少数民族,而是统统称为部族。这种称呼是由中国驻印尼第一任大使王任叔提出来的。王任叔还有个笔名叫巴人。

印尼约87%的居民信奉伊斯兰教,是世界上穆斯林人口最多的国家,超过阿拉伯国家。印尼人在伊斯兰教派中属于逊尼派。大多数人是红派。就是我们所说的世俗派,并不完全履行伊斯兰教义。只是承认清真言,"万物非主,唯有真主"。少部分人是白派,就是所谓的敬虔派,白派恪守伊斯兰教五功,思想较为激进。另外,还有6.1%的人信奉基督教新教,3.6%的人信奉天主教,其余信奉印度教、佛教和原始拜物教等。

印尼伊斯兰教历来是学者们研究的课题之一,它和印尼的政治紧密相连。在伊斯兰教传入印尼至各岛皈依伊斯兰教,实现伊斯兰教化的过程中,伊斯兰教得到统治者的大力支持和维护,成为其维护统治的工具,印尼也成为世界上伊斯兰教徒最多的国家。但自17世纪起,印尼开始沦为荷兰的殖民地,伊斯兰教成为印尼人民抵制外来侵略、实现民族独立的精神支柱。直到1945年,印尼实现民族独立,并建立世俗政权,推行政教分离政策,伊斯兰教在国家政治中的地位并不突出。但近年来,印尼的伊斯兰教政治影响呈上升趋势,已引起国际社会的广泛关注。

下面我就简要谈谈印尼自独立以来伊斯兰教与政治的关系。很多同学对这个问题有兴趣。印尼自1945年独立以来,进入了旧秩序和新秩序时期。所谓旧秩序时期,就是指第一任总统苏加诺统治时期,这一段时期印尼的经济和政治面临诸多问题,首先面临制定宪法问题。在制定宪法上,出现了是否将伊斯兰教定为国教,是否在印尼建立伊斯兰教国家之争。一些伊斯兰教领袖和激进分子主张定伊斯兰教为国教,建立伊斯兰教国家,而一些世俗民主主义者就反对这一点,主张实行政教分离。作为民族世俗主义的代表者,苏加诺本人尽管信仰伊斯兰教,提倡伊斯兰教作为个人信仰的自由和强调伊斯兰教作为推动社会精神文明的一支重要力量,但印尼作为一个民族和文化多元化的社会,苏加诺并不主张把伊斯兰教国教化,认为这不利于民族团结与稳定。为调和这两者之间的矛盾,苏加诺提出了著名的"建国五项原则"(潘查希拉),即神道主义、人道主义、民族主义、民主主义和社会公正,一方面规定国家以信仰神道为基础,另一方面国家保证每个人的宗教信仰自由。这些内容于1945年以序言的形式载入了宪法草案。这样的结果引起穆斯林领袖的极大失望和不满,因为他们在政治主张上更为激进,主张建立伊斯兰教国家的愿望更为激烈,并成立了许多政党组织,主要有:伊斯兰教士联合会、马斯友美党、印尼伊斯兰教联盟党和白尔蒂伊斯兰教党。在1955年的普选中,伊斯兰教政党成为印尼政治上的三大力量之一,但无论是伊斯兰教政党还是非伊斯兰教政党,都未能在议会中占三分之二的席位,因此苏加诺提出了由宗教徒、民族主义和共产主义三方力量组成的互助合作政府。但同时苏加诺对各种伊斯兰教的极端叛乱活动采取坚决镇压的态度,对在其执政期间兴起的"伊斯兰教国运动"(主要是由一些伊斯兰教极端分子所兴起的,他们主张以武力推翻国家世俗政权,建立伊斯兰教国家)所制造的一系列恐怖活动加以严厉打击。1960年马斯友美党因与恐怖活动有密切关系而被政府宣布为非法政党,加以取缔。不过,苏加诺在限制伊斯兰政党发展的同时,也积极争取获得穆斯林的支持,支持正常的伊斯兰教活动。

1967年以后的印尼由苏哈托统治,印尼进入新秩序时期。这一时期,苏哈托政府对伊斯兰教的政策与旧秩序有很多共同之处,如争取官府对穆斯林的支持,扶植正常的伊斯兰教活动,比如说在全国兴建大小清真寺和各种伊斯兰教学校,鼓励穆斯林到圣地麦加朝觐和参加地区和国际性的伊斯兰教活动。

还有对伊斯兰教政党采取既利用又限制的政策。苏哈托政府的上台得到伊斯兰教政党的大力支持,希望苏哈托能给予它们参与政治的回报,但苏哈托政府在上台后一样强调政教分离和建国五项原则,限制伊斯兰教政党的发展。在70年代,苏哈托政府将四个伊斯兰教政党合并为一个政党——建设团结党。同时在所有政党和社会团体中灌输"建国五项原则"的思想,并将"建国五项原则"用法律的形式固定下来。同时还对乌拉玛(伊斯兰教学者)加以严密防范。在苏哈托对伊斯兰教政党的严厉限制下,伊斯兰教内部出现严重的分裂,伊斯兰教势力受到严重削弱,导致伊斯兰教政党在连续几次选举中的得票率不断下滑。

与此同时,苏哈托也坚决镇压伊斯兰教极端分子的叛国活动。尽管伊斯兰教国家运动在苏加诺时期已经兴起,但随着国际伊斯兰教原教旨主义的复兴,印尼伊斯兰教的极端分子的活动也日益猖獗,并制造多起恐怖活动,严重地影响到国家政权和社会的稳定,对此苏哈托政府采取坚决镇压的态度。但上个世纪80年代后期至90年代,苏哈托政府一改限制伊斯兰教组织的政策,开始接近伊斯兰教组织,并注意改善同伊斯兰教组织的关系,但这并没有改变政府对伊斯兰教的基本政策,并未违背"建国五项原则",伊斯兰教政党仍然只是苏哈托政府所利用的一个工具而已。

近几年,伊斯兰教原教旨主义的极端化与恐怖主义成抬头之势。比如同学们知道的巴厘岛爆炸。苏哈托政府瓦解后,印尼的政治地图完全改写,伊斯兰教成为一支重要的政治势力,活跃在印尼的政治、经济、外交、文化等社会各个领域。同时伊斯兰教原教旨主义势力呈抬头上升的趋势,各种伊斯兰教极端组织成立,主张以武力来建立伊斯兰教国家,并通过制造恐怖活动来扩大影响。印尼逐渐成为东南亚地区恐怖活动的重灾区,成为近年来影响印尼社会稳定,造成国家分裂的最主要因素之一。特别是"9·11"事件后,伊斯兰教极端组织恐怖活动就更为活跃,并制造了震惊世界的巴厘岛爆炸案。从此以后,印尼政府一改过去的消极态度,开始采取严厉措施打击恐怖活动。梅加瓦蒂总统颁布反恐紧急政令,成立反恐法律修改小组,同时也加强了同周边国家以及日本、美国的反恐合作。但反恐同时也加剧了政府与穆斯林组织的矛盾,加剧了印尼政府内部领导层的矛盾,同时对印尼外交也产生了重要影响。印尼改善和加强了同美国、日本等国的关系,反恐的进一步深入对印尼的内政和外交将产生更为深远的影响。

印度尼西亚还有激烈的宗教冲突。印度尼西亚的宗教冲突主要是指印尼马鲁古群岛安汶地区穆斯林和基督教徒之间的冲突。

马鲁古是著名的"香料群岛",人口约200万,在人口构成上,马鲁古是印尼唯一一个穆斯林和基督教比例比较接近的混居地区，在印尼独立以后的很长一段时期，穆斯林和基督徒分别独立生活在不同社区，数十年来，马鲁古地区曾被视为印尼穆斯林和基督徒和平相处的典范。但是随着经济和交通基础设施的发展，双方的交往逐渐增多，1998年苏哈托铁腕政权崩溃以后，经济危机导致印尼国内各种掩盖的矛盾全面爆发，马鲁古群岛穆斯林和基督徒之间的矛盾也成为人们关注的焦点。从1999年1月穆斯林斋月结束以后，穆斯林与基督徒的冲突不断升级，从首府安汶及邻近地区喀什，逐渐蔓延至5个岛屿，造成了大量人员伤亡和财产损失，并引发社会动荡。

马鲁古群岛基督徒和穆斯林之间的矛盾由来已久。从16世纪开始，葡萄牙殖民者和荷兰殖民者在此建立殖民地并大力传播基督教。正是由于被殖民的历史，伊斯兰教与基督教的冲突体现了历史上当地人与外来殖民者的矛盾。1945年印尼独立，在荷兰建议下成立了联邦，各个民族建立了自主的地方政府，与雅加达的联邦政府分享权力。但是马鲁古地区的基督教对穆斯林控制的联邦政府感到不满，曾经在荷兰的支持下发动叛乱，建立了"南马鲁古共和国"。1950年，叛乱政府被打败以后，暴力的形式就一直没有停止过。1965年，苏哈托上台，采取铁腕政策，在分配马鲁古群岛的各种自然资源和社会资源的过程中，中央政府没有充分考虑当地基督教徒原住民的利益，一味偏袒穆斯林。为了发展经济，印尼政府鼓励人口密度较高的地区的居民向人口密度较低的地区移民，于是很多穆斯林移民到人口相对较少、自然资源相对丰富的马鲁古群岛。但是中央政府忽视了新移民与原住民之间的种族与宗教信仰方面的差异，忽视了双方在土地资源分配和就业等方面可能带来的潜在的问题，宗教的分界变成了原住民与外来移民之间的隔阂与矛盾最直接的分界。

1997年印尼爆发了大规模的经济危机后，政治危机也随之而来，在要求民主、要求全面的政治和经济改革的呼声下，苏哈托被迫下台，随着各政治集团对国家政权的角逐，宗教冲突也日益激烈。

所以在相当长的一段时间里，印尼的宗教冲突还会继续，大家如果到印尼旅游的话要小心。如果看到有伊斯兰教或者基督教、天主教的信徒游行，你不要好奇也凑过去看热闹。有些人很有可能是极端分子，暴力事件是免不了的。

当然,宗教也并不是只给印尼旅游业带来负面影响,印尼很多旅游项目都和宗教有关。比如中爪哇日惹附近的世界最大佛塔婆罗浮屠、印度教陵庙普兰班南。

印尼的宗教舞蹈也是旅游项目之一。到巴厘岛一定要欣赏一下当地的舞蹈,在甘美朗乐器的伴奏下,身形灵活的男女舞者张力十足尽情表现。巴厘岛的舞蹈与宗教关系密切,舞蹈内容多取材于宗教传说,而跳舞更是与神灵沟通的一种手段。

巴龙舞由双人表演,表现了善与恶的对抗。巴龙是善的化身,让特是恶的象征,剧中还穿插了一些武打及诙谐表演,具有较强的观赏性。

凯卡克舞依据史诗《罗摩耶那》改编而成,具有强烈的宗教色彩。多在黄昏时表演,现场火光暗淡,舞者围着火堆摇晃,并发出宗教式的呼声,整个场面如同回到了远古传说时代。

欢迎舞是在庆典、集会、开幕仪式上跳的迎宾舞,最早源于宗教仪式中众神下凡时的情景。几名女子手持鲜花,欢迎远道而来的宾客,并最后将手中的鲜花撒向人群。

印尼的木雕业和宗教有关,尤其是巴厘木雕,享誉国内外,到印尼旅游的外国客人几乎无人不买一两件巴厘木雕留作纪念。巴厘木雕是一种传统工艺品,它最初与巴厘人的宗教信仰息息相关。人们把自己崇拜的印度教诸神用石头或木头雕刻出来,供奉在庙宇、庭院、堂室内。后来代代相传,便产生了无数能雕善刻的巧匠。巴厘木雕大都用质地坚硬、花纹细密的乌木、柚木等木料雕刻而成,其造型千姿百态,有栩栩如生的神鹰、神牛、雄狮、雄牛等动物及各种禽鸟,有惟妙惟肖的巴厘渔夫、少女,有民间故事中脍炙人口的传奇人物,也有当代各种抽象艺术形象。

印度尼西亚的宗教美术历史极为悠久,并且从1世纪起,先后受到印度文化、中国文化、伊斯兰文化、西方文化的影响。又因为印度尼西亚长期分为许多此起彼伏的短暂小国,所以美术的发展格外不均衡,呈现出复杂和紊乱的景象,较为显著的是其宗教美术和染织工艺。

刚才讲到宗教与政治的联系。其实印尼的政治体制还是蛮民主和现代的。印尼实行总统内阁制。第一任总统是苏加诺,1965年"9·30"运动后苏哈托上台,开始了他长达三十二年的独裁统治。苏哈托下台后,哈比比、瓦希德、梅加瓦蒂都担任过总统一职。2004年,现任总统苏西洛上台。苏西洛是印尼第一届人民直选的总统,他是海军出身,以清廉著称,印尼人民对他抱有很大的期望。

印尼人民协商会议是国家最高权力机构,有权制定、修改与颁布宪法和国家总的方针政策,选举总统、副总统,监督和评价总统执行国家大政方针情况和在总统违背宪法时对其进行弹劾或罢免。成员700名,任期5年。国会(全称人民代表会议)是国家立法机构,行使除起草和修改宪法、制定国家大政方针之外的一般立法权。总统是国家元首、最高行政首脑和武装部队最高统帅,直接领导内阁,有权单独颁布政令和宣布国家紧急状态法令;对外宣战或媾和等。印尼政府奉行独立自主和积极外交政策,主张平等、相互尊重和大国平衡原则,积极参与国际和地区事务,致力于不结盟运动。1950年4月13日,印度尼西亚同中国建交。1965年"9·30"运动后,两国关系恶化并断交。1990年8月8日,两国恢复外交关系。1994年11月,国家主席江泽民对印尼进行国事访问。1999年12月,印尼总统瓦希德对中国进行国事访问。2000年5月,中国与印尼在北京正式签署《中华人民共和国和印度尼西亚共和国关于未来双边合作方向的联合声明》。2002年3月,梅加瓦蒂总统对中国进行国事访问。现在中国和印尼已经发展成为战略伙伴关系。

下面简要谈一下印尼的历史。印尼于公元3—7世纪建立了一些分散的封建王国。13世纪末至14世纪初,在爪哇建立了印尼历史上最强大的麻喏巴歇封建帝国。15世纪,葡萄牙、西班牙和英国先后侵入。1596年荷兰侵入,1602年成立具有政府职权的"东印度公司",1799年底改设殖民政府。1942年日本占领印尼,1945年日本投降后,印尼爆发八月革命,8月17日宣布独立,成立印度尼西亚共和国。1947年后,荷兰与印尼经过多次战争和协商,于1949年11月签订印荷《圆桌会议协定》。根据此协定,印尼于同年12月27日成立联邦共和国,参加荷印联邦。1950年8月,印尼联邦议院通过临时宪法,正式宣布成立印度尼西亚共和国。

印尼历史上曾多次发生排华事件,最近一次发生在1998年5月13日。

说到排华,我认为有以下几点原因。第一,华人在印尼的政治地位不高。华人在印尼一直不能被当地的原住民所接受。就算华人取得了印尼国籍,有时也会被认为是中国派去的间谍。这种偏见和歧视因为两国人民本身的风俗习惯差异和20世纪50年代的印尼共产党问题而在印尼人心中成了一种根深蒂固的观念。这使华人经常充当政治斗争的替罪羊的角色。第二,国际国内环境的导火索作用,比如1998年印尼爆发了金融危机,印尼政府为转移国民注意力,纵容了这样的反华事件。第三,也有华人本身的原因,比如露富、奢侈。印尼人大多是贫穷的。华人在印尼有钱人多,这本来就让印尼的原住民怨恨。而且华人又爱露富,在印尼盖豪华墓地、出入高档酒店的基本上都是华人。所以政局一旦动荡,国家陷入混乱,华人首当其冲要被报复。

当然,像我开始所说的,1998年排华后,华人撤走了在印尼的大量资金,世界各国也异口同声谴责印尼,印尼自己也受了很大的损失。很多印尼人也在反思,彻底忏悔的现在还不多,但大多数印尼人现在都认识到反华之后吃亏的还是印尼自己,所以心态上是不愿意再发生反华事件的。另外,新总统苏西洛上台后,在积极地发展同中国的关系。应该说,反华排华的情况在今后的印尼我认为是不会发生了。

我能自信地提出我的这个美好愿望,其根本原因是当今世界的主题是和平与发展。在座的同学都要深信这一点,看待中国的外交,看待国际事务,也要用和平与发展的眼光。

谢谢大家!

(2007年5月24日)

武术散打技术及其比赛规则

■毛智和

毛智和,男,出生于1965年,国家武术散打高级教练。1987年上海体育学院本科毕业,获学士学位,后成为武术散打高级教练员。历任江西省、武警总部、中国前卫散打队教练、主教练、总教练等职,先后培养出全国锦标赛前三名运动员五十余人,所带队伍曾连续五年获全国锦标赛团体冠军。常年任全国武警部队散打教练员和训练班授课教师。已在相关刊物发表专业论文多篇,武术散打七段,是国家级散打裁判。

主持人:

今天晚上的讲座是由军事爱好者协会主办,邀请到北京大学毛智和教授给大家讲讲关于武术散打技术及其比赛规则等问题,谢谢大家的光临。

毛智和:

协会和我约了几次,一定要我来给大家做个讲座。其实有很多同学都比我早进北大,我是2006年3月1号从武警部队转业分配来的。说是讲座,其实我不敢当。(笑)好的,下面我们就来探讨一些关于武术散打方面的知识。作为北大的学生,我认为应该是全面发展的,即文武兼备。我1987年本科毕业到武警部队,服役二十年,2006年转业。在部队里经历过很多事情,比如和部队首长出差,和地方的相关人士接触。在这个过程中,如果他们想要知道的事你能应答得上来,那么你在他们心目中的地位就会变得很不一样。

今天我主要讲三个方面的问题:第一,关于我们国家的武术散打运动在国际、国内开展的概况;第二,关于武术散打的技术问题;第三,关于武术散打的相关规则问题。只有了解了这方面相关的技术问题和规则问题,我们在看武术比赛时,才可以看明白怎样是得分的,怎样是不得分的。两个小时比较短,我会讲得比较简单,有些可能就一带而过。

我先讲武术散打运动在国内、国际上开展的情况。首先要说明一点,中国武术散打没有入选2008年北京奥运比赛项目。原因是入选奥运项目要有三个条件:第一,要求国际武联的会员国有87个以上。我们申办的时候只有七十八九个国家,虽然到现在为止有140多个国家和地区加入,但是仍没入选。第二,要成为奥运项目需要男、女项目均具备才可。武术套路的男女比赛项目早就有了,但是在散打方面只有男子项目比赛在国际上开展。女子项目是2001年才开始的,而一般一个项目必须开展七年以上才可能得到认可。第三,入选奥运会的项目必须有几大赛事,像世界杯、世锦赛和亚运会,世界杯、世锦赛我们都有,但都是近几年才开展的。所以,由于这三个条件,2008年奥运会武术散打这个项目是介于正式比赛和表演赛之间的特色项目,就是金牌不列入奥运会金牌总数之内,并且比赛在奥运会前后开展,但是金牌铸的都是一样的样式,是一个很有特色的项目。这是武术散打运动在世界上开展的情况。

在我国,武术散打项目是从1979年开始试点,有三个单位:分别是北京体育学院、武汉体育学院和浙江省体委。包括我这批运动员,我一直打到1987年。1988年之前的比赛,都是在一个直径九米的圆场地上,场地上画的是阴阳鱼的图案,这也是武术的一个特点。下面是地毯,我们穿着体操鞋。但是现在的情况不像以前,变成了擂台赛,叫全国武术散打擂台赛。1989年第一届叫全国锦标赛,当时擂台高八十公分,现在是六十公分。为什么改了呢?刚开始是因为数字好背,长八米,宽八米,高八十公分。后来做调整有两个方面的原因:第一,擂台太高,国外的运动员参与的积极性就不强,他们认为很危险。第二,我国运动员没有问题,但曾发生过裁判从擂台上掉下来的情况。所以基于这两个原因,我们把擂台的高度降为六十公分。1989年首届擂台赛后,每年都有两个赛事,一个叫锦标赛,一个叫冠军赛。可能有的同学对锦标赛和冠军赛不是很清楚,我简单说一下。锦标赛叫团体赛,这是上半年打的。散打一共有十一个级别,每个单位一个级别一个人,十一个人组织参加比赛,取前八名算团体总分。第一名9分,第二名7分,一直到1分,这些算完以后就可以知道团体冠军和亚军是哪个单位。下半年叫冠军赛,也叫个人赛。下半年是在上半年前12名的基础上,后来我们放宽了政策,上半年的第一名和第二名与下半年的第一名、第二名叫做武英级运动员。我们国家对运动员的等级分为健将、武英、一级、二级等。中国武术还有段位的概念,像我是七段。一二三段是初段,四五六段是中段,七八九段是高段。九段我们国家只有为数不多的几个人。七段的应该说都是在五十岁以后了。裁判有国际裁判、国家级裁判、一级二级裁判等。我是国家级裁判,我在转业的一年间,因为没有主管单位,把国际裁判的考试错过了。

我们国家目前散打走过几个阶段。第一个阶段就是护具的演变。刚开始时就是拚刺刀用的护具,到演变成穿着很笨重的护具。我一直认为我们国家散打的护具水平远不如跆拳道的护具水平。当然,跆拳道运动开展得比我们早,发展得也比我们快。我们国家几个生产护具的厂家,很多都在模仿韩国的护具,那种护具非常轻便。散打的护具一开始为什么会很笨重呢?主要是因为这个项目在我们国家不是很普及;另一个原因就是一知半解的人特别多,曾有人因为对此项运动的一知半解而导致很严重的后果。护具之所以那么笨重,是因为此项运动刚刚开始开展,不能出任何问题,要以稳推进。另外,当时这项运动在全国各地开展的水平差距非常大。像我是从上海体育学院毕业的,我们要去参加比赛的话,要做很多工作。其实我们打的比赛,远比其他地方打得多。为什么呢?因为上海打比赛是最热闹的。从最早的上海精武体育会开始,他们就和泰国、香港的主办方联系好,直接组织打比赛。我们那时候打比赛穿护具的次数远超过现在比赛穿护具的次数。当时有两个地方散打是非常盛行的,一个是南京的国术馆,一个是上海的精武体育会。所以我们1987年毕业,在湖北的武当开武当馆时,就申请了很久,结果只被要求去了两个人。我在前面打着牌子,另一个同学在后面跟着。当时要求特别严,后来才逐渐放开。为什么呢?一个项目要想发展,就必须要有群众基础。

现在我讲一下散打的技术。散打的全称就是武术散打。可以用各种武术流派的武术动作进攻对方,甚至到体育武术这一块。但是不能用头、肘、膝和反关节的动作来攻击对方。其实散打就是用拳、用腿和摔。很多人认为我们中国的武术几不像。一种解释是拳击加腿,一种解释是拳击加摔,还有一个就是中国的摔跤加上西方的拳击再加上武术里面的腿法,合在一起就是中国的武术散打。其实不是这样的。武术散打的名词解释就是两个人在规定的地点,用规定的技术,双方以点数取胜。这就是中国武术散打。散打里面的每一个动作,都是中国武术里面的组合动作的分解,分别是拆散的进攻或者防守的动作。西方拳击里面有直拳,我们中国武术里叫冲拳。他们的摆拳就是我们的灌拳。

我自从去年来北大以后,体育部的很多老师和领导都对我说这个项目在北大很受欢迎,但应该注意学生们的安全。我就说武术散打这么多年,重大的伤害事故没有过,但小伤不可避免。作为一种普通的教学,我可以百分之百地保证,没有问题。但你要很好地掌握一种技术,必须要有足够的时间和练习次数。我在上课的时候就强调一定要有练习次数。一个动作谁都会做,但有的人做了后就可以击中对方,有的人就不能,这是因为练习的次数不够。练习的次数足了,力量有了,速度快了,命中率也就上来了。

我从1988年到2006年一直当教练,全国锦标赛以上的前三名运动员培养了五十几个。前一段北大体育部有个论文研讨会,我就觉得我们北大这种高水平运动队的教练都非常优秀。为什么呢?我在武警当教练二十年,从早晨5:40起床,6:00开始训练。6:00—7:00,9:00—11:30,下午3:00—6:00,他们一天练多少小时呢?现在我们运动员的伙食费,最低的一天45块钱,多的一天90元。它是分很多灶的,一线运动员的叫冠军灶,你上半年拿了冠军,一回来就吃冠军灶。如果上半年吃了冠军灶,下半年没有拿到,那你就别吃了。二类灶、一类灶等分得清清楚楚的。我们的运动员,上午要上课,晚上要自习,还要应付考试。而武警的运动员,除了吃饭和睡觉,其他的时间都在练习,没有别的。现在我们国家的很多项目都在转移,我们讲武术散打的这一块,院校的团队已经超过了地方体工队,现在的运动员如果没脑子,单靠教练告诉你怎么去练是没有用的。还需要在练习的同时进行理论方面的思考,这样才能取得相对优秀的成绩。那么教练应该教什么?准备活动的时候应该做什么?一般来说,准备活动的内容一定要有身体素质训练方面的内容。练技术的时候一定要想到练战术。比如在练左右直拳,哪个快哪个慢,都应该事先想到。练身体素质的时候应该要想到练身体的协调性。准备活动的时候要练习身体的柔韧性。这些都是教练应该考虑的。

我是从江西一个业余的散打队的教练干到了中国前卫队的主教练。我说过水泥地都能打出全国总冠军。我们那时候什么都没有,是从挂在树上的一个沙包打出来的。武汉体育学院的一个教练李建民也是这样的,把沙包挂到树上不断地练习。当时别人认为我们这是旁门左道,家长也不愿意把小孩子交给我们训练。

下面我们讲讲散打技术方面的问题。在散打拳法里面,直拳是远距离的,勾拳是近身的,摆拳是介于直拳和勾拳之间的。武术里面讲一寸长,一寸强。我当时在上海坐公交车,看见一个小偷偷了别人的钱包,一个勾拳就把他打倒了,所以勾拳适合近距离使用。摆拳其实是假动作,摆拳真正要管用的时候是需要去抱人家的。我认为同学们最好练左右直拳。不要每一拳都想到要练重的,一定要有轻有重,这样拳才会有弹性。不要平均用力,每拳打二百公斤,打五拳,不如两三拳有的轻有的重。有些动作是可以晃他,找准机会一个重拳下去。这样运动员心情也好,也不累。我寒假的时候碰到一个人两个手上都是老茧,他和我聊天只谈他的拳重。后来我就和他说你还会什么,他说我就会打。我说好,那我们就打。我让他蹦两分钟,他一紧张心肌缺血,一塌糊涂。我晃他一个动作给他一个拳法,让他坐好,老实了。我说打比赛是要动脑子的,光练是没有用的。我希望喜欢散打的同学在下面练习时一定要注意:不要每一拳都要求出手重。组合拳里面有一拳是重的就好了,要多动脑子练习。

我特别观察了一下我们北大的学生,发现女生韧带比男生的要差,这与我这么多年来带的队员有强烈的反差。有可能是因为女生在初中高中的时候锻炼很少。韧带通常应该是女生比男生好的。另外一个是我们男生的腿法要比拳法差。我们这方面没有韩国的跆拳道做得好。在韩国,跆拳道小学就开始学,要考试的。当然如果我们练习摔法后,他们又打不过我们。因为他们百分之百的时间都在练腿,我们的练习内容分别是在拳、腿、摔。

对于腿法的练习,关键是髋关节的灵活性。有次课我让一个八十五公斤的同学踢我,可我站在那里不动他们都踢不倒我。腿法的发力方法真的是很重要的。武术里面就讲:拳是两扇门,全凭脚打人。所以腿法的练习我希望两点:一、髋关节的灵活性一定要多练,包括韧带、横叉和纵叉,这样灵活性就上来了。二、还是要有次数。

腿法很多,有正踢、正蹬、侧踢、侧踹、后蹬等等。我希望你们练的几种是正踢、正蹬、侧踢。所谓正踢,就像我们踢足球一样。正蹬就是提起腿后向前蹬。侧踹是侧身的踹腿的动作。特别是前两个,对韧带的要求不怎么高。侧踹对韧带要求有些高。其实拳和腿的分工,主要是用拳来分散对方的注意力,然后用腿来进攻。

我把摔法分成三块,根据人身体的位置来分,分别是头、躯干、腿。对头我们就用抱颈摔,对躯干我们用抱腰摔,对腿我们用抱腿摔。这样就分得比较细了。在1987年1月《中国轻工业报》杯上,我最多时两分钟摔对方26跤。那是一个什么概念呢?基本上我一做动作,他就跪下去。我们在做素质训练的时候摔假人算过,最多每分钟抛假人25次。其实那26跤前面的六七跤是靠自己的技术来把对方摔倒,后面的几乎都是对方被吓倒的。所以我一做动作他就倒下去了。摔法就是这样的,如果两个人抱在一起,互相较劲,你的力量没有他的大,那是没有用的。我要摔你的时候你肯定是反着用力的,那我就跟着你,顺势就让你倒了。这就是巧摔。

我们在新闻电视上报道叫摔跤手,其实我认为应该叫摔跤脚。摔跤中脚是控制重心的,为什么能把对方摔倒?就是因为能够控制对方的重心,脚是非常重要的。我们抓住对方,要把他摔倒,脚要怎么做动作是非常重要的。摔法还有一个概念就是靶位,这也很重要。就是我们把对方抓住以后,首先要控制对方往前还是往后,往左还是往右,这样我们才能借力。如果我们想要一个人起来,那最好不要直接向上用力让他起,而是向下压他,那他自己就会往上起,我们顺势就让他起来了。

如果是拳腿摔的组合的话,应该是近打远踢贴身摔。在这些动作的变化里面,如果你擅长腿法,你就用步法去远离对方,那样正好用腿。擅长用拳的就近身用拳。擅长摔的马上贴近直接就摔。要根据自己的身体素质、技术掌握情况来用自己的战术。

现在我讲一下武术散打规则。如果你能掌握规则的话,对看比赛是很有帮助的。散打到目前没有循环赛,都是淘汰赛,只要你输一场就下去。这个是学来的。练跆拳道的人都知道,一个项目都在一天内打完,因为不打完而休息一天的话选手的脚是会肿的。我们散打开始的时候是有循环赛的,因为大级别的人少,比如就三个人,一旦轮空他就直接进冠亚军决赛了。现在是大级别的人多了,所以要实行淘汰赛。还有一种是单败淘汰,只要输一场就是输了。

我们看全国锦标赛、世锦赛等都是三局两胜制,但看商业比赛等有可能是双方协议的比赛时间,有可能是五局或四局。真正和泰拳首次较量的队是中国前卫队,就是我带的这个队。我和泰拳关于比赛规则谈判过两次,那是很艰难的,有可能谈规则要两天,打比赛只要一个晚上就打完了。实在地说,泰拳的攻击力和杀伤力比我们散打厉害多了。泰拳最擅长的是膝和肘。我们散打的规则是禁止头肘膝攻击对方,我们平时练的时候是不练的,一出现这种动作就是犯规。那我们就要回避一下。他们说要用他们的肘,我就说那我们就用中国的头,中国的头是很厉害的,头是可以断砖头、碑石和钢条的,泰国人就不让用。我就说如果我们的头可以不用,那你们的肘也不能用。他们又说用膝,当然这个也不让用的话就不算泰拳了。我说那我的腿哪个地方都可以踢,泰拳的小腿以下是不可以踢的。我们看到美国职业拳击打比赛的时候,规则也是踢小腿不得分,但我们还是要踢,第二天我们参加宴会活动的时候就可以看到对方运动员走路都是瘸的,他们的两条腿几乎都被踢青了。其实,我们踢他的作用是改变他们的身体重心,达到一些进攻的战术目的。

我们的每局是两分钟,你不要小看这两分钟。有可能两个人吵架三十秒脸就白了。在这两分钟内,你不进攻,对方也要进攻,所以不想动都不行,两分钟下来是非常累的。我曾经算过,台上两分钟的体力相当于两个八百米的冲刺。而且为了准备比赛时的两分钟,要相当于平时四五个两分钟,因为对方的情况、观众的情况等都会限制和影响你的体力。

散打比赛的运动员是有年龄限制的。成年人的比赛是18岁到35岁。

比赛的级别分为11个级别:48公斤及以下级、52公斤级、60公斤级、65公斤级、70公斤级、75公斤级、80公斤级、85公斤级、90公斤级和90以上公斤级。

再讲另外一个问题,我自己的亲身体会,其实散打训练不怎么辛苦,只要你喜欢这个项目。真正痛苦的是控制体重。教练最担心的就是队员吃东西的问题。队员最苦的就是不能吃东西,还要一直在外面跑。我们当时没有现在的高科技的东西,那时候我们最好的营养品就是牛肉干和巧克力。我最高的纪录是十六天降了九公斤。那就是夏天的时候穿着绒衣绒裤在外面跑。控制体重是非常讲究的。人吃饱喝足晚上睡一觉,第二天起来会消耗掉0.5公斤。跑三千米大概可以跑下来1.5到2公斤。控制体重是非常非常痛苦的。队员苦,教练也苦。要每时每刻掌握队员的方位,控制了一个月半个月,马上要比赛了。队员都是年轻人,我们知道都是饥不择食的。如果他抓到一瓶矿泉水喝下去,前面做的工作都完蛋了。我90年代有一次带一个队员去上海比赛,一个晚上没注意,他说要见一个战友,一个小时后他回来,一称重了4公斤。我就问他到底吃了什么,他说只喝了一瓶啤酒。这样比赛没办法打了,回去他就受处分了。所以教练守住队员也是很难的。晚上睡觉前要检查一下队员的房间,然后门一锁让他们睡觉。

  称体重也是非常重要的一个环节。我在裁判学习班的时候就讲过这样的话:检录员一定要由道德品质极好的人来做,大家才是公平的。队员辛辛苦苦控制体重,你却不认真地去对待,那怎么行呢?极其不公平。

  运动员的护具以前是非常多的,现在的比赛只有护齿和拳套了。拳套的重量也在发生变化。65公斤及以下的队员的圈套的重量是230克,以上的是280克。拳套的重量越重,打出的力度就越小。

  运动员比赛的时候也要讲礼节。抱拳礼是中国武术的礼节。有几个意思:第一个就是五湖四海;第二个就是先礼后兵的意思;第三个意思就是一个抱拳礼也可以用来防止偷袭。一旦对方偷袭,我们可以很快地一只手防守,一个拳进攻。

  我们所看到的就是红方和黑方两种,跆拳道是红方和青方两种。

  为了保护运动员,有几个地方是不能进攻的,有后脑、颈部和裆部。后脑是生命中枢。颈部有颈动脉,打击后可以造成人的窒息。裆部也是不能踢的,踢上去都是要犯规的。其他的地方都可以进攻。得分的部分有头部、躯干、大腿和小腿。

  学习散打一般有几个阶段:第一个就是互打互踢的阶段,这是最简单的。第二个阶段就是我能打到你,你打不到我的。第三个阶段就是我告诉你我要打你哪里,我仍然可以击中的。我们可以很容易地看出来,如果有人一上来就开始打,那肯定是刚开始练的。真正练过的都在找对方的机会然后再出击。

不能用的方法就是不能用头肘膝,不能有的动作包括不能压不能砸。为了保护运动员,我们规定在把对方摔倒后不能跳起来用肘或者用头来砸对方。再一个就是运动员倒地以后头是不可以踢的,但是可以踢身体。

比赛得分的情况,现在的规则就是包括两分、一分和不得分的。还有技术犯规和侵人犯规。侵人犯规就是不该打的地方你打了,不该打的时候你打了,不该做的动作你做了,这就是侵人犯规。侵人犯规比技术犯规要重。侵人犯规是扣两分的,一场比赛有三次侵人犯规就要取消运动员资格的。技术犯规出现六次才不能打。对方被自己打下擂台一次,自己得两分。腿击中头部和躯干得两分。利用主动倒地的动作,而且之后自己可以站起来时可以得两分。对方受警告自己也可以得两分。

强制读秒是保护运动员的,一面在给运动员读秒的时候一面看他的眼色。一边给你数数的时候,一面问你这是几。如果回答错了,就是错乱了。一定要让你清醒后才可以再开始。如果一局比赛中有两次强制读秒,那比赛就中止休息,对方赢。

用手击中对方的头和躯干得一分,击中大腿小腿手臂都是不得分的。用腿法击中对方的大腿是得一分的。两人先后倒地均不得分。用主动倒地的方法迫使对方倒地,但自己不能迅速站立的得一分。

技术犯规是劝告的,侵人犯规是警告的。技术犯规是一分,侵人犯规是两分。技术犯规里面有一种是消极搂抱,有的队员特别怕对方攻击自己的头部,所以一开始就抱住对方。这就是消极搂抱。还有处于不利状态要求暂停的,就是本来没有暂停的必要,你怕对方打你,你就举手要暂停。还有就是有意拖延比赛时间。

如果打成平局之后怎么算呢?这时看谁的警告多,警告多的输。警告数也一样多,那就看劝告,劝告多的输。如果劝告数一样,体重轻的赢。因为赛前两小时是称量体重的。如果体重也一样,那再打一局。

侵人犯规就是没叫你打你就打和叫你不要打你还在打,就是裁判在喊开始前和结束后你一直在打的。还有就是攻击禁忌部位和用了不该用的动作。

还有一个弃权的问题,运动员可以选择弃权,不是说教练让你打你就一定要打到底。比如首届在北京举行的军警格斗,也就是解放军和武警之间的比赛就出现过弃权现象。

散打的主要情况我就介绍到这里,剩下的时间我介绍一下武警部队开展散打的情况。

武警部队1983年成立,从地方的武装民警、公安民警改编来的,是在百万大裁军后成立的。当时是归属国务院和公安部管,现在是国务院和中央军委管。人数大概不到80万。

武术散打这个项目在武警部队是个极其重要的科目。这和武警的职能是分不开的。武警的职能就是防爆处突,保卫固定目标和执勤。固定目标就包括党政机关、新闻单位,还有监狱等等。武警练习的科目原来叫擒拿格斗,现在统称为散打术。第二个是身体素质里面的长跑、射击、攀登以及一些平时的队列练习。此外还包括人质的解救等,都是武警行业中比较多的科目。

开展的情况就是每个省都有半专业的散打队伍,连续五年,各武警单位和机动师方面每年有两个教官到我们这里训练,之后再回去训练他们的人,越到基层开展得越好。解放军叫连队,武警叫中队。中队是连,大队是营,师队是团,总队是副军。下面的中队活动开展得特别好。如果有可能的话,可以与他们联系和我们一起搞活动。

我还是希望我们这个协会什么时候搞一个业余的比赛,我肯定会把这个业余的队伍好好地组织起来。我也没怎么准备,也不是上课,就是多交流一下。讲的不好,希望大家和我多联系,多沟通。谢谢!

现场答问

问:毛老师,我看您也讲太极拳。太极拳也很讲究判断,您对我们练太极拳有什么看法?能不能给我们提一些建议?谢谢!

答:太极拳也是属于武术的一种。太极拳自身有很多种类,包括陈氏的、吴氏的、杨氏的等。对于太极拳的训练,我有三句话:一要够次数;二要理解太极拳的内涵,要明白动作是干什么用的;三要心境,要有状态。

问:如果自学散打的话,该怎么学呢?

答:我感觉最重要的是身体素质。我常说的一句话就是"打不到别人没关系,但要经得起别人打",这个是很重要的。你自己的抗击打能力增强后,你进攻别人的力量自然也上去了。第二个就是技术,不要练多,但一定要精。

问:是不是自己练的话可能会练伤?

答:一般是不会练伤的,练习散打主要还在于身体的协调性以及上下动作的配合。

(2007 年 4 月 11 日)

温柔可以改变世界

■ 张李玺

张李玺,女,1953年生,陕西延川人,现任中华女子学院院长兼党委副书记。1982年,毕业于北京大学哲学系,获学士学位。1992—1993年,在加拿大哥伦比亚大学和凯珀拉努学院做访问学者。2002年获得香港理工大学应用社会科学系博士学位。2001年被评为享受政府特殊津贴的专家。长期从事妇女学教学和性别研究工作,致力于男女平等及女性全面参与社会发展。曾先后出版了《女性心理学》、《角色期望的错位:性别关系与婚姻冲突》等专著,在中外杂志上发表了《父权制的复苏和中国妇女的回应》、《妇女的经验和妇女心理》等多篇中英文论文。主持和参与了"农村妇女受教育状况"、"面向二十一世纪女性高等教育研究"等多项课题。

首先非常高兴能够重返母校作演讲。我在北大上过四年本科,那个时候是像你们一样坐在教室里,现在我站在讲台上面对着大家,高兴之余也很紧张,虽然我当老师已经很多年了。在上大学之前我曾经当过五年的中学教师,其实是没有做教师的资格的,却硬被拉去做了教师,那时都愿意去当工人。我还记得当时第一节课我备的课只讲了18分钟就结束了。但在五年的中学教师经历中,我认识了很多关心我的老师,也是因为他们,我最终才有机会可以在恢复高考之时考上了大学。入北大哲学系是懵懵懂懂的,那时考北大没有压力,因为想上北京,而北京只知道有北大,二是因为哲学系当时在甘肃招三个人,中文系和法律系都只招一个人,三个的录取率当然要大于一个。毕业后我分到兰州大学又教了五年书,后来因为和丈夫两地分居重新回到北京。这是一段很值得纪念和回忆的历史。

在你们这些同学面前演讲本身就是一种压力。当时我们上学跟现在有很多不同,最突出的就是不重视外语。那时候根本就没有出国、找工作方便之类的想法。记得当时我曾经陪住过一个留学生,刚开始去,我还挺不情愿的,但是这件事情在以后对我的发展影响很大。先是在我工作的单位有一个去加拿大交流的项目,要参加外国人的英语面试,我参加了,也通过了,后来去加拿大做了一年访问学者;之后,香港在京招博士生,我又考上了。学习期间,我们学院要选院领导,我的博士学位也是一个很重要的条件,正好也被我给赶上了。从这一连串事情上,我就体会到:自信是要有社会资本的,要想获得机会也是要有资源的,所以有能够锻炼自己的机会一定不能放弃。

我紧张还有一个原因,就是今天的演讲我准备不怎么充分,应该说是,我准备了一个很好的演讲题目,不过内容还不够完善。在来之前,我的先生给我的建议是少讲理论,多讲案例。他也是我的大学同学,知道北大同学的功底。另外,除了上面的原因之外,我还觉得不能辜负了同学们对这个讲座的期望。

我想,大家对我今天的讲座比较感兴趣,一个是对题目、对女性学比较感兴趣,另外一个恐怕是对女子学院比较感兴趣,可能会好奇女子学院里面一群女生在学什么,教授教什么?

我不是专门研究女性学的。最开始接触女性学是在加拿大学习期间,在那边的大学我发现有这门课,很感兴趣,就选修了女性学。第一节课上课的时候,主讲老师问我们每一个人为什么要选这门课,我就说是第一次听说,所以感兴趣,想了解一下。当时有一个男生的回答我记得非常清楚,他说想了解现代女性的想法。他当时举了一个例子,说他在走廊里走的时候,看到对面来了一位女生,他就把推拉门拉开,很绅士地想让女生先过去。结果那个女生不仅不感谢,反而有点生气地说:"I have my own hands.(我自己有手)"他说,我就有点生气,心想我给你服务你还不乐意。后来当他又在走廊上看到对面有女生过来的时候,就把推拉门一推,自己过去了,任由那门在身后晃来晃去,没想到这个女生很生气地嘟囔:"What happened today!(这到底是怎么了!)"这个男生说他完全被现在的女性弄胡涂了,所以想通过这个课堂多一些了解。我知道,今天来听讲座的不少同学也是抱着同样的心态。另外一些同学想了解女子学院,想知道"温柔改变世界"是如何达到的,了解女生在学院里面是如何管理的。演讲的过程中我会有自己的思想、管理理念跟大家分享,不过事先声明,"温柔改变世界"这句话不是我说的,这是国外一所女子大学的校训,我特别喜欢这句话,所以把它拿来当作了今天演讲的标题。

这个演讲题目很吸引人,可能我准备的内容就逊色了一些,希望尽量能够跟大家进行交流和探讨。我首先想到一些问题:我们为什么要用温柔去改变世界?温柔是不是只是女性的特质特性?男性可不可以温柔?为什么男性温柔是缺点,女性强硬是弱点?这些问题反映在我们的社会中,就牵扯到了两性和谐的问题,并且会影响社会和谐。现在社会和谐是一个热门话题,我想我们可以把这个作为切入点。

实际上,社会和谐首先是两性和谐。因为在任何一个领域都存在协调两性关系的问题,不管是个人、家庭还是社会,只有男女社会成员在各个领域和睦相处,这个社会才是充满活力、安定有序的和谐社会。在社会上,目前两性关系出现了很多问题,需要我们在构建和谐社会的过程中正视并且尽量解决。比如说女性参政的问题,很多人觉得这已经不是一个问题了,应该要提倡关注男性权益了。还有比如说性别偏好问题,性别比例失衡的问题;我参加过一个人口大会,当时一个计生委的领导在大会上强调要关注性别比例失衡问题,他说如果保持目前的性别比例的话,二十年之后男性在寻找婚姻对象方面就会很困难。这话也是对的。我们可以换一个角度考虑,我们现在已经认识到性别比例失衡这个现象,但是我们要关心的不是将来男性如何找老婆的事情,而是造成这种失衡的原因。女婴怎么会比男婴少,那些少的部分都哪里去了?我们都知道自然出生比是接近一比一,事实上,失衡的性别比之后隐藏的是对胎儿的选择和性别偏好。再比如说受教育的问题,包括女生入学率,女生不同专业性别比例等问题。目前刚完成的"中国基础教育中的性别不平等问题"的课题,关注的不仅仅是入学率、辍学率之类的问题,而是关注整个教育过程,做得很细致。比如说在课题的研究中间发现,小学课本中关于对世界认识的疑惑,一般都是由爸爸或者爷爷来回答的;研究人员到课堂上实证听课时还发生过这样一件事,当时是一节物理课,那个物理老师进门第一句话就说:"真邪门了。这次我们班物理考试第一名是个女生。"后来研究人员就问那个老师为什么要那样说,老师解释说没有歧视的意思,只是认为正常情况下男生的物理成绩应该比女生学得好。这些都是教育过程中的问题，都可以纳入受教育机会不平等的范围。

再有就是就业不平等。昨天摩托罗拉的总裁因为一个合作项目到我们女子学院考察，问到我们学院的就业率，我回答说略高于北京市的平均水平，我还解释说，我们说的84%或者86%的就业率数字跟北大说出来完全不一样，因为北大的毕业生20%都出国了，还有20%的学生保送研究生了，其余的北大学生们在人才市场上也都是极有竞争力的。而我们女子学院的就业率如果能达到80%，那就说明我们是做出了努力的。说到这里，我还想说，我觉得每一个学校要给自己一个清楚的定位，不能盲目地喊口号，比如要向北大清华看齐之类的，那是不切合实际的。我们女子学院就是要争取就业率。比如说女子学院人力资源系的学生可能比北大人力资源专业的学生签约率高。有人不相信，我解释说这很容易理解，你把北大人力资源专业的学生跟我们学校的学生的求职简历一比较就看出来了，北大的学生申请的可能是人力资源部主任助理、人力资源部部长之类，我们学校的学生则是接线员、秘书、前台这一类工作都接受，拿这两个签约率比较有意义吗？我们女子学院就是要鼓励学生从前台做起，一步一步奋斗到老板。还有，我们学校学前管理系的学生100%就业率，因为我们的学生虽然学的是园所管理专业，但也是都要先从幼儿园教师做起，学习从低到高年级的所有管理和教学环节。现在北京有个说法，就业三难是女生难、文科难、低学历难，我们学校全部有份，所以在就业方面就十分困难。当然这不是一个学校的问题，而是整个社会对于女性就业的歧视，性别关系不平衡在就业上的体现。

再有，我们历届全国人大代表数，大家都可以很清楚地看到，是不乐观的。去年我们国家在联合国妇女地位指标上的排名从三十多位下降到七十二位。我们在日常生活中经常听到"女性地位高了""男性都成了受气包"之类的言论，而实际情况不是这样。拿参政来说，我们国家女性参政比例很低，这一届中央委员中只有五位女性，正部级干部里面只有19个，其中两个还是代职。对于政治，女性如果不能参加，就不能发出自己的声音。通过统计学我们可以知道，一个群体的声音要被听到，那么至少要在整体中占到1/3。北欧的几个女性参政比很高的国家基本达到了40%—50%，对于我们目前的状况，女性人大代表全体举手表决一个案例都起不到什么决定性的作用,达不到"被听见的声音"的程度。在参政方面,女性和男性的差距还是比较大的。

从社会教育状况看,我们的入学率、辍学率都是女生比较高。特别在农村,当经济条件受限制时,多子女家庭在选择时不是看谁聪明,谁更适合读书,而一般都倾向于让男孩子受教育。西安交通大学的朱楚珠教授是这方面研究的专家,她曾经有一个研究,说现在农村之所以不送女孩子去读书,是因为很多农民认为这是一件"娘家投资,婆家受益"的事情,理性一点的人都不会去做这种投资。

另外,在儿童教育甚至是社会氛围中也体现着这种性别不平等。我们国家一个著名的心理学家曾经主编过一本儿童教材,其中有一则看图说话,内容是说:"小兰病了,爸爸忙着上班,妈妈请假带她看病。"这个看图说话,也是我们社会的现实,妈妈是请了假带小兰去看病,说明妈妈是个职业妇女,跟爸爸一样要上班,但是到年底的时候妈妈因为带孩子看病、粉刷房子、照顾老人等请了很多假,出勤率没有爸爸高,自然也就评不上先进个人,也许还会因此丧失很多工作上的机会和奖励。另外一方面,这是一本儿童教材,它让孩子们从小就形成这样一个刻板印象:爸爸是去上班的,妈妈则是可以随时请假的。

我最近在电视上、地铁上看到了一些广告,也让我非常有想法。比如说一个方便面的广告:我想泡你。这么低俗的一句话,谁要是敢在大马路上说还不挨揍啊?!可是这是方便面的广告语,方便面不泡怎么吃啊?所以作为广告它就顺理成章了,即使你看着不舒服,却也没办法驳斥它。第二个广告语:你愿意和我睡觉吗?我当然愿意了,因为这是个床垫广告啊!第三个:上我一次,终身难忘。这是一个网络广告。第四个:挺起来,做女人。我们经常也说挺起胸膛,做人要挺直腰杆之类的话,问题是现在这里被借用到丰胸广告上。这些广告就是借用色情暗示,让人腻味却又不能跟它理论。更可笑的,上一个月在北京的一个高楼上打了这样一个广告:你想要第二套房子吗?问题是这个广告语上下分行,还一行字大一行字小,结果远远看去就成了"你要二房吗?",旁边还附有电话号码。据说交警发现这个路段经常堵车,原来有些开车经过的男人被广告语吸引,都放慢了速度暗记电话号码。还有人造美女的广告、吸脂手术的广告等等,由于利益驱动,几乎很少有人关注吸脂手术的死亡率是其他手术的

20倍到60倍。只有铺天盖地的给吸脂手术贴金的广告，而没有死亡率的警告。有人说人造美女这个案例不能说是对女性的压迫，这是女性自己的选择。我要问的问题是：女性为什么怕丑呢？她怎么就不能素面朝天呢？她是如何做出这样痛苦的自我选择的呢？

目前在家庭领域中有一个关于"甲女丙男"的热点问题，就是说，如果我们人为地把社会中适龄人群按照综合指标，比如外貌、经济状况、受教育状况、家庭情况等进行打分，最高层次为5分，最低1分，通过观察可以发现，男性通常会找比自己分数低的女性，而女性是往上找的。也就是说，5分的男性寻找4分或以下的女性作配偶，而3分的女性则寻找4分或5分的男性做配偶。在同一年龄段中，有两类人是没人要的：5分的女性和1分的男性。为什么会出现这样的现象呢？有人研究发现，我们国家的择偶方式比较特殊，自主式婚姻占70%，这里的自主式婚姻不是指自由婚姻，而是别人介绍当事人做主同意的婚姻，这种婚姻的前提和核心是"条件"，双方听完条件有见面意向才会见面，所以"条件"是第一的。说到条件，我们可以发现，男性关注的条件跟女性关注的条件差距很大。比如说有这样一位男士：42岁，未婚，化学博士，很有能力，很实在。这样介绍的话可能女方会同意见面，因为女方会把它总结成：有知识，实在。但是如果是同样条件的女士：42岁，未婚，化学博士，很有能力，很老实。男方连见面的兴趣都没有。因为他要找老婆，不是找博士。现在大学中也有一种说法：人分三种，男生、女生、女博士生。女博士已经被当作另类来看待了。现实生活中，大家对于条件非常好的女性是有偏见的。可能打5分的女性说，我不在乎对方是几分，只要相处得好就行。但是问题是，不是女性单向去选择男性，而是男性也要选择女性。男性一般不会寻找一个条件比自己好或者相当的女性作配偶，这实质上还是受"男尊女卑"思想的影响。现在女性比男性社会地位高的家庭，90%都是婚后形成的。生活中一个5分的女性，很优秀的女性，大多都很难找到配偶，结果给女性的教训就是：混得差不多就行了，像2分3分的，想嫁谁都行，别努力了半生到了5分的层次，最后没人要。这样一来，也就没有人鼓励女性继续学习、进步了。作为一个5分的男人，他可以有5、4、3、2、1分的所有女人供选择，可是对于一个5分的女人，只有5+的男人可以选择。这样一来，女性就会思考自己的定位，停在哪个层次比较合适，停下来之后就不往前进了。当人们评价男女两性的能力和贡献时，人们就会说，女性还是缺乏能力，否则怎么都是3分的？弄到最后我们女性自己也糊涂了，觉得好像自己就是缺乏能力，不能干，也就放弃了，成就动机自然就低了。有一个亚洲六个国家和地区的女性就业曲线，包括日本、韩国、中国等。我们可以发现这些国家和地区非常一致地呈现出一个最低就业点，都在30—34岁，这时都忙着照看孩子和家务劳动呢。对于女性来说，家务劳动和家庭责任影响了她们的成就动机。一个人一旦没有了动机，就不能做出什么成就了。女性的一生可能是这样的：一路上学到大学，可能本科毕业后还想学物理，目标是居里夫人，可是白马王子不同意，他只想结婚有老婆。女性只有两个选择，那就是做居里夫人和放弃白马王子。然后结婚，结婚后爸妈都催着生孩子，生过孩子之后例行上班，打点家务，照看孩子，放弃很多机会，根本就没有自己学习充电的时间。这样到了四十多岁，孩子大了也离开家了，终于可以独立了，可是更年期又来了。等到更年期过了，自认为没有任何负担了，第二个青春期到了，可以一门心思工作了，对不起，退休年龄又到了，你比男性要早五年回家。女性就这样永远在成功的临界线上下波动，而男性则是一路飙升，对他们来说，事业成功和家庭幸福是一回事，没有什么要么这样，要么那样的选择。

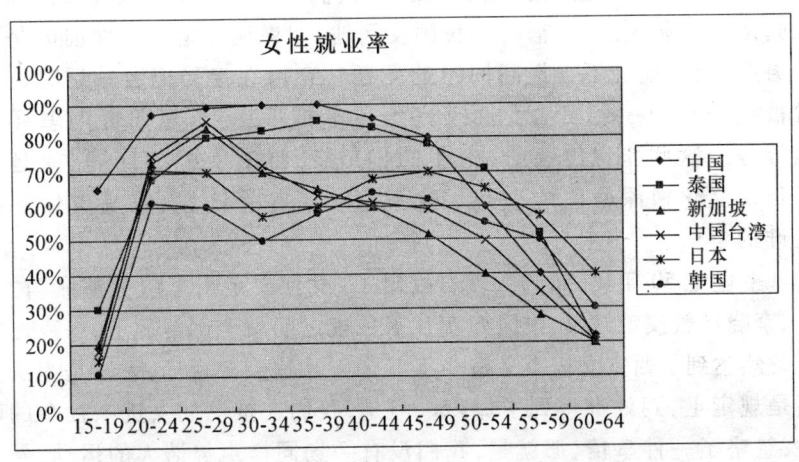

我们曾经在河北省做过一个"中国农村女性受教育状况"的调查。在做实际调查中,考虑到农村受教育程度问题,我们采用了参与式的方法,其中有一个方法是把村子里的男性和女性分成不同的小组,每个组发几张纸几支笔,给他们出个题目,就是画"我的家",画一幅画,随便画。在画的过程中,女性非常注重细节,几扇窗户几个门,小鸡是什么颜色的,她们都讨论很久,最后画了一幅规规矩矩、四四方方的农家小院。而男性那组画一交上来,我们都吃了一惊,他们几乎画了一幅地图。"我的家"只是在右下角的一个房子,其他的地方画满了商店、村委会、汽车站,还有什么石家庄、天津、北京、铁路等。同样的题目、要求和时间,画出来的画就差异这么大。在女性的画中,你可以看到,家就是她的全部,她不会轻易地作出任何离开家的决定;而男性的天地要宽广很多,好像家没有了随处都可以重新建一个。对于女性,她对家付出了所有的心血;而对于男性,家只是他事业的一部分。我有时候跟我先生吵架,他开玩笑说:"你可注意点啊。要是真离婚了,我找个20多岁的,你只能找个60岁的。"我一想也是,女性的选择真的是太少了。

我在2007年4月份的时候参加过一个女校长论坛。现在世界著名大学的女校长也越来越多了,她们就组织了这样一个论坛。当时我正好跟牛津的校长在一个论坛,我们发完言后,开始回答问题。当时有一个汕头大学的学生,他向我们提问:我们两个人在管理学校的同时,家庭是如何兼顾的,幸福吗?我则反问他,如果现在坐在他面前的是两个男性校长,他会不会提问同样的问题?有时在接受记者采访时也经常被提问作为一个成功女性家庭生活幸福不幸福、家务劳动怎样分担等等。这些非常传统的、刻板的、习惯于针对女性的问题,就是我们传统文化根深蒂固的表现。这就引出了一个问题:家庭责任到底是谁的?

上世纪50年代的时候,政府提出了"女性要走出家门干革命"的口号,李晓江教授曾经说,中国妇女几乎一夜之间就全部解放了,一夜之间就突然达到了西方女权主义奋斗了几十年才达到的目标,无论是宪法上还是规定上,到处都得到了保障。但是,我们在推动妇女进入社会的同时,忽略了一件事情,那就是,我们没有一场同样声势浩大的运动,号召

"男性走入家庭分担家务"。大家没有想过,女性在走出家门参加工作的同时,实际上没有跟男性的分担家务连接起来,男性在家庭中所分担家务的比例跟女性对社会的付出和参与社会工作没有任何关系,家务责任也从来没有因为妇女分担了养家糊口的责任而由男性来分担,同时,这种家庭中的不平等关系又延伸到社会中。"男主外,女主内"的社会分工模式,使得女性先是在社会上,继之在家庭中都处于从属地位。有的男性不同意,认为男性和女性的社会角色都是一一对应的。社会角色虽然对应,然而角色任务是不同的:人们对于妻子、母亲和丈夫、父亲的角色期望是不同的。

婚姻家庭研究专家徐安琪老师刚刚完成了一个课题,得出的结论是:我们国家的婚姻质量,男性的婚姻满意度高于女性。这个结论有很多值得思考的地方。女性为什么婚后失落感强?角色冲突是一个很重要的原因。对于妻子而言,要想保持工作和家庭的平衡只能是或者说永远是一个美好的神话。在计划经济阶段,"走出家庭干革命"的口号,把女性从家庭拉到了劳动力短缺的社会;进入市场经济阶段,则有人主张"让女性回家"以缓解就业压力。从1988年到现在,讨论"女性回家"的话题,都没能给出一个女性真正的空间。《中国妇女》杂志曾经有一个调查,对男性有这样一个提问:你愿意你的妻子回家吗?百分之九十多的男性都选择的是愿意,但附加条件大多都是将妻子的工资增加给自己,因为他们清楚,一个人的收入养活家庭是困难的。对于一个女性来说,迫于社会压力,不结婚不行,不生孩子不行,不做家务也不行。我这里还有一些数据:女性的工作时间占全球工作时间的67%,女性的收入占全球总收入的10%,女性占世界文盲的2/3。这些就是女性生存的大环境。

当我们这样去看问题的时候,实际上就把一种新的理念带进了分析性别关系的领域,有了一个新的分析范畴——社会性别。自然属性上特定的人的性别是特定的,然而关于社会性别的争论却有很多,很多人甚至质疑"社会性别"这种说法是否合适。社会性别的构建是跟人的主观理解相关的。我们说到性别的时候,大家都清楚,它是由遗传基因决定的,表现为第一、第二性征。但是我们说到社会性别的时候,比如说我们评论某个人是"假小子"时,"假"字说明这个人的生理性别是女性,但是她的行为、性格等方面表现得又不像普通女性,而像"小子"。这个"小子"的判断标准,就是一种主观理解和认识,所以说我们在讨论社会性别时,我们的脑海中对于男性应该是怎样,女性应该是怎样已经有了自己的规定,也就是说根据我们的主观理解来判断。社会性别实质上是一种文化的建构,我们理解男性应该是这样的,我们就会按照这样的模式来培养一个男孩,女性也同样。如果不这样,而任由一个自然人随意发展成社会人,可能最终他所形成的社会性别是不被他所存在的社会所认可和接受的。这就是性别角色的社会化的过程,每个人都被规定化地强制接受。家庭教育、学校教育和社会教育也都是按照对一个人的社会性别期望进行固定化培养的。

在很长一段时间里,我们都在提倡社会性别的平等,提倡的目的就是男女平等。提出社会性别的平等是因为:第一,它也包含了不要忽视男性参与和关注男性的内容。只是女性单方面去探讨和呼吁,男女平等是不可能实现的。我个人比较积极地参加过很多 NGO 的活动,在活动的过程中我们就发现,大多数人对于性别平等的认识是有偏颇的,性别平等应该是双方的,不仅仅只是女性的事情。第二,提出社会性别平等的另一个原因就是,"男女平等"已经提了很长时间,很大程度上已经成为一个政治性的口号和模式了,而且被大众理解为男女平等的意思就是女人要跟男人一样。我非常反对这种观点,女性就是女性,如果跟男人一样了那就没有性别了,我们强调的是差异下的平等,不同的群体有不同的标准,而平等则是指机会的平等。对于女性来说,目前最严重的问题就是机会不均等。有人反对说,现在男女已经同工同酬了,怎么能说不平等?社会现实的问题是男女达不到"同工",这是我们要消除的。第三,社会性别是观察社会关系的一个非常独特的视角,可以发现很多不同的东西。不同的社会发展政策也会对社会性别发生影响,那么反过来,我们通过社会性别视角的分析,就可以仔细地审视公共政策,通过政策制定过程实现社会性别平等。比如说法律层面,我们国家有世界上第一部妇女权益保障法,但是它不能作为诉讼依据,不具有可操作性。还有一些社会政策的出台对于女性权益保护有好处,但是同时产生了很多负面效应。比如现在企业中所说的"性别亏损",一个单位中聘用的女性越多,"亏损"就越多,因为公司要负担更多的社会福利。这不是个人、单位能解决的问题,而是一个社会问题。国家出台的关于女性休产假的政策,本意是要保护女性的,可是女性休假期间单位就需要雇用临时工,就产生一个成本核算的问题。像北欧一些国家,它们是家庭产假,家庭中的男性和女性都可以休,产假期间休假一方由政府补贴工资。这样一来,用男用女就没有太大的差别了。所以说,有的社会政策的出台好像是对女性有利的,但实际上可能会带来负面影响,我们不仅要做到法律上的平等,更重要的是事实上的平等。

在社会性别的运作过程中我们可以发现,作为女性来说,你工作做得很好就会被称为"女强人"、"女铁人",这是很让女性反感的称呼。我信奉"温柔可以改变世界",温柔不一定不坚强,温柔不一定不自信,温柔不一定没有个性。拿中华女子学院来说,我们提倡三个服务:服务于社会,服务于妇女发展,服务于国际交流;以具有公益意识、有"自尊、自信、自立、自强"的精神、有动手能力这三种素质为目标培养学生。我相信这样的教育培养出来的学生会是温柔的、坚强的女性。最后,用一首我自己很喜欢的诗来结尾:

只要有一个女人觉得自己坚强
因而讨厌柔弱的伪装,
定有一个男人意识到自己也有脆弱的地方,
因而不愿意再伪装坚强。
只要有一个女人讨厌再扮演
幼稚无知的小姑娘,
定有一个男人想摆脱
"无所不晓"的高期望。
只要有一个女人讨厌"情绪化女人"的定型,
定有一个男人可以自由地哭泣和表现柔情。
只要有一个女人觉得自己为儿女所累,
定有一个男人没有享受为人之父的全部滋味。
只要有一个女人得不到有意义的工作和平等的薪金,
定有一个男人不得不担起对另一个人的全部责任。
只要有一个女人想弄懂汽车的构造而得不到帮助,
定有一个男人想享受烹饪的乐趣却得不到满足。

只要有一个女人向自身的解放迈进一步,
定有一个男人发现自己也更接近自由之路。

我喜欢这首诗,因为它所说的不仅是女人的解放,而是两性的解放。我经常说,男性一定要记住:女性不解放,男性永远也不会得到真正的自由。性别平等,在某种意义上说是对两性的共同释放。

谢谢大家。

(2007 年 5 月 21 日)

美丽的意味

■ 俞 虹

俞虹,博士,北京大学艺术学院副院长、教授、博士生导师,北京大学电视研究中心常务副主任,中国广播电视协会主持人专业委员会副会长、中国高教影视学会理事、中国广播电视协会电视学研委会理事。曾任浙江大学广播影视研究所所长,浙江大学新闻与传播学系教授。主要致力于视听传播艺术与媒介影响研究。在节目主持艺术、电视文化、电视传播与社会变迁互动影响方面做了比较多的研究工作。发表学术论文40余篇。1996年出版专著《节目主持人通论》,2004年出修订版。该书1998年获中国广播电视学会第三届优秀专著奖二等奖,2000年获中广学会节目主持人委员会首届专著奖一等奖;修订版2004年获中国高教影视学会教材一等奖。作为课题负责人主持多项省部级课题,参与国家重点课题,承担子项目的负责工作。连续多次担任中国播音主持作品政府奖、全国主持人最高奖"金话筒奖"和"金鹰奖"评委。

主持人:

亲爱的老师、同学们,大家晚上好,欢迎大家参加由北京大学团委和关注女性发展实践会共同举办的系列讲座活动。今天我们讲座的主题是"魅力女性,美丽人生"之"美丽的意味"。我们非常荣幸地请到了我校艺术学院的副院长俞虹教授给我们作精彩的演讲。俞教授长期致力于传媒领域的研究,对电视文化、节目主持艺术等都有很深的造诣。我们现在就有请俞教授,大家欢迎。(鼓掌)

俞虹:

谢谢大家!很高兴能和大家进行这样一个以"美丽"和"魅力"为主

题的交流。我原以为来的都是女性,没想到还来了不少男性啊。我觉得这不是一场学术性的讲座,大家在周末的时间,因为对于美丽的共同期望而相聚在这里探讨、交流关于美的话题,这是一件很有意思的事。所以先前团委的同志和我商量举办讲座的事情,我很乐意地答应了,和大家一起分享美丽是一件很快乐的事情。其实,我们这一生都是在追求美丽,为了美丽的生活、美丽的世界、美丽的自己而不断完善自我,今晚我把自己的一些感悟和大家一起聊聊,也是一种交流与分享吧。

记得以前也做过类似的讲座,那是我在浙江大学任教时的一个三八节,应学生会邀请而做的,可能因为场地比较大,所以人很多。那次是以"我所认识的美丽女性"为题谈论自己对于女性美的认识,现在,许多年过去了,对美丽的认识也有了一些新的感受。究竟什么是"美"?以前上美学课的时候会经常和大家聊,引发大家讨论关于美的认识。人们对美的想法是非常不同的,由此而切入美的纷繁、美的绚烂、美的多元。直到现在人们还在思索探讨着"美"的定义、"美"的本质。如果我现在问你们:"你们眼中的美丽女性是什么样的?"相信你们脑中即刻也会跳出非常多不同的人、不同的观念。比如说,有韵味的女人是美丽的;比如说,可爱的女人是美丽的;又比如说,有才华的女人是美丽的等等。我们可以想出非常多的词汇,这些词汇对于美丽的女性来讲,可能都只是她的一部分特点,而不是全部,于是我们可以推想,美丽女性也是一个多元概念,而不是单一的,这是由于美的丰富性和人们审美的差异性所决定的。所以,今天我所讲的只是我对于女人的美丽意味的解读。

组织讲座的同学跟我沟通时建议,希望我多谈谈自己的人生经历和感悟,我马上想到了自己的两张照片。这是两张什么样的照片呢?一张是我在好莱坞游访时拍的,我独自行走在好莱坞热闹的人群中,被一个同去的朋友抓拍的。照片中的我呈现着一种动感:背着包,特别意气风发地行走在好莱坞川流的西方人群中,充满了东方职业女性的自信与坚定。我自己觉得这是一个特别骄傲的形象,那种在异国人流中凸显出的积极状态,很阳光,很健康。每每看到它总会让人心情爽朗。所以,我很喜欢它,几年来虽多次搬迁,但这张照片一直伴随着我,至今仍摆放在我的书架上。另一张喜欢的照片是在周庄拍的。那张照片中的我,神态安宁、姿态优雅地坐在一湾流水的石板桥旁,背景是古老的、黑白相间的典型的江南水乡民居,我的白衣与蓝色蜡染裙浑然入画,和谐至极。

为什么会特别喜欢这两张照片呢?慢慢地我发现由于它们集中体现了关于女性美的观念,蕴涵着丰富的美丽意味,这也就是我今天主要想讲的,那就是:行走中和静坐着的女人是美丽的。动静相宜是为美也。

"行走"意味着什么?就是动。一个在行走中的人,就可能意味着处于一种积极、进取、变化的状态。你在变化,你周围的风景在变化,你的人生因为有了行走而与丰富、自立、自强、进步等词汇相关联。所以我觉得这种行走的状态特别美好,这是一种过程的美、状态的美,而并非只是结果的美。许多人太多地关注结果,以结果来评判前面的经历,其实不然。行走、进取这个过程本身就很美丽,只是我们没有注意到,容易忽略它。谁能仅仅从一个人的学历、职业就能做出判断,她的生命是精彩抑或黯淡?美丽抑或丑陋?生命的质量,不取决于一个人的迟钝或聪慧,而受制于勤奋或懒惰。有人说女人干得好不如嫁得好,这是偷懒女人为自己寻找不"行走"状态的托词。被动的生活与主动的生活、积极的行走与消极的享受,所体现出的生命价值与生命体验是截然不同的。当一个人的生命历程在积极的行走当中,在执著的追求当中,在不断的变化当中,在给别人创造快乐中,在奉献之中度过时,总会在充实和丰富的过程中,收获快乐,绽放美丽。我觉得这样的女性一定是美丽的。

回顾我的生活,发觉自己确实一直是在行走着的。刚开始,我并不知道自己为什么喜欢这张照片,后来才意识到是因为骨子里喜欢行走的状态。很高兴自己始终有这样一种积极的前进着的生命的状态。而这种生命的状态对于女人来讲特别重要。刚才讲了,行走可以意味着你的进步、自立、自强,而一个进步、自立、自强、自信的女性是一定会被他人所尊重的。同时,因为行走意味着变化,我们的一切学习、工作、生活譬如爱情、婚姻都在变化,如果不变化,就会呆滞、退化乃至死亡。爱情、婚姻中的变化意味着两个人要同步地往前走,不断更新、发展。如果只有一个人往前走,另一个人在原地没动,那么这两个人的关系就会出现问题,产生不和谐。比如我自己,大学毕业后不久就结婚了,接着生孩子,除了完成教学就是围着儿子转,但是先生就不停地在读硕、读博,一步一步地往前走,出国讲学等等。孩子进幼儿园后,我发现如果没有自己的追求,在不断地照顾孩子、成就先生的时候,自己却没有进步,若干年以后,他们都取得自己的成就,而我却什么都不是,甚至不能对话了。因此,我意识到必须要有自己独立的生活,独立的追求。即便不成就什么,也要让自己始终前行着。于是,这就成为了我的一个目标。它伴随着我行走着。在我的人生经历中,每一次变动几乎都让人不解。从放弃许多女孩所向往的省级科技情报所资料员的工作去读大学;从放弃已经驾轻就熟的文学专业转向新闻与传播学;从放弃已入佳境的工作状态全脱产到北京读博士;从放弃美丽舒适的西子湖畔的工作生活到北京再次创业。每一次工作学习的变动都是一次对已有的安逸舒适环境的放弃,这很难让人理解,好在我一向不在乎别人怎么说。环境、年纪、专业、金钱,这些人们在变动时通常要考虑的因素,都不是我主要考虑的东西。我考虑最多的就是,生命有限,我愿意让自己有限的生命多经历一些、多感受一些。因此,多体验一种生活方式对我来说充满了诱惑,这是导致我不断变化的原动力。所以,有时候,人们就会问:"俞虹这人是不是特别要强?"其实了解我的人都知道我实际上是一个特别随和的人,只是想换一种生活方式。然而,这种追求的直接结果,却是让我得以不停地前行、不停地领略各种风光、不停地攀登新高峰。总之,就是因为我是行动着的,所以在一步一步地变化和进步。

再比如说,敬一丹,她也是一直积极在行动着、变化着的人。她从知青到工农兵学员,尽管工农兵学员很多以后都没有再往上走了,但是她在完全没有英语基础的情况下,扎扎实实地学,然后去考研,继而留校了。后来当有条件去中央电视台时,她又选择了变化。当时是没有30多岁的女性到中央台起步做主持人的,但是她选择了去。在《一丹话题》做得非常好的时候——这是中国第一个以主持人名字命名的纯访谈类的新闻节目,她放弃了,去了新闻评论部,加入了《东方时空》和《焦点访谈》这个充满了挑战的年轻人的群体中,至今做得非常好。我和一丹是好朋友,有许多共同语言,有次聊起来发现我们都没有什么大志向,只是做好当下而已,但是却都敢于放弃已有并承担可能的变化。我觉得自己在很多时候是无为而为。若非说目标不可,我把目标更多定在自己应该做什么,并努力去做好它。一旦确定目标,就不会左顾右盼,唯有扎扎实实地去做好。

我想,这种行动的美,可能就是让女人有韵味的原因吧。所以说,行走,它就意味着不断挑战自我,不断否定自我,同时不断创造自我、超越自我、完善自我。

第二点,我想说"静"。静坐的状态意味着的是宁静、汲取、思考,意味着淡泊、优雅、温柔、恬静。而作为美丽的女人一定得有这一面,光是行走的状态不足以构成女人的美。静坐的状态,会让我们远离急躁、浅薄、轻浮,有了一种除了行为之美以外的心态之美和境界之美,这更是一种美的意味了。前几天,学校民乐团在办公礼堂演出的时候,我注意到表演者中有一个女孩,坦率地说并不怎么漂亮,但她演奏时所呈现出的那种恬淡和投入,与当下许多青年人喜欢夸张的无所顾忌地秀自己的习惯很不同,使其在同台演出者中也显得气质独特。她给我的印象特别深,她的神态让我感觉到她是美丽的、有意味的。

再比如,张越是我非常欣赏的一位女主持人,她的机智、敏锐特别有感染力,虽然她不具备人们惯常所说的女主持人的条件,但她独树一帜,被人们广泛地认可。她谈到主持经历的感受时说,她以前也是非常躁动的,后来慢慢平静下来,经常关注弱势群体的利益,而女性节目在央视也是被边缘化的,光从她的节目的播出时间就知道了。而张越只是非常认真地在做节目,认真地充实着自己,心态宁静,需求很少。所以我们说,静态,它意味着当我们真正进入宁静的心理状态,便能够超越凡尘,拒绝喧嚣,从而净化心灵,升华我们的人生境界。所以动和静是女性非常重要的两个方面。

我想再讲一个词,那就是"宽容"。宽容特别重要,它既意味着包容他人,同时预示着释放自己。一个宽容的人通常也是一个大气、坦诚、自信的人。宽容意味着你更会欣赏人,欣赏别人的时候也欣赏了自己。宽容会使人变得很坦荡、舒展、洒脱,会让你有好人缘。我享受着宽容心态给我带来的快乐、轻松和美好。宽容可以让人随遇而安,比如说苏轼《定风波》"莫听穿林打叶声,何妨吟啸且徐行。竹杖芒鞋轻胜马,谁怕?一蓑烟雨任平生"表达的境界。先生长于书法,选了这首词抄录,悬挂在我家客厅。不知是随意还是刻意,我从未询问过,只是默默品读。对个人来讲,一种宽容的心态会让你和周围的人都生活得很快乐。从某一层面来讲,宽容就是一种自信。比如说美国。在美国的经历让我觉得这是一个特别包容的国家,这是它自信的表现。

还有两个词也很值得注意。一是"简单",我喜欢的一个词。简单意味着坦率、真诚、纯粹、不刻意、不矫揉。纯粹是一种可爱,可爱的一定是美丽的。有心计的女人大多是不可爱的,比如说王熙凤。而且,算计得太多的人最终得到的往往却不多。做学问可以复杂,但做人简单点就好。

还有一个是"得体"的概念。所谓得体就是合适,度与分寸的得当。在言谈举止当中把握好分寸,在妆容服饰中体现出得体,是美丽女性的永恒法则。要做到这点,可不是学一点服饰语言技巧就可以解决的。得体的本质是寻求事物或各元素之间的和谐,而我们知道这是美的最高境界。

美女完全不等于才女,而才女几乎等于美女。美丽女人的秀外慧中,没有捷径,没有锦囊,腹有诗书气自华。各位在北大读书,在这个特别的气场中,如果你懂得选择,有意识地去努力,一定会有一些特别的气质形成。

选择、平衡、得失在人的一生中是很重要的。选择由我们的观念和价值观决定;平衡点的选取是在矛盾体中寻求最适合自己的一个最佳契合点;懂得得失,明白有时放弃比得到更重要,放弃的多,得到的会更多。人生的时间很短,我们只有在得失之间选择最适合自己的。

讲了这么多,选择了这些词汇,都是自己对于女性美丽意味的认知与追求。最后,如果说要做一个自我评价的话,我想自己是一个努力在行走中的女人,一个可以坐得下来的女人,一个简单而包容的女人,一个所求不多却已经获得很多的女人,一个非常幸福的母亲,一个负责任的教师,一个努力想称职却总有些距离的妻子,一个生活中因为有了在座的你们——年轻的朋友们而精彩的女人。(鼓掌)

现场互动

主持人:
非常感谢俞教授,相信听完刚才教授的精彩演讲,大家都有很多话想和俞教授交流,那么现在把时间交给观众朋友们。

同学：请问,您成功地一步一步走过来,也作了很多的选择,您怎么在事业和家庭之间找到平衡点的呢?

俞老师：如果从自己的小家庭来讲,我觉得我先生特别支持我,鼓励我。其实女人天生是有依赖感的,但他不给你太多依赖,而是鼓励我。比如他鼓励我考硕,考博。复习博士或写书很苦时,他就鼓励我坚持自己的信念。

同学：俞老师,我知道您本科是学中文的,那我有两个问题:第一个是您是怎么走上主持之路的呢?您是怎么成为一位好主持人的呢?

俞老师：首先,我不是一位好主持,我主持的节目很有限,时间也很短。我走上主持之路却是很巧合,在上世纪80年代末,浙江面向全社会招收主持人,因为我在大学里教美学和文学,又是北京人,说着一口流利的普通话,我的同学推荐我到了电视台,电台编辑没让我有什么考试就让我负责了一个栏目,是一个时装栏目,采编播一体。再后来开始研究主持,出了书。因为我的美学和文学的知识背景让我对主持这个跨学科的领域的研究有了一些新的认识。

同学：俞老师,您刚才谈到,您是一个没有目标的人,是不是您特别享受过程?但是有的人会说您之所以这么说,其实是因为您已经取得这些成就。这样会不会让人觉得虚伪?您是怎么看的呢?还有一个问题是,您是怎么保持青春的呢?怎么让自己越来越年轻的呢?

俞老师：其实,我觉得目标和过程这种东西还是在于别人怎么看。比如说我考博士吧,不能说我不要学位只享受这个过程。做事人人都会有一个基本的目标,起码要对得起自己付出的努力,符合自己对自己的要求。我所说的享受过程重点在表述我没想到要别人如何认可,我只是努力做自己该做的。你说一点没有目的吧,你得看别人对目的的想法和你对目的的想法有什么区别。人与人之间的差异性是永恒的存在,所以不要期望一定要别人和自己的想法一样。

对于第二个问题,我的睡眠和饮食习惯都不符合美容保养的基本要求。我喜欢美食,只要有时间我愿意享受自己做饭的快乐。但是,我喜欢游泳、运动,会尽可能抽时间放松自己。如果说看着还好,我觉得主要可能还是因为发自内心的对生活的向往和良好积极的状态吧。说到底还应该特别感谢我的父母,他们对生活的积极态度影响了我。还有一个原因是因为和你们在一起,和同学们在一起,每天面对的都是阳光灿烂的脸庞,自己也就借光了。

谢谢大家。

主持人:讲座的时间很短暂,提问的时间也是。今天的讲座即将结束,让我们再一次感谢俞教授的精彩演讲。(鼓掌)谢谢大家的参与!

(2007年5月27日)

我国环境问题的解决思路
——从环境保护到可持续发展

■ 王 奇

> 王奇,男,1971年生。1989—1996年间在南京大学环境科学系学习,1999年获北京大学环境科学中心理学博士学位,后进入博士后流动站工作。现为北京大学环境学院与中国可持续发展研究中心副教授,主要研究方向为环境与可持续发展,现担任中国环境经济学会副秘书长等职务。目前已在核心期刊发表了《从两种生产理论到三种生产理论》、《可持续发展的物质模型》、《可持续发展与产业结构创新》、《从两大部类生产到三大部类生产》等学术论文30多篇。

很高兴能够向大家讲一讲我在环境与可持续发展方面研究的一些心得,今天跟大家讨论的主题是"我国环境问题的解决思路——从环境保护到可持续发展"。报告的主要内容,首先要分析我国环境保护的现状与发展趋势;接着谈谈发达国家是怎样解决环境污染问题的;最后谈谈解决我国环境问题的途径,这也是我们今天讲座的核心部分。

第一个部分首先谈一下我国经济发展成果的数量与质量。大家都知道,经济发展与环境是密切相关的,没有经济发展也就没有环境问题,经济发展是环境问题产生的一个核心要素。第二个部分用数据和事例说明在经济高速发展的同时我国的环境问题变得日益严重。第三个部分谈谈未来我国经济持续发展给环境带来的压力。

近二十年来,我国经济出现了持续高速的增长。1978年以前我国的经济增长速度是6.5%,1978年以后的近二十九年以来,我国经济平均增长速度是9.4%,2005年时,中国的GDP总量为183 868亿元,2006年中国经济增长率达到10.4%,GDP总量达到209 609.52亿元。虽然我国经济的增长速度很快,但是经济增长的方式相当粗放。以能源利用率和水资源利用率为例。在能源使用效率方面,中国每公斤标准煤能源的产值只有 0.36 美元,是印度的 1/2,而日本与法国则分别是 5.58 美元和 3.24 美元。从另一个角度看,中国每创造一美元的价值消耗的能源是 69(1993 年不变价,单位百万焦),美国是 16,日本是 6。也就是说,中国单位产值的能耗是美国的 4.3 倍,是德国和法国的 7.7 倍,是日本的 11.5 倍。

在水资源的使用效率方面,中国万元 GDP 的用水量是 499 立方米,日本只有 18 立方米。并且,中国的重复用水率也很低,如下图所示。

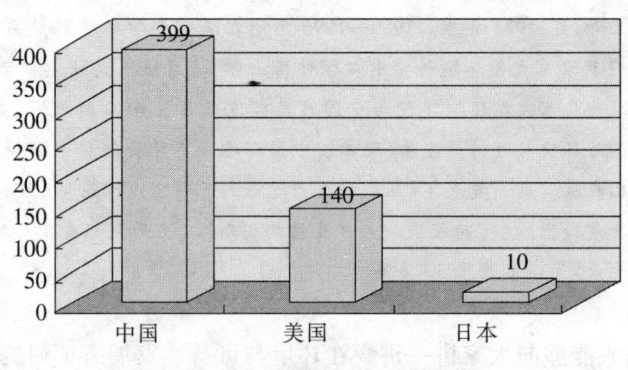

万元 GDP 用水量(m^3)

由此可见,我国的经济发展模式相当粗放。这种发展模式显然会带来很多的环境问题。

据去年调查研究的数据及根据数据进行的估算,2004 年我国因环境污染造成的经济损失为 5 118 亿元,占 GDP 的 3.05%,其中水污染的环境成本占污染总成本的 55.9%,大气污染的环境成本占 42.9%,固体废物和污染事故造成的经济损失占总成本的 1.2%。

下面谈一下当前我国面临的主要环境问题。

一是部分城市空气质量严重恶化。2005 年共有 522 个城市开展了空气质量监测,其中空气质量为一级的城市 22 个,占 4.2%;二级的(适宜居住)293 个,占 56.1%;三级的(不太适合人类居住的)城市已经达到了 152 个,占 29.1%;劣于三级的,即空气质量非常差,不适宜人类居住的城市有55个,占总比重的10.6%。

二是部分地区酸雨强度加大。酸雨是PH值小于5.6的雨、雪或其他形式的大气降水。2005年,全国开展酸雨监测的696个城市中,357个城市出现酸雨,占51.3%。其中浙江东阳市、象山县、安吉县,福建邵武市,江西瑞金市逢雨必酸;浙江省台州市、江西省贵溪市、广东省连州市、贵州省清镇市降水PH年均值小于4.0,酸雨污染最重。华东区酸雨污染进一步加重;华南酸雨区的珠江三角洲地区,酸雨污染也日趋加重。

三是二氧化硫排放总量失控。下图是我国历年SO_2的排放量,最近几年一直呈现上升趋势。2005年,我国SO_2排放量为2 549万吨,比2004年有所增加。我国去年在"十一五"规划中制定的目标是要将2010年的SO_2排放量控制在2 293万吨,现在看来要达到这一指标压力非常大。这就要求一方面要保证经济增长总量增加,同时还要降低SO_2的总排放量。

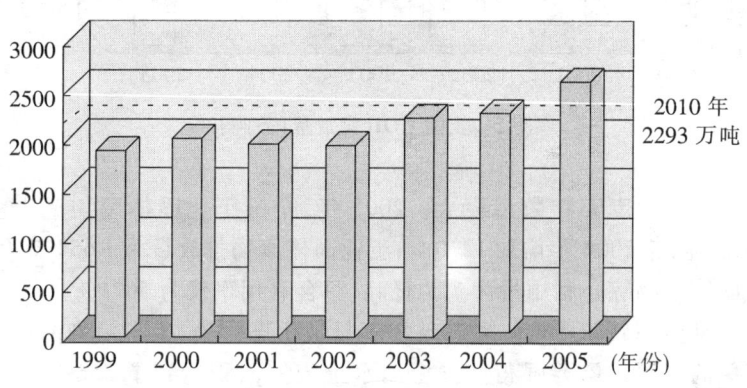

图1 中国历年SO_2排放量(万吨)

四是地表水中度污染较重。2005年我国地表水总体属中度污染。国家水环境监测网的744个断面中,优良类、污染类和重度污染类断面分别占36%、36%和28%。海河、辽河、淮河、黄河以及松花江水系的部分支流,特别是城市河段污染严重。我国COD今年排量一直很高,"十一五"规划中制定的2010年COD排放量目标是1 272万吨,任务十分艰巨,如下图(图2)所示。

五是海水富营养化现象严重。在我国四大海域中,黄海和南海水质较好,渤海水质一般,东海水质较差。部分海域富营养化严重,赤潮频发。

主要污染指标为活性磷酸盐和无机氮。

六是噪声污染。全国351个市(县)中,城市区域声环境质量好的城市仅有11个(占3.1%),较好的有213个(占60.7%),轻度污染的是118个(占33.6%),中度污染的是6个(占1.7%),重度污染的有3个(占0.9%)。

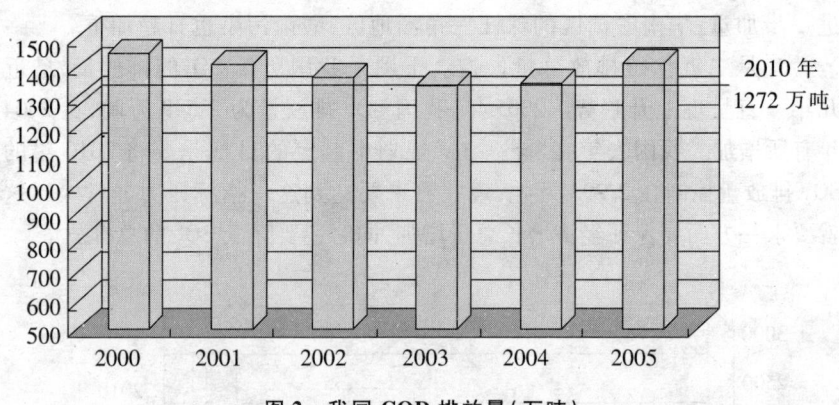

图2　我国COD排放量(万吨)

七是工业废弃物数量庞大。2005年,全国工业固体废物产生量为13.4亿吨,比2004年增加12.0%;工业固体废物排放量为1654.7万吨。工业固体废物综合利用量为7.7亿吨,综合利用率仅为56.1%。

八是生态破坏严重。生态破坏不只是生态污染,生态污染的波及面比简单的点源污染要强得多。全国水土流失面积达到了356万平方公里,占国土总面积的37.1%,其中水力侵蚀面积165万平方公里,风力侵蚀面积191万平方公里。水土流失主要分布在山区、丘陵区和风沙区,特别是大江大河中上游地区。全国因水土流失每年流失土壤50亿吨。目前,全国90%的可利用天然草原不同程度地退化,全国草原生态环境"局部改善、总体恶化"的趋势还未得到有效遏制。

九是最近几年备受关注的特大、重大环境事件不断出现。2005年,国家环保总局共接到76起突发环境事件报告,其中,特别重大环境事件4起,重大环境事件13起,较大事故18起,一般事故41起,共造成536人中毒(受伤)。与2004年相比,重大环境事件总数增加了9起。2005年的四大污染事件之一是松花江水污染事件。2005年11月13日,吉林石化公司双苯厂爆炸,发生爆炸的车间距离松花江只有数百米,导致松花江水质严重污染。松花江九站断面的5项指标显示,污染物以苯、硝基苯为主。11月20日在黑龙江和吉林交界的肇源段,硝基苯开始超标,最大超标倍数为29.1倍,污染带长约80公里,持续时间约40小时。哈尔滨市22日中午起紧急停水4天,市民们都争相买水。第二个事件是广东北江镉污染事件。2005年12月15日,广东地方环保部门在常规水质监测中发现北江韶关段镉浓度严重超标。这是韶关冶炼厂违法超标排放废水导致的重大水污染事件。第三个事件是广西红水河水质污染事件。2005年12月27日,广西天峨县陇麻坡水厂取水口水质化学需氧量和悬浮物超标,色度严重超标。原因是位于贵州省北盘江流域的响水电站12月20日和30日两次开闸排沙,致使水库内淤泥冲入河道,污染红水河。第四个事件是辽宁浑河酚浓度超标事件。2005年12月26日,抚顺市环保局监测发现,浑河水质挥发酚浓度超标2倍。原因是抚顺市勇鑫物资经贸有限公司和抚顺金新化工有限责任公司违法超标排污。

总而言之,我国环境污染问题主要表现出以下几个特征:第一是规模型。具体指全国范围内出现大量规模较大、影响严重的环境问题。第二是结构型,指经济结构也就是经济的质量已经发生了变化,这是环境污染的主要原因。第三是压缩型。比较而言,发达国家上百年工业化过程中分阶段出现的众多环境问题在我国快速发展的二十多年中集中出现,带来非常严重的问题。

虽然我国近年来的经济发展速度很快,但是底子相对比较薄,增长的基数比较小,现在我国的经济总量虽然排在全球第四,但人均GDP却很少,只有2 042美元(而美国是43 995美元)。但是,即便这样的经济规模,也已经造成了上述严重的环境污染问题。

对一个像我国这样的发展中国家而言,发展经济是不断追求的目标。据预测,我国"十一五"期间GDP的增长速度为8.1%,略低于"十五"规划。2010—2015年以及2015—2020年的经济增长速度分别为7.5%和6.8%。显然,在目前的GDP增速下,资源和环境已经承受不了经济高速发展的压力,何况对于更大规模的经济发展压力呢?因此,协调经济与环境之间的关系已经成为涉及我国国家安全的战略性问题。

对于环境污染这个问题的解决,发达国家研究和实施得较早。虽然它们在环境保护方面的技术、资本等有较大投入,但是,其解决的基本思路是转移环境污染。

在此,我们选择从生态足迹的视角看发达国家的资源占用情况。"生态足迹"是指生产某个地区人口所消费的所有资源和吸纳这些人口所产生的所有废弃物所需要的生物生产总面积(包括陆地和水域)。地球有114亿公顷适于生产的陆地和海洋面积,按人均计算,每个人可以有1.9公顷"生态足迹"。而实际上,1999年地球人均"生态脚印"已达2.3公顷。也就是说,人们生存需要的面积,已经超出了地球维持其可再生资源消耗的能力范围。这种状况在工业化国家尤其严重,德国人均"生态足迹"需要4.8公顷,北美甚至达9.2公顷。

就我国而言,各省生态足迹不一。据研究:全国人均生态足迹为1.326公顷;北京市最高,为人均2.682公顷;云南省最低,为0.477公顷。可见北京的发展是严重依赖于外部地区的,必须从外部资源中寻找解决问题的出路。我国除江西、云南、西藏外,其余28个省都存在不同程度的生态赤字,区域经济的发展已经不能够仅仅依靠当地的环境资源来支撑,还需要外部输入。显然,我国大部分省(自治区、直辖市)都是在生态赤字的状态下生存和运行。

接下来,我们探讨一下发达国家环境质量改善的根本原因。下图(图3)中,三个圈分别代表生产、生活和环境。

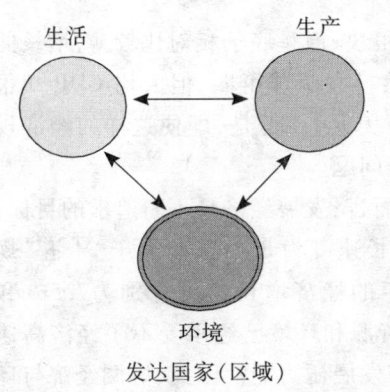
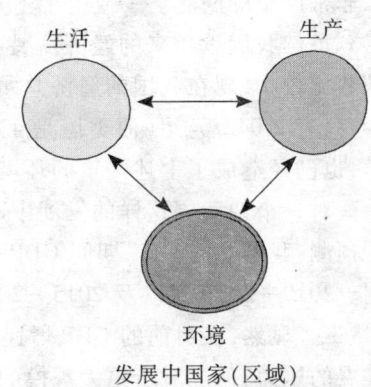

图3

人们的生产与生活需要从环境中索取生产资源与生活资源,同时,生产、生活的废弃物要被排放到环境中去。在没有世界贸易或者区域产品交换的情况下,一国自身的经济(生产与生活)要依靠本国的环境资源独立支撑,根据资源的拥有情况而生产与消费相应的产品数量(如图3)。这是最初时的状况。当国家之间发生贸易往来的时候,早期的工业化国家在自身资源不足的情况下从别的国家索取,使用它国的环境资源以减少自身的环境资源危机。发达国家通过各种途径从发展中国家索取资源,通过使用发展中国家的资源与环境来生产产品(见图4)。从图中可见发达国家的资源来源有两种途径,一个是发展中国家,一个是它本身,从而导致其本身的资源消耗与环境所消耗的资源相比就相对少一些。

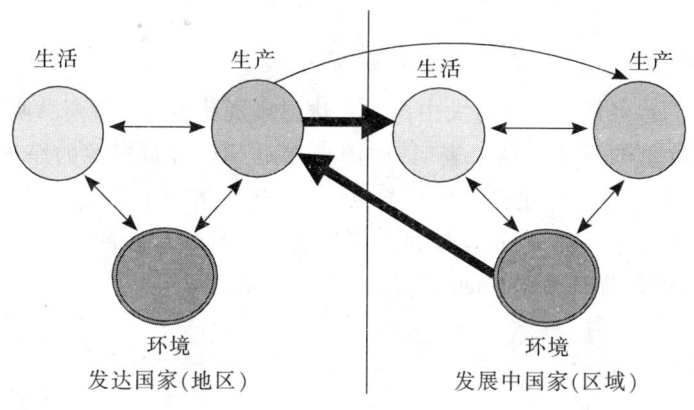

图4

现阶段,在经济全球化背景下,发达国家通过转移资本的做法把本国的资源、环境等危机转嫁到其他国家,甚至将生产的部分也一并转移至发展中国家。发展中国家的环境不仅需要支撑本国不断发展的需求,而且还要支撑发达地区高水平的消费,这样势必导致发展中国家的环境急剧恶化。虽然发达国家自身环境质量的改善有其自身的原因,但很大一部分原因是将污染转移至发展中国家(见图5)。从某种角度讲,传统意义上的产业梯度转移实际上说的就是环境污染的转移。打个不恰当的比方,发达国家只有卧室与客厅,而将厨房与卫生间放在发展中国家。当前,有人称中国是世界上最大的工厂或者车间,这应该促使我们从资源与环境的角度重新审视这个定位。

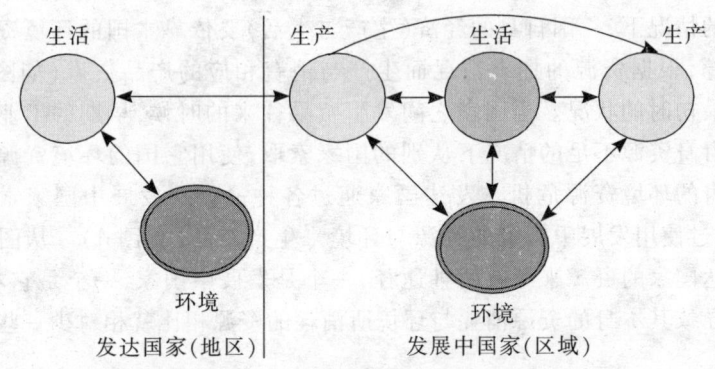

图 5

我们曾经做过一个有关中国与发达国家贸易中进出口商品所体现的 SO_2 排放量的研究。结果表明，中国现在是 SO_2 容量资源的净出口国。也就是说，一些国家的经济发展是以中国 SO_2 污染为代价的。

报告的第三部分，重点探讨一下解决我国环境问题的途径。首先介绍一条曲线，即环境 Kuznets 曲线，如图 6 所示。

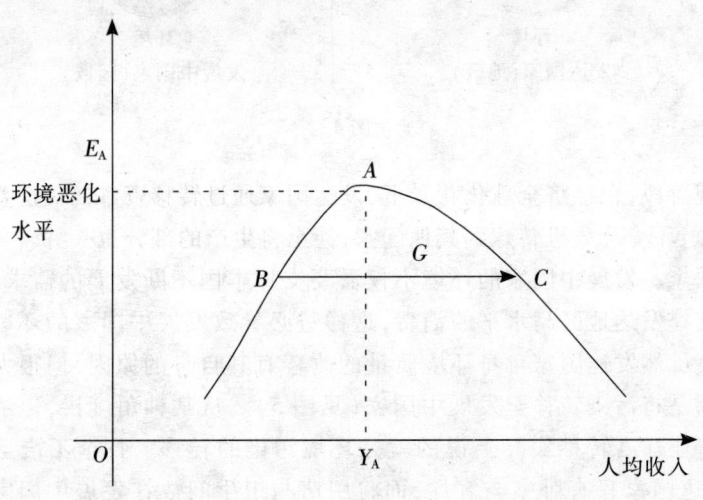

图 6

这条曲线的横坐标是人均收入,纵坐标是环境的恶化程度,这条曲线是经验曲线。大体意思是:一个地区刚开始发展的时候,经济水平不高,环境质量较好;但随着发展程度的提高,环境质量变差了;然后,随着经济的发展,环境质量又变好了。也就是环境质量与经济增长之间存在一种倒 U 型关系。关于这条曲线,国内外学者的研究很多,不同学者的研究结论也不同。但总体而言 EKC 曲线的拐点在人均收入 5 000—6 000 美元之间,也就是当经济发展至人均收入 5 000—6 000 美元的时候,环境质量才会逐渐变好。但是就如前面提过的,发达国家可以利用其在经济上的强势剥削发展中国家,比如美国可以利用多种优势来使用包括中国在内的发展中国家的资源与环境。所以对于作为发展中国家的我国来说(比如处于曲线左半部分的 B 点),面对国内、国外的双重压力,可能没有机会同时也不应该经历 BAC,而必须"穿越山峰"(如上图四中的 BGC),尽量使环境质量在经济发展的同时不恶化。

那么如何才能够"穿越山峰"?针对环境污染的控制,我们曾经做过大量的工作。上个世纪 80 年代,我国处理环境污染的做法主要是治理;到了 90 年代则增加了很多管理手段,例如征收环境税费,可交易排污许可证等。到了 21 世纪,则应该采用可持续发展的手段来解决环境问题。前面讲过,环境问题出现的根本原因在于经济的不断发展,因此单纯的环境治理及管理是"治标不治本"的,要想釜底抽薪地把问题根治只有从根本入手,从经济系统的角度考虑环境控制。这其中我认为涉及三部分内容。第一,从物质层面来说,需要实现从直线型经济发展模式向循环型经济发展模式转变。第二,从能量层面上来说,需要从化石型经济向阳光型经济转变。第三,从理念上来说,需要从产品型经济向功能型经济转变。

先讲第一个途径:从直线型经济到循环型经济。"循环经济"的提出依赖于人们对于生态系统规律的认识。从系统的结构来看,生态系统有三个组成部分,分别是生产者、分解者和消费者。在生态系统中,物质流动是循环的,这是保证地球一直到现在能够维持稳定的一个重要基础。对比而言,经济系统中的生产者是厂商,消费者是用户,但是没有分解者。这个系统从自然界索取资源,同时还排放废弃物。如果自然资源是无限的,如果环境能够容纳无限的污染物,那么污染和生态破坏问题就不存在,经济就可以无限增长,规模也会无限增大。但是,现实矛盾在于自然界的输入和输出是有限的,资源是有限的,环境能够容纳的污染物也是有限的。因此,有学者提出"生态化"的发展思路,即经济系统应该向生态系统学习,经济系统应该是物质循环的。从哲理上讲,直线型经济的发展需要无限的资源。反之,有限的资源对应无限的需求就需要"循环经济"。由此提出关于废物的利用问题。所谓"废物"是没有绝对意义的,比如生物粪便,如果高浓度地排放到河流中去便是污染物,但如果科学合理地放到田里就是有机肥。所以,可以这样界定,"废物"就是处于错误时间与空间上的资源,简单来说,"废物就是资源"。废物的循环利用具有两方面的好处,不仅可以减少废物的排放量还可以减少新的自然资源的使用量(如图7)。众所周知,铁矿是不可再生资源,但从循环经济的意义上看铁是可再生资源,因为大部分铁基本上都被回收了。因此我们提出了"5R策略",包括 Reduce:减少废物与资源的使用量与排放量;Reuse:重新利用资源;Recycle:对废物进行再循环利用;Renewable:大量使用可再生资源;Recovery:积极进行生态恢复。

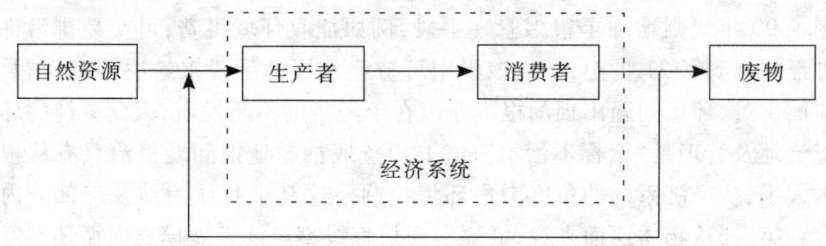

图7 再资源化过程

目前,循环经济在我国各个地区蔚然成风,许多地区都在实践循环经济的项目。一般建的比较多的是"产业生态园",园区内部的企业之间进行废物的交换或者能量的综合利用。据统计,我国有13个生态工业园区建设试点,5个循环经济省、市建设试点。循环经济试点省、生态省的建设已涉及全国近1/3的人口,1/7的国土,占了近一半的经济总量。

国外关于产业生态园做了很多工作,比如丹麦的卡伦堡产业共生体系。下面具体谈谈我国的贵港国家生态工业园区(制糖)的情况。目前我国的工业园区大多是一个主体企业,由此衍生出以该主体企业废物为资源的其他一些小的企业,进而组成一个生态园区。贵港国家生态工业园是中国较早开始建设的国家生态工业示范园区,它以甘蔗制糖企业为依托。以前,贵港主要以制糖为主,但是产生了很多废物,比如甘蔗渣和废糖蜜。后来,将甘蔗渣和废糖蜜进行充分利用,拉长了物质流动的链条。比如,园区的酒精厂回收废糖蜜用于制造酒精;酒精生产产生的废液又交由化肥厂制造化肥。而甘蔗渣则交给造纸厂,用其造纸;造纸厂产生的白泥又可以用来造水泥。显然,这样在减少污染排放的同时,也创造了很好的经济效益。资料表明,园区建成后,经济效益大部分来自综合利用,来自于"废弃物",综合利用产值占公司产值的65.74%。园区的创建使工业总产值比前几年翻了一番,造纸产量由1995年的年产4万吨提高到2002年近10万吨,同时区域环境质量得到明显的改善,COD年排放总量由1995年的37 984吨降低到2003年的10 500吨,污染物排放量得到大幅度的削减。

虽然循环经济具有多种优点,但是要加以正确利用。目前,我们还存在对循环经济认识上的误区。例如有些园区提出"零排放"的目标。事实上,实现"零排放"是不可能的。所谓"零排放",准确地讲应该是"零污染"排放,或者说是实现人们所关注的污染物的零排放。因为客观上讲,经济活动不可能零排放,某种污染物排放的减少势必增加其他物质的排放。例如,如果仅仅关心 SO_2 排放量的减少,则可能同时造成其他物质排放的增加,比如增加 CO_2 排放量。第二个误区是部分地区的循环经济表现为循环"不经济"的特征。通过考察,我们发现很多地区不顾经济成本,为了循环而循环,以过高的代价实现物质循环,因此循环经济应该适度,不要本末倒置。

以上讲的是解决我国环境问题的一个途径,即从直线型经济向循环型经济转变。接下来是第二个层面,即在能量层面上从化石经济转向阳光经济。我主要向大家汇报三部分内容:一是我国的能源消费与供给状况;二是阳光经济与化石经济的比较;最后一点是阳光经济构建的两大支撑。

我国经济发展主要基于煤炭、石油、天然气等生物化学性质的能源,基本上属于地下资源。我国能源消费总量巨大,2005年能源消费总量是22.2亿吨标准煤,比上年增长9.5%。其中,煤炭消费量21.4亿吨,增长了10.6%;原油3.0亿吨,增长了2.1%;天然气500亿立方米,增长了20.6%等。

我国的能源结构中煤炭消耗占能源消耗的大部分比重(68%),石油消耗量则占23.45%。但世界能源消耗中占较大比重的是石油(36.8%),煤炭则为27.2%。如果要保证我国每年8%—10%的GDP增长速度,就需要大量的能源输入。外国学者提出的"中国威胁论",就是基于中国将来这么大的经济规模需要很多的能源,而中国自身的能源又不足以支撑的情况,他们认为,中国这种情况会影响到世界能源的市场。近几年,我国化石能源的供给与需求矛盾不断加大。从90年代初期开始,中国已经从石油净出口国转变成石油净进口国。2005年我国进口原油1.27亿吨,石油进口依存度达到43%。按专家的估计,我国煤炭剩余可采储量为900亿吨,可供开采不足百年;石油剩余可采储量为23亿吨,仅可供开采14年;天然气剩余可采储量为6 310亿立方米,可供开采不过32年。同时,目前我国的能源消费结构以煤炭为主,而这种能源结构直接导致了严重的环境污染问题。从有关部门的统计来看,全国烟尘排放量的70%、二氧化硫排放量的90%、氮氧化物的67%、二氧化碳的70%都来自于燃煤。

相比较于基于物质层面的循环型经济而言,能源短缺的处理对于人类社会的可持续发展意义更大。随着世界能源消耗的持续加剧,能源危机渐趋严峻,直接基于可再生能源的"阳光经济"理念被提出,也就是将能源的开采从地下转向了地上。

"阳光经济"的核心就在于其能源基础是可再生能源。可再生能源包括很多,例如太阳能、生物质能、水能、风能等。大力开发与利用可再生能源是人类最终实现可持续发展的必由之路。发展可再生能源是实现能源多元化的重要战略和走向可持续发展的重要举措。随着开采量的不断增加,不可再生能源是不断减少的,可是经济发展导致的能源需求量却不断增加,其中的矛盾也只能通过可再生资源的开发加以解决。

就我国而言,农村地区的阳光经济发展模式主要由两个主要组成部分。

一是使用沼气。我国农村人口比例大,如何解决农村用能问题是一个重大难题。农村地区能源的使用方式将直接影响到国家的能源安全问题。沼气的利用是一种非常有效的能源利用方式。大家知道,农村养殖业对于水体的污染影响很大,而沼气利用则具有双赢的目标:减少废物排放与增加能源供给。沼气利用的基本流程是:将牲畜与人的排泄物放到沼气池中产生沼气,沼气可以用来照明与做饭,沼气池里产生的沼液、沼渣则可以施于田地。有研究表明,用沼液喷洒作物,还可以减少作物的病虫害。

目前,我国北方有"猪圈—厕所—沼气池—暖房"的"四位一体"的能源生态模式、南方"猪—沼—果"的能源生态模式以及西北"五配套"的能源生态模式。

二是采用生物质颗粒技术。生物质颗粒技术就是将秸秆粉碎,送入成型器中,在外力作用下,压缩成需要的形状,然后作燃料直接燃烧。生物质颗粒技术在丹麦、德国、比利时、美国、日本等国家已经成熟并实现了工厂化生产,欧洲生物质颗粒燃料的年生产能力已经达到百万吨的规模。

由于生物质颗粒材料的来源很多、用途广泛,所以发展前景非常好,可以作为生物质原材料的包括农作物秸秆、农产品加工废弃物、林木、林木加工废弃物等。这些废物如果不很好地利用将会导致很多的环境问题。成型后的生物质颗粒燃料用途广泛,不仅可以用于家庭炊事、取暖,还可以作为工业锅炉和电厂的燃料替代品,替代煤、天然气、燃料油等化石能源。除此之外,生物质颗粒能源利用效率很高,用普通农作物秸秆作燃料,家庭炉灶的能源利用效率只有25%左右,而生物质颗粒燃料家庭炉灶的能源利用效率可超过90%。生物质颗粒燃料作为电厂的燃料,热电联产的能源利用效率已达到88%。未来生物质颗粒燃料还可以同煤、石油一样,在国际能源市场中进行交易。在德国,生物质颗粒燃料已经实现了商业化。

显然,发展"阳光经济"有多重效益,表现在如下五个方面。

(1)经济效益:由于使用了有机肥料,从而提升了食品的"绿色"、"有机"品牌,提高了农产品附加值,节约了能源、农药、化肥支出,降低了生产成本;

(2)社会效益:大量废物的生物质能利用,改善了农村家居生活环境,增加农民收入,统筹城乡协调发展,增加就业机会;

(3)生态效益:由于减少薪柴砍伐量,增加了土壤有机质成分,涵养水源,调节小气候;

(4)资源效益:减少石化能源消费;

(5)环境效益:减排了二氧化碳,减少农药、化肥面源污染,减少养殖业的水污染。

三是从产品经济到功能经济的转变。传统的产品经济,强调物质产品或者材料的消费。而功能经济的支撑理念是人类消费产品的本质在于其功能,而非产品本身。从可持续发展的角度看,功能经济的发展模式将大大降低经济对于资源与环境的需求。现在对美国 Interface 公司进行案例说明。这个公司主要生产地毯,主要原材料是嵌入玻璃纤维和聚乙烯氯化物的尼龙,这些化合物对环境具有一定的危害,尤其是室内环境污染。通常这些地毯的使用寿命为12年,而后废弃。据统计每年大约有面积7.7亿平方米,重量为16亿公斤的地毯被扔进填埋场,而且它们将在那里存在至少2万年,只有在此之后才有可能被降解。该公司的总裁 Ray Anderson(克林顿政府的可持续发展委员会主席)从《商业生态学》中受到启发,致力改变公司的经营模式——不是出售地毯,而是出租地毯(出售地毯功能的服务),具体讲就是采用永久出租地毯的经营模式,将营销重点放在销售服务方面,强调地毯的所有与所用的关系。地毯的所有权归公司,顾客买的仅是使用权。在这种理念下,生态设计成为产品设计的重要指导思想,地毯设计为可回收利用的。地毯破损了由公司负责换新的,旧地毯中可以再利用的材料被用来制造新地毯,这样重新使用过多次后,才送到填埋场。由于资源使用和产生的废物变少,1999年公司从污染防治和回收中节省了8 700万美元(公司每年的收入10亿美元左右)。由于中国的文化观念与西方的不太一样,中国的所有权意识仍然比较重,所以我国要想推广此种模式可能需要政府的主导作用,比如政府采购可以做到租赁,尤其是那些耐用品。

最后谈谈对可持续发展的制度思考。可持续发展需要物质层面的转变和能源层面的转变,除此之外,进行制度建设也是必要的。

大体上整个社会可分为三个行为主体——政府、企业和公众。可持续发展需要三者的共同努力。在我国,中央政府与地方政府对于经济发展的速度、水平与发展质量具有举足轻重的影响,从而政府行为对于资源与环境问题的影响很大。政府作为是否有效,将直接影响经济与资源环境的协调发展,所以实现可持续发展的第一要务就是要改变政绩考核形式。传统的考核指标体系主要是以 GDP 为主,还有就是招商引资的数量。这些指标往往不能如实反映资源耗减和环境损失的情况,不能完全如实反映人民群众的生活水平和质量状况。传统的政绩考核模式容易造成地方的非理性投资和大量低水平的重复建设。例如有些地方政府为了搞"形象工程"、"政绩工程",不惜破坏当地脆弱的生态环境。因此有必要改变传统的政绩考核形式,建立以可持续发展为导向的政绩考核指标体系。目前来看,有两大发展方向:一个是绿色 GDP,即将自然资本的折旧(环境污染或者生态破坏带来的价值损失)从 GDP 中扣除;另一个是直接规定资源环境方面的目标指标。由于绿色 GDP 在实际操作过程中存在很多问题,后者应作为重要的发展方向。例如在我国"十一五"规划中有两大类指标:预期性指标与约束性指标。预期性指标即事情本身是可以通过市场手段达到的。而约束性指标如单位国内生产总值能源消耗、单位工业增加值用水量、主要污染物排放总量以及森林覆盖率,这些指标所体现的内容是具有公益性的,是地方政府作为群体代表必须着力实现的。

第二要务是增加企业的环境责任。企业是生产过程的主体,它的性质将决定着资源与环境的消耗。关于环境污染的控制,企业需要从以前的被动接受转变到现在的主动参与。对企业来说,要延伸其生产者的责任(EPR)。1990 年,瑞典环境经济学家 T. Lindhqvist 在给瑞典环境署提交的报告中第一次提出,产品制造者必须对产品的整个生命周期负责,特别是对产品的消费后的阶段承担回收、循环和最终处置的责任。这个提议对企业来说既是压力也是机遇。对产品进行生态设计应该成为企业创新的重要方向。随着环境、资源问题的严重,"绿色"将会逐渐成为企业的核心竞争力之一。

第三要务就是公众参与。可持续发展与公众的关系是很密切的。要让公众能够参与其中就必须赋予公众相应的权力。首先,公众要有知情权。企业、国家机关保证环境信息的公开,比如建立环境信息披露制度,及时向公众披露出现的环境问题。其次,公众要有参与权,涉及环境的经济行为需要听取公众的意见。要在地方建立一个企业,可能受到影响的公众就有权利参加到环境影响评价的过程中。最后,公众要有监督权,即公众对执法过程进行监督。国家机关、环境法律执行过程等要接受公众的监督。

这是今天报告的主要内容。谢谢大家!

现场答问

问:王老师,刚才您提到的"绿色GDP"是指将自然资本的折旧(环境污染或者生态破坏导致的价值损失)从GDP中扣除,那么绿色GDP现在具体是怎么核算的呢?

答:你问了一个非常大的技术性问题。绿色GDP中的自然资本折旧,主要是指环境污染与生态破坏的损失,比如水体污染损失、大气污染损失等。具体的方法很多,比如水体污染的损失,可以通过由此引起的鱼类死亡而导致的经济损失来计算。比如,大气污染导致呼吸系统疾病增加而引起的相关经济损失,可以作为大气污染的经济成本。具体的方法很多,包括直接市场法、间接市场法与意愿调查法等。

问:王老师,您刚才说到发达国家通过转移环境污染来解决自身的环境问题,那么中国是否也可以通过转移的办法来改善环境质量呢?

答:去年的中非论坛,一些西方学者发表观点,说中国政府现在做的事情正是西方国家两百年前做的事情。我国学者对此已经作出了回应。在某种意义上讲,西方国家的老路并不一定适合我们国家,鉴于我国的人口基数与经济规模,只有转变经济增长方式才是我们的唯一出路。

问:王老师,经济发展和环境保护实际上是一个很敏感的问题。我家在吉林的一个农村,当地支柱企业是家造纸厂,这家工厂排放的废弃物将附近农田都污染了,最后被迫停产,使得300多个工人下岗,造成了很大的社会压力。您觉得我们应该怎样认识环境保护与经济发展的矛盾呢?

答:这是一个很难回答的问题。对于贫困地区,迫切的经济发展愿望与良好的生态环境之间实现双赢很困难。从你们村子的案例来看,环境问题的解决不是单向思维的,需要对其进行经济、社会与环境的综合决策。这就要求,关闭小造纸厂解决环境问题的同时,我们的政府应该考虑如何解决那些下岗工人的出路与转移问题。此外,关于造纸有机污水的排放也可以通过循环经济的手段来解决。

问:王老师,您刚刚谈到废物的回收利用问题,特别强调了沼气的益处,但现在中国农村用沼气的地区还不多,请问为什么沼气的使用没有普及?

答:客观上讲沼气的使用需要一定条件,比如需要一定的温度来发酵,同时现在的户用沼气池建设一般与养殖发生关系。但是,我国已经将沼气建设作为一个很重要的工作来推行,已经投入了很大的财力。现在建一个沼气池需要2 000—3 000元,一般政府会负担一半左右。我去过很多地方,农民是主动争取建沼气池的。

(2007年4月16日)

环境伦理中的科学与民主
——漫谈环境实用主义

■ 林官明

　　　　林官明，男，汉族，北京大学副教授，高级工程师，博士。1987年考入北京大学力学系，1991年毕业，获理学学士学位。1997年北京大学环境科学中心研究生毕业，获理学硕士学位。2000年墨尔本大学访问学者。现供职于北京大学环境学院模拟与污染控制国家重点实验室。
　　　　主要研究领域：大气环境、环境伦理。主要研究工作：大气环境污染扩散研究，包括点源（如火力发电或核电站、脱硫厂等危险源）污染扩散的风洞模拟、线源（如街区汽车尾气）污染扩散研究、街区风环境研究、建筑物风荷载研究、污染扩散的数值计算、环境伦理学。

　　我今天要介绍的环境知识的题目是"环境伦理中的科学与民主"，有个副标题是"漫谈环境实用主义"，对它的理论结构做一个简单的介绍。
　　首先，我们需要了解什么是环境伦理学。环境伦理学是全面地阐释人类和自然环境间伦理道德关系的学说。它以三个环节为主要任务，分别是：第一，解释规范，即 What and Why；第二，解释哪个人或哪些人有责任，即 Who and How；第三，这些责任如何论证，即 Why。但凡涉及对单个学科的认识，每一个概念的明晰都是很重要的。因此，在了解了环境伦理学的概念后，我们就要个别地关注其概念中的重要词组。
　　首先，要看的就是伦理道德关系的内涵。环境伦理学概念里所用的伦理道德的含义不是我们一般认识的伦理，即人与人、人与社会之间的伦理道德关系，而是特指人和自然环境之间的伦理道德关系。这也是环境伦理和别的伦理学中的伦理内涵相区别之处。
　　伦理，历来人们对这两个字有很多的阐释。我个人认为，伦理就是秩序。大家可以考察"伦理"这两个汉字。"伦"在古代被写作"倫","理"的字形倒是一直没有变过。"倫"的左半部是"立人",那右边呢？你们看,这像不像一个房间,房间里非常有序地排列着一些座位,不同的人要坐在与其地位相应的位置上。再说"伦理"的"理",大家可以去查汉语字典中对它的解释:"理,树木的纹理"。古人造字是很讲究的,大部分的创造都来源和服务于社会生活。所以,伦理也就是一种秩序。

那道德又如何解释呢？同伦理一样,古往今来,人们的看法有很多。在我看来,道德之韵实际上也并未脱离这两个字的本源。所谓"道",大家如果看过老子《道德经》的话,应该会有一定的认识。书中第一句就这么写:"道可道,非常道也。"短短的一句话中包含了三个"道",这三个"道"字是什么含义呢？我认为不外乎就是指方法、手段和途径。你们看,道路,道和路,换个说法就是途径。而所谓"德"呢？我们中国有一个成语名叫"同心同德",其中"德"是指什么呢？对,"德"就是指目标。所以我们谈及"无道昏君"时,就意指这个君王没有治国的手段、方法;说"某人无德",就指此人没什么目标,或准确些讲就是没有大众的目标。概言之,道德就是用一定的方法、途经来达到既定的目标。同时,伦理道德中的目标一般来讲就是大众的目标,而不是个人的。

在明确了概念内涵以后,我们谈一谈今天的主要内容之一:伦理判断问题。

在伦理学上,伦理判断是指针对不同对象的不能违背客观事实和规律的道德判断,不能违背客观规律是一个基本的要求,如果我们在伦理判断时背离了这个要求就会出问题。有一段时间里,流行一个常用的词,叫人定胜天。那时,号召人们与天斗,与地斗,要战胜大自然。于是,在不适宜垦植的地方种庄稼,大量地围湖造田,这些行为给环境带来了严重的破坏。因此,历史的教训诫告我们,在进行伦理判断的时候,不可违背客观事实和规律。具体来说,在进行伦理判断时不能忽视已经发现的科学事实。伦理是要建立在科学和事实的基础上的;同样的,科学研究也要从伦理道德中找到支撑,离开伦理指导的科学就变得没有目的了。它们是相辅相成的关系。

按各自不同的伦理道德观点,人们可以进行各自的伦理判断。对环境伦理的认识和实践的过程是复杂的、深刻的。下面,我们就这个体系中的一些具体问题深入讨论一下。

大家看,我们今天要讲的是环境伦理,探讨的是人与自然环境间的伦理道德关系。用科学上建立模型常用的方法,首先尽可能地列出所有的联系。下面这幅图(图1)给出了一些人与其他事物之间的联系。

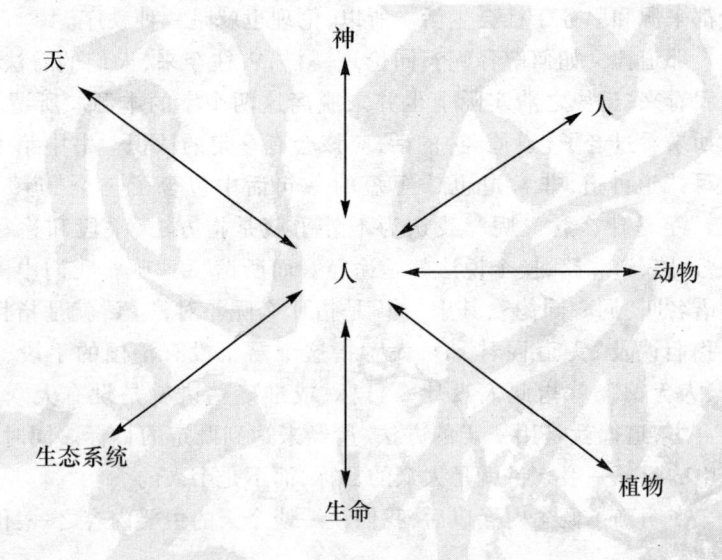

图1　与人相关联系的关系

此图不见得全面,但已大致把人与周围事物之间的关系表现出来了。首先,我们看左上角,这部分是"天"。中国的古代哲学或民族文化中常提及天,比如说:"天人合一"、"天命"等,我们是注重天和人之间关系的。再看正中上方的,是"神",我们要研究人和神之间的关系。有些人就会不明白:神不是客观存在的,为什么要把它列入表中?这个问题很好。我认为人和神之间的联系是不可否认的,这种联系你可以把它看作是观念的、抽象的、主观的,或者看成是一种影响。我们想想宗教,每个宗教都有为数众多的信徒,那么对神的信仰可以反映出意识层面的这种联系。虽然我们没有物理的方法去证明这种模糊的意念的联系,但承认人和神之间的关系是我们进一步认识伦理道德观念的必要的方法。总而言之,我们可以说神不存在,但不能否定虚拟存在的关系。然后,我们看右上方,这里要表现的是人与人之间的关系。人际关系的问题,人们已经讨论得很多。特别是伦理学,有相应的专著系统地来研究这个问题。以上三种关系可以说是在中国古代和其他国家被讨论得较多的关系,而余下的,从右边中部的动物开始说,动物、植物、生命、生态系统也和人形成了特殊的联系。在这些联系中,我们需要特别关注人和生态系统的联系,这是一种抽象的关系,因为我们知道生态系统里有各种生命,生命与生命之间还有各种各样的联系,人与生态系统之间的关系就变得异常复杂,我们后面将会特别谈及这个问题。

在下图(图2)中,连线不同,对应的环境伦理也不同。中国的传统思想中对这些复杂问题的认识也有体现。比如"天、地、君、亲、师"五常的说法,三纲五常在封建时代就是灌输给所有人的伦理道德准则,如图2所示。

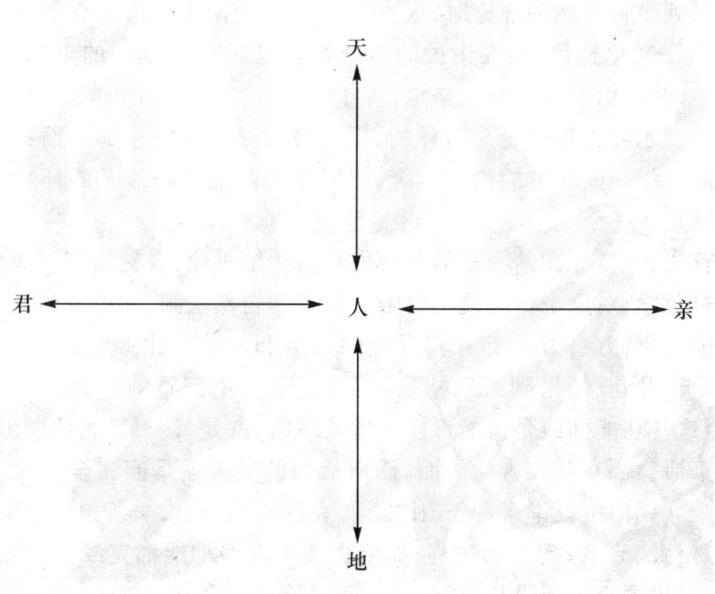

图 2　东方传统

"师",我在这里就略去了,因为它可以归到"亲"的范围里去。亲戚、朋友都属于"亲"的方面。我们继续说"天",在中国的传统中,人被认为

应该顺乎天意,如"天意不可违"、"人算不如天算"等古语都反映了各个历史时期中国人对天的敬畏。而后是"君"的观念,如"君为臣纲"、"君要臣死,臣不得不死"等观念,人君被认为是天的代表,"天子"嘛!如果为君之道符合天意,那么就说天子有道。这些观念现在几乎不谈了,但中国人的忠君思想仍然影响着现如今的伦理道德。比如说,社会的主流道德就有忠于上级,即使离职后也不能做有损于原单位利益的事。再如,大家都喜欢看金庸的小说,忠君思想在金庸的小说里也有普遍的体现。至于人和亲之间的关系,大家认识得最多,在这儿我就不多阐释了。至于"地",我们好像关注得不是特别多,好多时候,天和地的关系在人们的观念中都混合在一起了。

经过上面的分析,大家都对伦理道德的主要内容有了初步的感性认识。我们知道,伦理道德在不同的文化中所包含的内容是不同的。

在中国的传统里,我们对天地是尊敬的。注意!不能说是敬畏,后面我们讲到敬畏自然的理论时,大家就明白是为何了。这种尊敬的意识也体现在了文化礼仪中:在中国的传统婚礼里有"拜天地"的重要仪式;一到重要的节气,皇帝会祭天祭地;每年的腊月二十三,在民间,人们会祭拜灶王爷。东方伦理传统是这样的,而西方又是如何呢?那下面我们就要详细地介绍一些西方的伦理传统,同时也为随后讲解涉及的环境实用主义作铺垫。

首先,我要介绍给大家的是西方经典传统理论:自然法则。如果大家接触过哲学,对这个概念就不会陌生。提到自然法则,就得说到亚里士多德。他指出,万事万物都有其自然的行为和功能。比如说,一棵草由发芽、生长、开花、结果到最后枯萎死亡,这是一个完整的行为过程。他又说,当这些功能抑或是潜能可以正常发挥时,就是善。最后,他做出判断:每一个活物都有其完善的一面,任何活物的完善就是能完全实现其自然的行为。我们可以举个例子,比如说,在理想状态下,一条狗会经历出生、长大、繁育、衰老、死亡的过程,如果现实中这些功能都完成了,那这就是善的;如果说小狗还没长成就死亡,无疑会给人不愉快的感觉,则就是不善的。同时,亚里士多德强调这个过程应是合乎自然法则的,即要和自然规律相符,否则也是非善的。比如说,八九岁的小孩发育得像青壮年就是非善;又比如,《红楼梦》里描写不合时节开花的海棠树时用到了"妖"字,因为那棵树在不该开花的时候开花了。由此,我们可以看到中西伦理道德还是有很多类似的地方。所以,在亚里士多德看来,万事万物都有生长发育的过程,如果它完成了这个自然的生命过程,那就是善。我们如果依据他的观点来进行环境伦理判断的话,就可以得出很多新认识。如素食主义者反对吃动物,主张让其自由生长完成生命过程的观点其实是善的,是可以理解的。

亚里士多德之后,另一个有影响的哲学家就是13世纪的神学家阿奎那。他发展了亚里士多德的观点,认为上帝是绝对的善,当然这是一个没有经过证明的假设;同时,他坚持自然发现的目的就是上帝的目的,创造自然界的上帝其意志就是善,自然的秩序就是道德的秩序,自然本身有它的目的,自然的和谐体现上帝的善、上帝的目的。他的观点对西方伦理道德的影响很大。

到了现代,科学战胜了上帝,成了新的上帝,出现了现代版的自然法则。比如:自然生态系统本身是有序的、和谐的,这是观察和假设后得出的结论;生态系统的全部,尤其是其生物成员,在整个框架中有其明确的位置。它们每个都以其自己的方式贡献于这个自然秩序,未被打扰的自然是美好的。每个生物都有其"善",所以应有其伦理地位。我们已经从教科书上看到了这个观点,即自然生态系统本身是有序和和谐的,实际上它是一个假设,这种观点影响了现代人对其他生命体的态度。"如果你爱动物就不要去打扰它",很多科学家也受到这个观点的影响。

因此,自然法则的观点应用在环境伦理方面,即主张每个生物都有它相应的善,也应该被给予相应的伦理地位。

除自然法则之外,在环境决策中影响最大的是功利主义的观点。这里有两个人要介绍——杰里米·边沁和约翰·穆勒。功利主义分成两类,一为愉悦功利主义,一为偏好功利主义。

接触过经济学的人对这些应该比较熟悉。所谓愉悦功利主义,就是喜悦、没有痛苦,更准确地是假设喜悦、高兴,至少没有痛苦就是善的;而偏好功利主义认为幸福就是善。幸福是欲望的满足,欲望得到满足就是幸福。偏好功利主义引导人们尽量满足个人的偏好,这一点是现在自由市场竞争中运用得最多的法则;同时,它也是进行环境决策的主要手段。关于这方面,我可以举个例子。比如,某一生产梳子的厂家想办法推销梳子,厂子就派出推销员到寺庙去卖梳子(作为对他们能力的考察)。我们知道和尚没有头发,根本不需要梳子。这些推销员怎样才能让和尚们买他的梳子呢?第一个推销员到方丈那儿推销自己的梳子,说梳子质量如何如何好,买的话还有价格优惠。方丈说:"我们没有头发,要梳子干什么?"推销员答道:"可是你们有胡子呀,可以梳胡子。"方丈说:"我们也没几个人有胡子,要的话,也只要一把,不要那么多。"显然,这个推销员没有成功。第二个推销员去了,也说自己的梳子质地如何好,方丈说:"你的话我已经听过了,我们不要梳子。"然而,这个推销员接着说:"大师可以不要,但到寺里来烧香的善男信女可需要。您看,梳子梳头可以疏通经络,舒筋活血,对身体是有好处的,这是第一点;另外,大师您可以给梳子开光呀,开光的梳子就有了灵气,卖出去给寺里增加收入也很好啊。"大师一听,觉得很有理,于是就买下了推销员的梳子。这个推销员这单生意做得很成功,梳子源源不断地卖到寺里,和尚们又卖给那些善男信女。其实,我们看这整个过程就是一个欲望被满足的过程。善男信女烧香祈福,想着买梳子能给自己带来福气;和尚们既弘扬了佛法,也增加了寺里的收入,欲望也得到了满足;推销员完成了任务,欲望也得到了满足。这样,各方面欲望都得到了满足,达到多赢。那么我们可以想一想,这个过程对环境究竟有没有好处呢?显然是没有。所以说浪费是常见的事,买来的东西没有用就扔掉。我们只是买了一个概念,一种欲望。这是功利主义思想的典型体现。这种思想对今天严重环境问题的形成要负很大的责任。其实,我们在买东西的时候真要想想自己到底需要还是不需要。

我刚才讲的这个例子,厉以宁先生在他的讲座中也讲过,他赞同推销员的机智行为,这是从不同的角度来看问题。* 不过,我们搞环境伦理的人就比较反对这个推销员的做法。有些东西其实我们是不需要的,仅仅是为了满足欲望而奢侈浪费。让人十分担忧的是,如今的环境决策大多数实践的是功利主义的东西,最典型的就是费用效益分析。

我们现在所研究的环境经济学,基本上都要强调怎样用最小的代价获取最大的效益。如,企业如何用最小的投资获得最大的利润?企业决策考虑的全是其自身的效益和费用,而不是人的、生态的、环境的。企业

---

* 见《北大讲座》第十五辑第 15 页。

排出污水,污染河流,鱼虾因此不能自然生长,但企业不会把这些生物的效益和费用列入分析的范围。打开环境规划学方面的书,大致也是遵循这个思路。从科学手段上说,经济学理论在假设之后的分析是科学的,但它所做的假设有欠缺。总的来说,功利主义具有很大的片面性。

下面要讲的是道义论,它的代表人物是康德。他认为,伦理就是人类可以把握的东西,或是应该做的、能做的,应当就是能够。同时假设了人在社会活动中应该遵循的原则,假设人是理性的,能够自由地形成意志,主动地选择行为。如果一个行为是合乎理性的,那么它就合乎伦理。康德的观点被认为是现代民主的基石,因为全民的民主就要求每个公民的自由和理性。

接下来,我们就要谈谈财产权这个问题。在这个问题上,我们必须关注洛克的观点。他也做了三个假设:假设一个人全权拥有他的身体和劳动力;假设土地的自然状态是无主的,即没有任何人能完全控制它;假设当某人拥有的劳动力与无主的土地结合时,他全部的劳动力就转移到土地上,这个人就开始拥有这块土地,这就是财产权的概念。西方的财产权定义也是由此而来。我们中国有没有什么事实体现这种财产的思想呢?对,可能有同学想到《物权法》,不过,《物权法》的原则与洛克的观点有很大区别。中国有一句古话:"普天之下,莫非王土;率土之滨,莫非王臣。"这句话说明我们曾经是臣民,所有土地均不是无主状态,而都是王的。所以在中国,洛克财产权的概念是不适用的。同样的,他的概念在有些文明中也是不适用的,比如说游牧文明。游牧民族逐水草而居,土地是公用的。

以上介绍的是传统的伦理观念,当我们把它拓展后,就形成了新的环境伦理观。其中现在比较有影响的就是动物权利的内容。

现在,动物权利的要求已经到了立法的层次。如,德国的《基本法》就明确规定,"就像人类一样,动物有权受到国家的尊重,它们的尊严应该得到保护"。人类对动物权利的认识有一个逐步发展的过程,在这个过程中出现了很多有名的学者,其中一个就是皮特·辛格。

皮特·辛格,澳大利亚人,他写过一些关于动物权利的书,有一本叫《应用伦理》,此书曾被列为禁书,现在随着社会的开放而逐渐传播。他就认为动物应该有相应的道德身份,他基本的道德准则就是:所有的利益都应该给予公平的考虑。他举了一个小牛肉生产的例子。这种小牛肉的生产过程是这样的:小牛犊一生下来,就被从妈妈身边带走,而后把它关进特制的木栏里,给它喂配方奶粉作为食物,不让它见光,也不让它卧下来,这样肉质才鲜嫩。这样喂养的小牛会非常渴,想喝水,但生产程序不允许它喝,就这样喂了几个星期后,小牛就被杀掉。按照亚里士多德的自然法则来说,这种做法显然是非善的。皮特·辛格评论此例说,所有有知觉的生物都有它自己的利益,那小牛犊也有它自己的利益,即使我们要吃牛肉,我们也不应让它承受这么大的痛苦。大家可能已经感觉到了,我前面介绍的环境伦理和这里所讲的环境伦理已经有冲突的地方。还有一个叫汤姆·里根的人,他从价值的观点出发,从人类开始考虑,认为我们人类为什么不能随便杀死同类,因为我们都认为彼此有生存的权利,互相有权利和义务,他认为人类之所以能够相互保障生存的权利,遵守伦理的原因是我们有固有的价值观。这种价值独立于利益,独立于需要,或对他人的用处,即自己本身的价值。相应的,动物也应该有这种价值,这种扩展符合伦理的发展过程。既然动物有价值,公平性就要求我们去尊重它。那我们是不是应该给所有生物以道德身份呢?谈到这一点,我不得不插入一些概念解释。

首先是身份,因为有了道德身份才能在伦理中进行讨论。皮特·辛格和汤姆·里根主张给动物道德身份,因此我们才可以在伦理框架内讨论动物的权利和我们负有的义务。那么什么样的动物才能有身份呢?按辛格和里根的主张,越像人的动物就越容易得到道德身份。比如说,我们可以接受给熊猫道德身份,它长得像人嘛!但如果换成蛇、昆虫呢?我们就很难接受。这种伦理判断表现在环境伦理中,就是人们已经看到了动物像人的一面,这是伦理的一大进步。同时,新的科学的发展促使我们更多关注人类和自然之间的联系,以及和自然界各物种之间的联系。所以,对于环境伦理而言,我们要求突破,而不是简单的扩展。下面我要介绍的观点就是突破了传统后的环境伦理。它主要包括:生物中心伦理、生态中心伦理、土地伦理和生态学。

说到生物中心原理,我准备给大家介绍两个人:一个是施韦泽,他坚持敬畏生命的观点;另一个是泰勒,他致力于对生物中心的展望。

施韦泽认为所有生命都有固有的价值,和人一样。他说:"人作为思考型的动物,应该敬畏每个想生存下去的生命,如同敬畏自己的生命一样,他如体验自己的生命一样体验其他的生命,即敬畏生命。他接受生命之善,维持生命,改善生命,培养其能发展的最大价值,同时知道生命之恶:毁灭生命,伤害生命,压抑生命之发展。这是绝对的、根本的道德准则。"

另一个人——泰勒,他主张生命中心展望说。他认为人类与其他的生命一样,在同样的意义上,在同样的条件下被认为是地球生命团体中的成员,包括人类的所有物种都是相互依赖的系统的一部分,所有的生物以其自己的方式追寻自身的善(生命信仰之目的的中心),人类被理解为并非天生地超越其他的生命。

上文所讲的生物中心伦理只针对个体。现在,我们要探讨的是生态中心伦理的整体意义。

关于人与环境之间的伦理道德关系,不同的人曾建立一些模型。现在简单介绍一下其主要的内容。

例如有机模型。这种模型是生态学上的模型,运用了比喻的手法,认为生态系统就像一个有机体,或更具体些,就像人体。那么我们的身体有些什么特点呢?比如说,当你什么都感觉不到的时候,你其实很正常;当你感觉到你身上的某个器官的时候,这个器官就可能出问题了。一个时不时感到心脏存在的人可能心脏出问题了。这种比喻可以非常形象地说明现在众多的环境问题。

几年前,北京市曾经组织一次网上讨论,是关于北京市环境问题的。我曾加入网上讨论,发表看法。如果用有机模型来比喻的话,北大附近的万泉河就是血管,但让我失望的是,河流成了大肠,成了用来排泄的器官。当然,这个比喻不是很恰当,但它促使我们思考。有机模型的科学价值并不高,不过它可以引导我们思考一些不同的部分其原来各自的功能是什么,而现在又转变成为什么功能。因为科学价值不高的原因,很快,有机模型让位于生态群落模型。

对于生态系统模型,大家好像更熟悉。比如说,食物链、能量流等概念。生态系统模型常见的说法是:生态系统是稳定的有序的,其中的生物成员就像人类的社区一样分别贡献于这个社区。生态系统尽管会受到各种各样的干扰,但只要不是非常严重,它本身还可以维持一种和谐的状态。这时,我们应看到伦理中的善恶已经由个体转换到群体上,我们关注的是一个物体是否对群体有利益。正如利奥波德所说的那样:"我们要像大山一样思考"。他有一句很有代表性的论断,就是:"当某事物倾向于保护整体性、稳定性及生物群体之美时,它就是善,是正确的,否则就是错误。"整体论观点和个体论的观点在环境伦理中一直斗争着。这也导致了一些问题的出现。如假设我们关注生态系统整体的善,那就有可能为了整体的善而把个体的善抹杀掉,这是一个个体和整体会发生冲突的选择。

我本人对此问题也有一些看法,大家可以一起探讨。

我们可以从时间、空间、联系这三个方面来讨论为什么从整体上考虑要优于从个体上考虑的问题。首先,从时间上讲,个体生物的寿命相比该物种的延续时间要短得多。我们人活得再长也不会超过160岁,但是160年之后,我们人类还会继续存在。因此,从时间上来说,物种更具有代表性。比如说,我们中国"不孝有三,无后为大"的传统思想,反映了希望家族延续的愿望;同时,也是种族延续的内在要求。其次,从空间上来说,物种更具有普遍性,物种之间的竞争和协作更具有代表性,人类这种物种占用了太多的空间(这一点,大家从飞机上就能看得很清楚,地表农田密布,都是人类农业活动的结果)。从联系上说,更重要的是物种之间的联系,而不是个体之间的联系。这种联系具有普遍性,而个体之间的联系过于具体化和过于多样化,不具有普遍性。因而,从时间上、空间上、联系上来说,我觉得我们应该从物种整体上来考虑。

环境伦理所依据的一些科学事实可以体现环境系统的复杂性。比如已经经过简化的典型的是"狼吃羊"的问题,就这个问题可以列出一个简单的微分方程,即所谓的 Lotka-Volterra 方程。这是一个非线性方程。这个方程看上去很简单,但它的解却具备了非线性问题的基本特征,让人们意识到问题的复杂性。涉及多维多变量的生态系统时更复杂,相应地与生态系统相关的环境伦理判断更要复杂得多。所以,进行环境伦理判断的时候就要仔细考虑这种复杂的联系,而不能视而不见。

在环境伦理判断的过程中另一个非常重要的环节就是从事实到判断。如何从科学事实到伦理判断呢?我们需要借助一些东西,中间就必须加入人的因素。科学的东西是客观的,以此为出发点,环境伦理的判断因为加入了人的因素就不那么客观,相应的争议也就可以理解了。我一直在想,或许这个由事实到判断的过程应该是一个"移情"的过程。"移情"这个概念在美学、心理学等领域都有应用。通俗地讲,就如一个演员要演好某个角色,最好的办法就是把自己想象成所要扮演的那个人:处在他/她那样的境地中会怎么样,会怎么想怎么做。"移情"表现在环境伦理方面,主要体现在女权主义的关怀伦理中。关怀伦理要求把自己想象成为事件的当事人。比如说,你是那只受虐待的小猫,你会怎么想、怎么做?假如你是被污染河流里的鱼又会怎么样?在移情的方式下,就可以方便地得到相应的伦理判断。

　　上面讲的是个人的环境伦理判断形式,那么国家在伦理判断中又是怎么做的呢?现在看来,国家的环境决策还是依靠专家,专家包括相关的环境学家、经济学家、法律专家等等。但仅仅依靠专家就行了吗?那我们如何面对民众的呼声呢?公众应该在环境决策中起什么作用呢?这已成为世界范围内一个比较大的问题。前面我们已经说过,在环境决策里用得比较多的是费用效益分析,这是由专家来做的,但专家们又有各自不同的视角,不同的研究领域。比如说,科学家就从科学的角度来看问题;经济学家就从经济的角度来看问题;法律专家就从法律视角来看问题。这样,专家从不同侧面来看问题,得到从他那个侧面相应的解决问题的办法。这样,专家之间的冲突就是不可避免的了。佛经中有一个"盲人摸象"的故事,讲不同的盲人摸到大象不同的部位,坚持认为自己摸到的部位就是整个大象的样子。不同领域的专家只摸到了各自熟悉的部分,在环境决策中,如果单纯地依赖某领域的专家,最终的后果就会像那些盲人一样可笑。当然,我们说这"盲人摸象"式的错误本无可厚非,每个盲人对他所摸到的部分进行了正确的描述,问题出在他只摸了那一个部位。从局部看,我们还是应当尊重他的观点的。但下面我要说的另一种情况就让人难以接受了,这种情况就可以概括为"视而不见"。如环境科学已经告诉我们生态系统内部的联系是非常复杂的,对生态系统的人为的变化需要谨慎,生物多样性有利于生态系统的稳定等,但环境决策中的费用效益分析不去考虑环境的效益,或者忽略或者以某种借口不考虑,这样的环境决策的结果必然是不利于环境的。因此,环境决策就要求民主参与,除了各方面专家的建议,还需要普通民众的参与,多方面的观点汇集起来才有可能避免或减少"盲人摸象"和"视而不见"现象的出现。

因此,我们对待各种环境伦理观点的态度,首先应是尊重,其次再消化理解,最后相互之间达成共识或者是妥协,而不是无根据地妄加评论和否定。在伦理多元化方面,我们应该看到伦理观点本来就是多元化的,这是一个事实,没有必要也不可能要求大家都有同一种伦理观点。比如说宗教,世界范围内有很多宗教,到目前为止还没有哪个宗教一统天下。所以说,伦理观点的多元性是个客观事实。除此之外,不同的地域、民族、人们的风俗不一样,大家不要忘了伦理是一种秩序,也是一种习惯。在一个地域里很正常的风俗习惯,到了另外一个地域里就可能让当地人感到很怪异。

到现在为止,我们谈了很多有关环境伦理方面的知识。下面就要谈谈实用主义。

实用主义采用的是道德多元论的观点,而非一元论观点。所谓实用主义,我其实有些不同的看法。中文的"实用主义"是20世纪初由我国介绍西学的翻译人员译成的,我个人觉得翻译为"实践论"更好一些。所谓的实用就是可实践,就是"为只可为之事",做只能做的事。实用主义的代表人物有威廉·詹姆斯和约翰·杜威。杜威是胡适的老师。胡适的观点在他那个年代以及建国后很长一段时间都是受到批判的。我这里谈的是环境伦理中的实用主义,目的就是为了解决环境问题,与人文领域的研究有所区别。实用主义着重考虑在实践中真理、假象和价值之间的因果关系,下面我们要讲的是环境实用主义的方法。需要注意的是,实用主义是一种方法论,而不是哲学中的思辨,我们是为了解决环境问题而谈实用主义的。

具体而言,实用主义方法分三步:第一,明确目标。这是非常重要的一步,如果没有明确的目标,下面的问题都无从谈起。明确目标我把它叫做立德,因为我们的目标就是要解决环境问题。很多情况下的争论是因为目的不明确,目的明确了有些争论就没有了。第二,要全面地无偏见地听取各方的意见。这是一个民主的过程。我们知道环境问题本身是非常复杂的,好多的专家只能从各个侧面去看待它们,那我们就应该多听从各方面的意见。第三步,就是要求同存异,达成初步的共识。这一步可以解决部分争议,因为在相互了解的基础上,各方的观点可能发生新的变化,在新的起点上继续达成新的共识,也就是在变化中前进。比如说,皮特·辛格他本是主张个人权利的,但后来和其他的哲学家、伦理学家等其他学者交流辩论以后,他也感到自己的理论有所缺陷,他就转变了自己的观点,开始关注生物圈整体的权利。具体到环境伦理的应用,可行的环境伦理应当综合所有的环境伦理原则,找到大家都可以接受并承认的东西,在实践中逐步丰富、完善。

下面我要谈一下环境实用主义的任务。在我看来,我们应该做的是三件事:第一,环境科学要普及,避免盲目。第二,多元化环境伦理的推广,让人们选取自己能接受的观点。当然,前提是这种观点是有利于环境的。第三,因为现在环境问题比较严重,所以行动比理论更迫切,要"多做些实事"。

今天我粗略地给大家介绍了一下环境伦理和环境实用主义的内容,希望大家有所收获。最后,我想送给大家几个字:"知而宣之,善也"。同学们,请把自己了解的环境知识告诉更多的人,让大家都来爱护环境,这就是善。

好了,今天的讲座就到这里,谢谢大家。

(2007 年 5 月 17 日)

全球变化与人类生存环境安全

■ 刘树华

刘树华,男,1952年生,北京大学物理学院大气科学系教授、博士生导师,大气物理与大气环境学科带头人,大气科学系副主任。1977年毕业于北京大学地球物理系大气物理专业。从事区域气候模式、大气边界层物理、大气环境、环境生态学、全球变化研究和教学工作。多次出国访问和工作,与美国、德国、香港等国家和地区多所大学和研究机构合作研究和联合培养博士研究生。主讲国家精品课《大气探测学》、北京大学精品课《环境生态学》、研究生课程《边界层气象学和数值模拟》。主持完成国家科技攻关项目、国家自然科学基金项目、国家自然科学基金委与香港资助局联合资助项目、国家全球变化专项项目和教育部博士学科点专项科研基金等项目。在国内外学术刊物和学术会议上发表论文一百余篇,出版《环境物理学》专著一部。他的研究成果多次获得北京大学、教育部、中国科学院、中国人民解放军科技进步奖等。

今天我讲的这个题目可能比较大,先带大家来领略一下现在比较热点的问题,即全球变化及其相关问题。

主要谈谈以下几个问题:

1. 全球变化的概念;
2. 全球变暖证据;
3. 全球变暖成因;
4. 全球变化研究项目介绍;
5. 全球变化研究方法;
6. 全球气候及生态系统观测研究;
7. 温室效应防治对策。

下面先看《华盛顿日报》在 2005 年登的一个警示广告，如右图所示。

这幅广告警示人们，随着人类文明和科技的发展，人类赖以生存的地球环境已变得千疮百孔，已严重影响到人类的可持续发展和生存安全。人类应该往何处去？值得深思！

言归正传，我们首先谈谈全球变化的概念。

Where are mankind going?

一、全球变化的概念

"全球变化"（Global Change）一词首先出现于 20 世纪 70 年代，为人类学家所使用。当时社会科学团体使用"全球变化"一词主要是表达人类社会、经济和政治系统愈来愈不稳定，特别是在国际安全和生活质量逐渐降低这一特定意义上提出来的。

20 世纪 80 年代，自然科学家借用并拓展了"全球变化"概念，将原先的定义延伸到全球环境，即将地球的大气圈、水圈、生物圈和岩石圈的变化纳入"全球变化"范畴，并突出地强调地球环境系统及其变化对人类生存安全的影响。

全球变化是指由于自然因素和人为因素所造成的全球性的环境变化，主要包括气候变化、大气组成成分的变化，如 CO_2 浓度及其他温室气体的变化，以及由于人口、经济、技术和社会的压力引起土地利用和土地覆盖等三个方面的变化。

土地利用（land use）是指人类把土地的自然生态系统变为人工生态系统的过程。比如，由于城市化的发展，农田地表变为城市地表。

土地覆盖（land cover）是指自然营造物和人工建筑物所覆盖的地表诸要素的综合体，具有特定的时间和空间属性，其形态和状态可在多种时空尺度上变化。

下面（见图 1）给出了几张自 1700 年以来全球的土地利用的变化。红色的是农田。随着人类的发展，对农田的开垦速度比较快，城市化发展的速度也很明显。

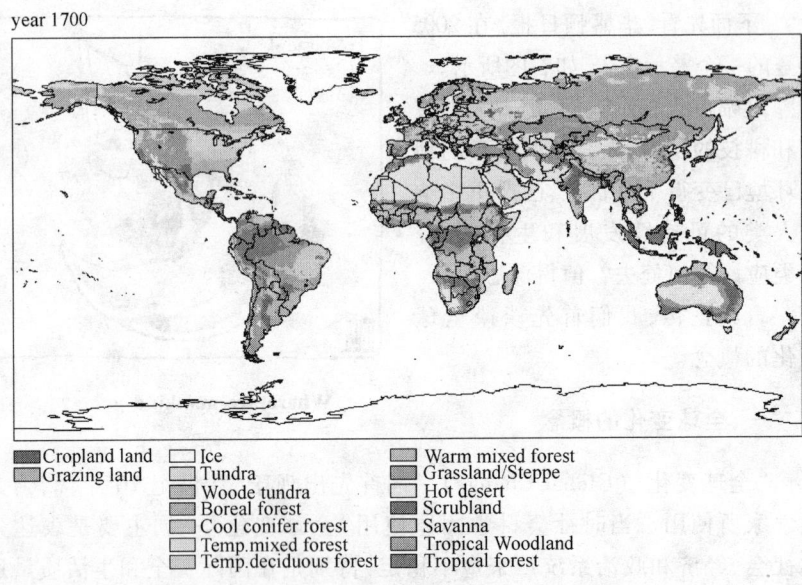

Land Cover 1700

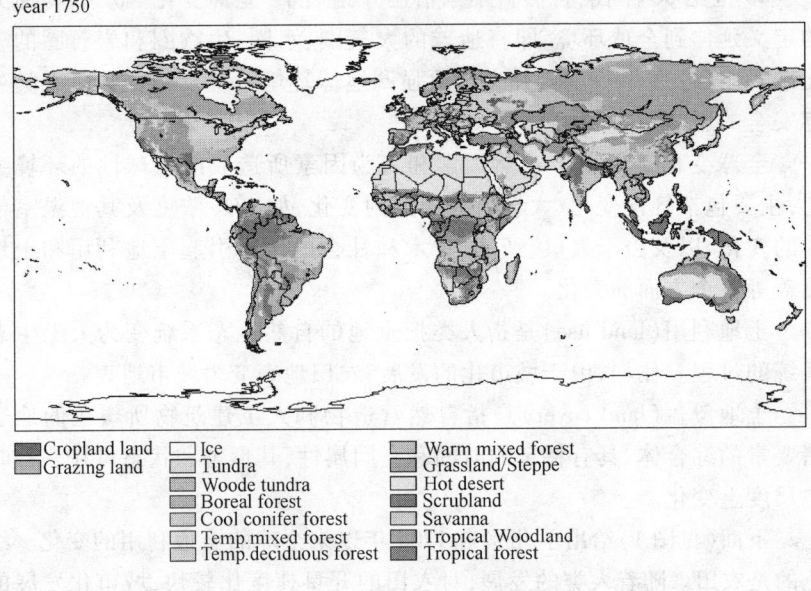

Land Cover 1750

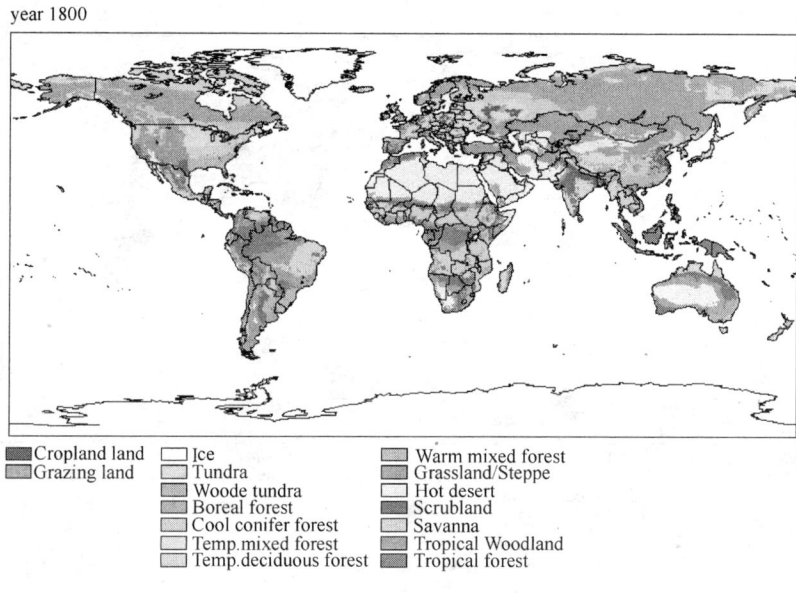

Land Cover 1800

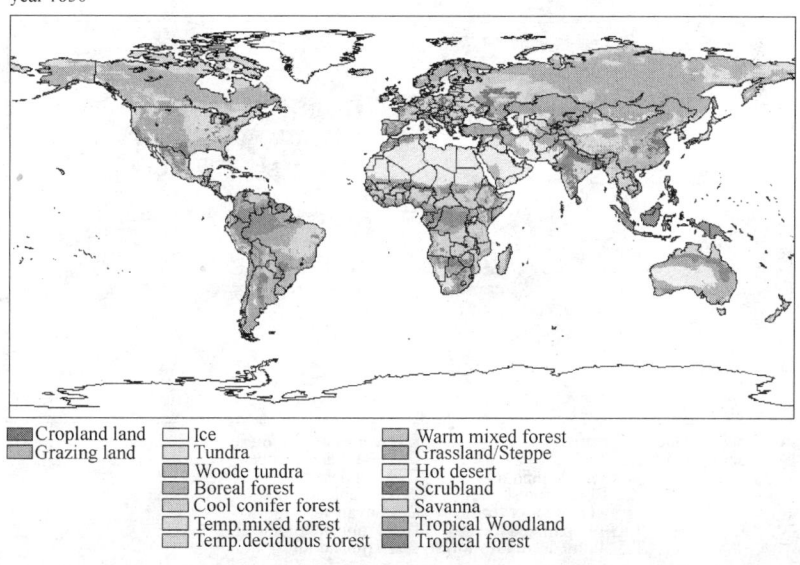

Land Cover 1850

year 1900

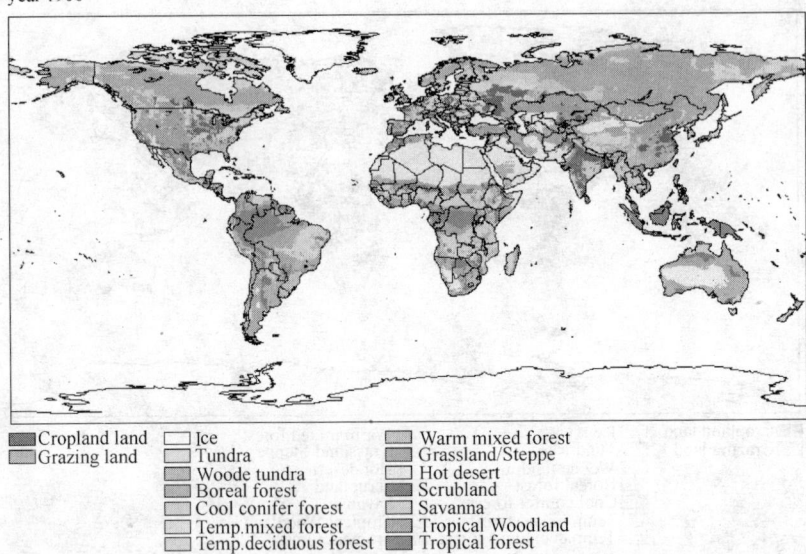

Land Cover 1900

year 1950

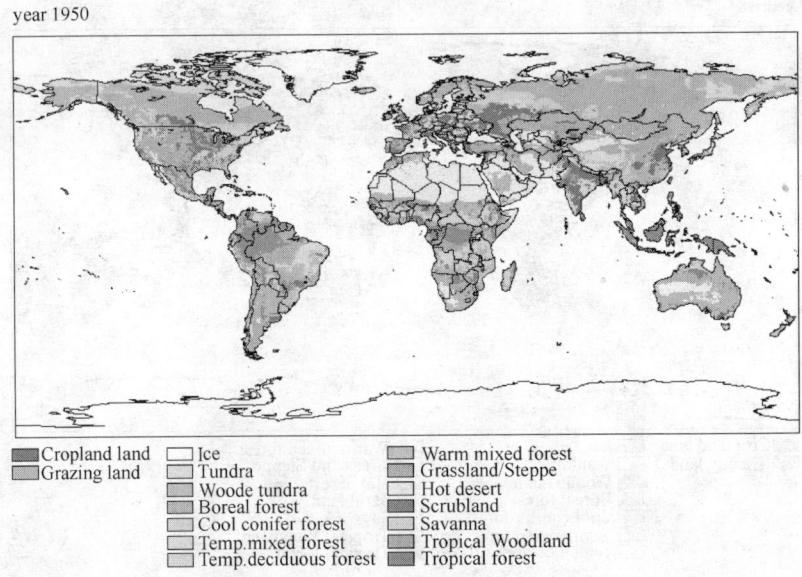

Land Cover 1950

全球变化与人类生存环境安全

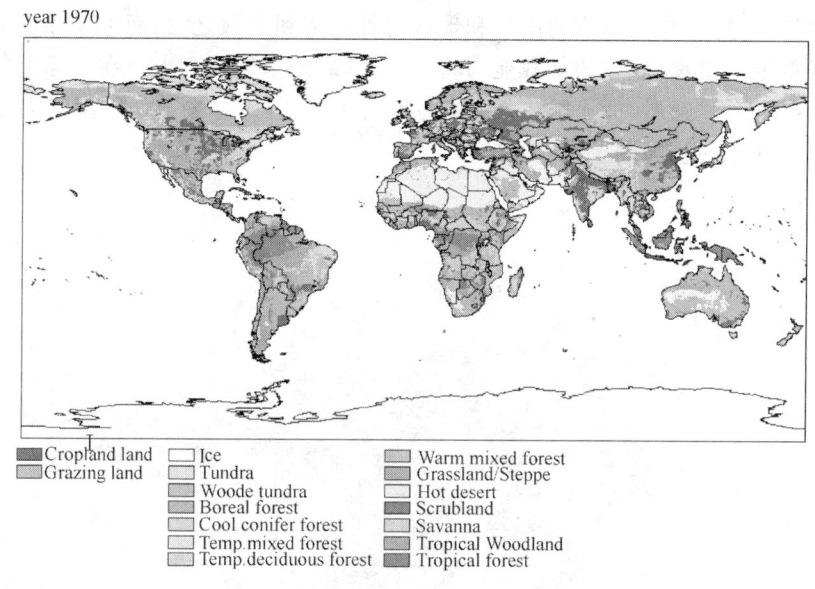

图1　1700—1970年全球土地覆盖的变化

全球变化的概念中很重要的一个概念是全球气候变化。什么是全球气候变化呢？

全球气候变化指的是：在人为干扰下导致的气候变化，如气候变暖、气候突变、旱涝灾害、海平面上升、高温、低温灾害等。

那么，全球气候变化是如何影响全球环境进而威胁到人类生存安全的呢？

下面给出的是全球大气环流图（图2）。地球动力学过程是很和谐的，有赤道和两极。两极气温低，赤道温度高。大气在赤道上升，形成纬圈环流，水汽从赤道向两极输送。人类活动及对地表的覆盖和利用，影响了地球的局地大气环流，进而影响了气候和环境，对地球可居住性就造成了影响。

我们生活在怎样的年代？我们该怎么办？如果温度一直上升，两极的冰都化完了，将严重影响到全球的环流系统，进而导致全球气候的变化，海水膨胀和海平面上升，全球将旱涝不均。低纬度的沿海地区将被海水淹没,特别是低海拔的国家和地区将首先遭到灭顶之灾;而中高纬度地区将干旱严重,地球的承载能力将严重下降,严重影响到人类在地球上的生存安全。到那时,人类将向哪里去？下面给出在过去300年期间海平面上升的一些观测事实(见图4)。

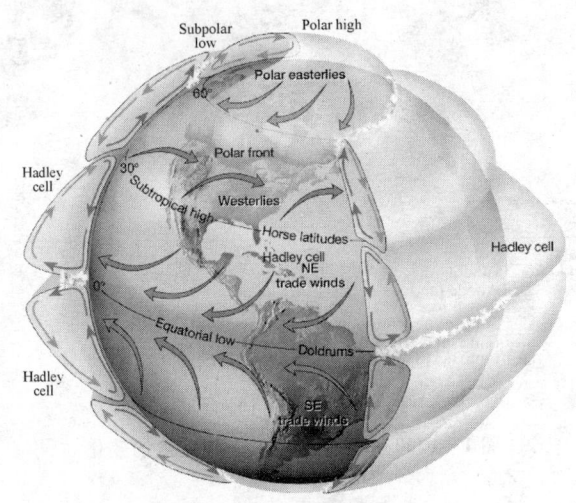

图2　地球大气环流过程

全球变化问题在近些年来已成为一个全球性的环境问题,越来越引起世界各国政府和人民的关注与重视。因为它关系到人类的生存环境的安全。

据2004年2月22日英国《观察家》报报道,五角大楼在向布什总统递交的一份绝密报告中警告说:今后20年全球变化对人类构成的威胁要胜过恐怖主义。届时,因气候变暖、全球海平面上升,人类赖以生存的土地和资源将锐减,并因争夺生存资源而引发大规模的骚扰、冲突和战争,成百上千万人将在战争和自然灾害中丧生。报告的主笔极富影响力,称气候变暖将导致地球陷入无政府状态。

这份由五角大楼富有影响力的防御顾问安德鲁·马歇尔为首执笔的报告,包含了美国诸多国防专家的研究成果和心血,是仅供布什总统参阅的文件,被五角大楼列为绝密级的报告。

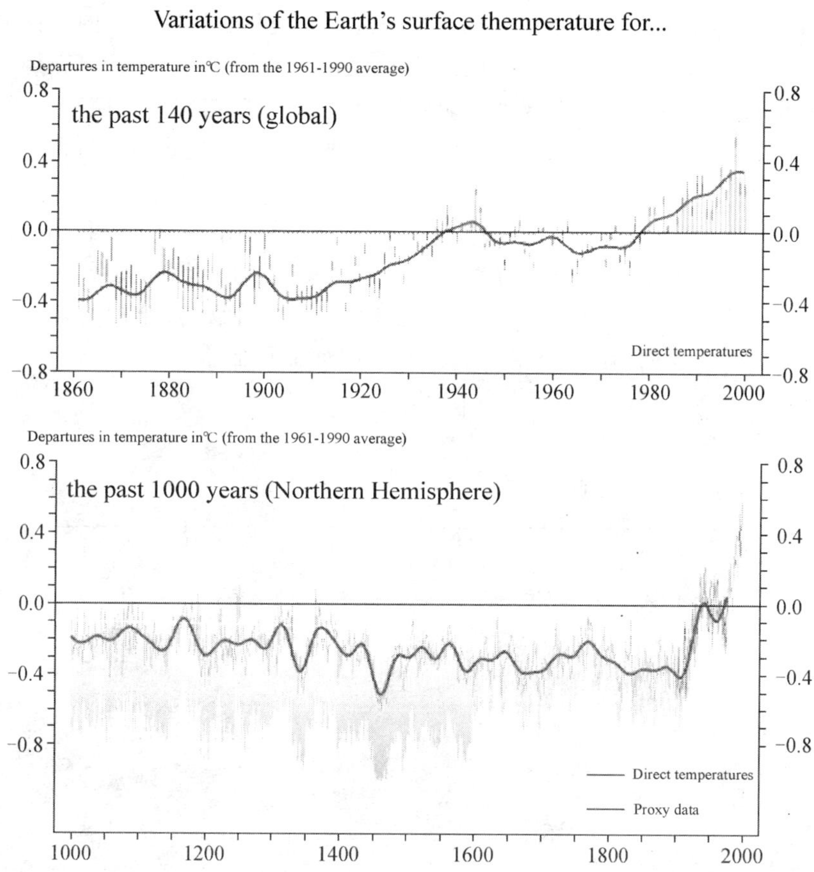

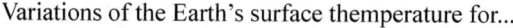

图3 过去140年全球温度及1000年北半球温度变化

从报告中看到,气候变化将成为人类的生存安全的大敌,从某种程度上将胜过布什总统不遗余力强调的恐怖主义的威胁。报告预测,今后20年气候的突变将导致地球陷入无政府主义状态,各国都将纷纷发展核武器来捍卫粮食、水源和能源资源的安全。由于人类面临生存恐怖威胁,因此,世界各国为了维护生存资源,将爆发巨大的骚乱、饥荒甚至核冲突。

早在1987年11月的一个寒冷的日子里,美国参议员蒂姆·沃斯(Tim Wirth)召集了一次关于全球变化的听证会,提出报告的詹姆斯·汉森(James Hansen)是任职于美国国家航天局大气科学研究中心的气候模型专家,他以一位知名科学家的稳重态度肯定地指出:地球正在变得更热,将对人类生存环境造成严重影响;地球气候变暖与温室效应有关;90年代及其以后变化的影响可能会变得非常明显。汉森的讲话使听证会场鸦雀无声。

汉森讲道:大量事实证明,全球变暖已是一个不争的事实。我们可以很有把握地指出,温室效应与全球变暖之间有着明确的因果关系。为此,各大报刊都以头条大字标题写道:"全球已经开始变暖,灾难即将来临!"和"头号科学家指出:地球要发烧!人类将面临灾难!"

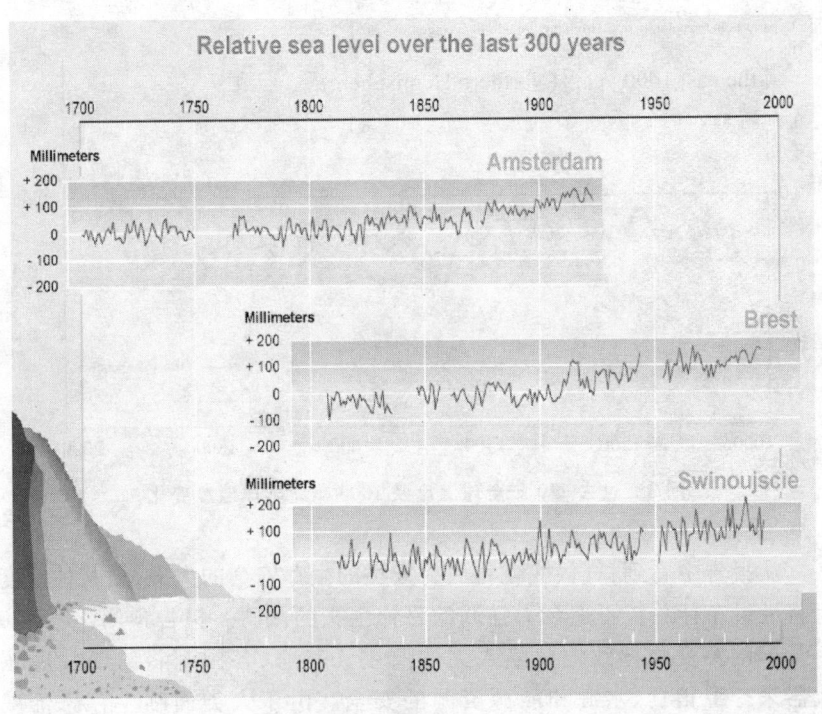

图4　过去300年期间海平面上升的一些观测事实

"未来的某一天,由于接连好几个世纪的全球气温的不断上升,南极和北极冰雪都融化了。海平面不断地升高,原先的大陆和岛屿相继被汪洋大海所吞没。陆上的生物几乎完全消失了。新出现的半人半鱼的统治生物在马里纳的领导下,与海盗斯摩克斯正在为争夺土地、淡水展开疯狂而惨烈的争斗。"

这是好莱坞的科幻新作《未来水世界》所展现给观众的场面。这部在世界电影史上创下投资最高记录(2亿美元)的巨片,揭示的是全球气候变暖所造成的严重后果。

历史上第一部讲述气候变化危险性的电影《后天》,从2004年初在全球热映。《后天》描述的是以美国为代表的地球各国,一天之内突然急剧降温进入冰河期的科幻故事。故事中,气候学家杰克·霍尔在观察史前气候研究后发出警告,温室效应带来的全球变暖将会引发地球空前灾难,并急告美国副总统,宣布北纬30度以南全美民众尽快向赤道方向撤离。霍尔博士得知儿子山姆只身前往纽约去营救女友,于是决定冒险也前往纽约展开救援行动。

此时,纽约曼哈顿摩天大楼遭到强烈旋风的袭击,大部分被摧毁,地铁隧道里涌出狂暴不止的汹涌洪水。龙卷风袭击了洛杉矶;冰雹重创东京;暴雪覆盖了印度新德里;而纽约在短短的一天之内从炎热急速降为严寒;欧洲也在洪水之中不复存在。这些惊心动魄的场景给人们以警示!

影片虚拟了一种对环境无限掠夺后产生的后果:飓风、冰雹、洪水、冰期再临,直到世界毁灭。描述的灾难真的会发生吗?

图 5 《后天》中暴雨巨浪淹没纽约(图片转自 http://www.i121.net)

图6 《后天》中海水巨浪正在吞没纽约的摩天大楼
（图片转自 http://www.i121.net）

图7 《后天》中暴风雪袭击纽约（图片转自 http://www.i121.net）

五角大楼《秘密报告》称：20年后人类的头号威胁不是恐怖主义；气候变化将导致地球陷入无政府状态；气候变化将摧毁人类。我国获得《气候突变的情景及其对美国国家安全的意义》的秘密报告后，立即召开了研讨会，对该报告的背景、主要观点及其科学性进行了初步分析，还提出了该报告对我国的启示和应对措施。图8即为我国针对这份秘密报告召开的"气候变化应对战略研讨会"的会议场景。

图8 我国召开的"气候变化应对战略研讨会"的会议场景

《后天》片中出现的未来场面是否真有科学的依据,也许没人在意,但影片所提出的全球气候变暖趋势,却引起人们的深思。

每年6月5日是"世界环境日",1989年的主题便是"警惕!全球要变暖"。而联合国环境规划署确定的1991年"世界环境日"的主题是"气候变化——需要全球合作"。

对环境的担忧,引起了全球的战略和行动,世界各国共同探讨全球环境问题的应对方法。温室效应所导致的全球变暖会使得我们的地球面临各种各样的难题和困境,同时也会对世界各国产生不同程度的影响,从一定程度上阻碍国家发展的脚步。因此目前世界各国都不约而同地将控制温室效应这一事件提上了议事日程。而其中的西方发达国家由于大量排放温室气体,特别是二氧化碳而受到了全世界的关注。

以最重要的温室气体二氧化碳为例,根据 UNEP 提供的数据,世界21个矿物燃料主要消费国家排放的二氧化碳占全世界的85.8%,其中美国占第1位,1982年排放量即达11.353亿吨。更为重要的是,在体现人人平等享受自然权利的人均排放量方面,发达国家的相对排放量更高。美国人口占世界3.75%,二氧化碳排放量却占世界24%;西欧、加拿大、日本、澳大利亚等主要发达国家,排放二氧化碳所占份额比它们人口所占份额高1倍以上;前苏联和东欧等国家人口占世界9%,二氧化碳排放量亦占世界26%;相反,所有世界其他国家,人口占世界76%,而二氧化碳排放仅占不到世界的28%。

因此,发达国家现在从原则上承认它们对减少温室气体排放负有主要责任,而其中某些国家也正在做着大量的努力去减少温室气体的排放。可是在各国进行各自努力的同时,国际合作也是必不可少的非常重要的行动。国际间的合作有助于加强各国之间的联系,加强对各国的约束,同时可以使各国加强交流合作,从而促进各国间行动的不断发展进步。

在1992年6月里约热内卢举行的联合国环境与发展大会上,160多个国家签署了联合国气候变化框架公约,该公约于1994年3月21日生效,它为采取减缓和稳定气候变化的行动制定了议事日程。公约各缔约国承认全球变暖的现实以及与目前气候变化预测相关的不确定性,同意采取行动以减轻气候变化的影响,并指出发达国家应当率先采取行动。

公约提出了一个短期的特殊目标和一个长期的目标。这种特殊的目标是,发达国家应该采取行动使温室气体特别是二氧化碳的排放量恢复到1990年的水平。长期目标(如公约第二条所述)是,大气中温室气体的浓度应当稳定在"防止气候系统受到危险的人为干扰的水平上",这一稳定要在足以使生态系统能够自然地适应气候变化、确保粮食生产免受威胁并使经济发展能够可持续地进行的时间范围内。在设定这一目标时,我们已经认识到,只有通过稳定大气中温室气体(特别是二氧化碳)的浓度,才有可能阻止全球变暖所带来的全球生存环境的变化。

由此可见,全球范围内控制温室气体排放以及维护气候环境的行动已经展开并取得了一些初步进展。但是值得注意的是,在温室气体排放上应该负较大责任的发达国家并不像它们所承诺的那样积极。21世纪初在日本京都召开的第三次缔约国大会上,美国拒绝在大会拟订的《京都议定书》上签字,此举引起了全世界各国人民的强烈不满。这说明全球合作行动中还是存在着很多难以解决的问题。国际组织的制约力还有待加强。

气候的变化确实已经成为限制人类生存和发展的重要因素,成为全球所关注的话题。而全球变暖的主要原因正是由于人类过度的经济活动而造成的过度温室效应。海平面上升只是温室效应将带来的众多严重后果之一,如果我们不从现在开始挽救我们所犯下的错误,那么不久的将来,孕育人类的地球环境将难以使人类安全地生存在地球上。

二、全球变暖的证据

图9是从1860年到2000年140年全球气温变化距平变化趋势图。从图中我们可以清楚地看出20世纪80年代以后全球急剧变暖的趋势。

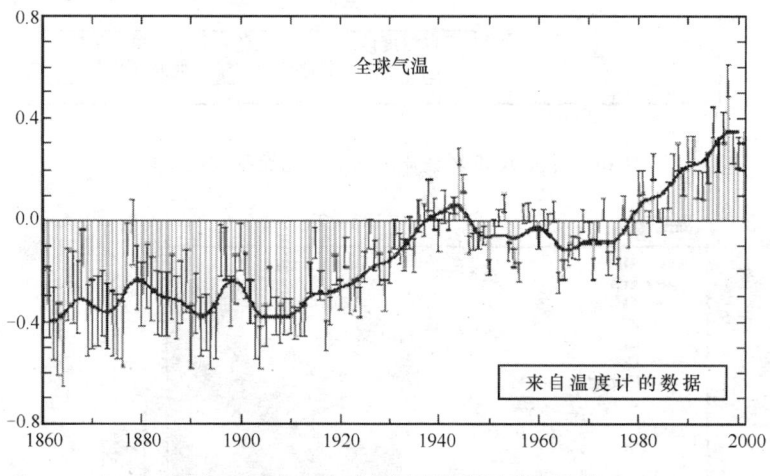

图9 140年来全球气温变化距平变化趋势

为了清楚起见,图10给出了过去1 000年北半球气温变化距平变化趋势图。从图中可看出,20世纪80年代以后北半球也是存在很突出的气温升高现象。

未来地球的温度将有什么样的变化呢?对此,下面给出一些模式的模拟结果。从不同模式模拟的结果看,在未来100年全球温度仍维持上升趋势。预计,全球平均地表温度在未来100年将上升1.4~5.8℃,这可能是近一万年中增温最快的时期。

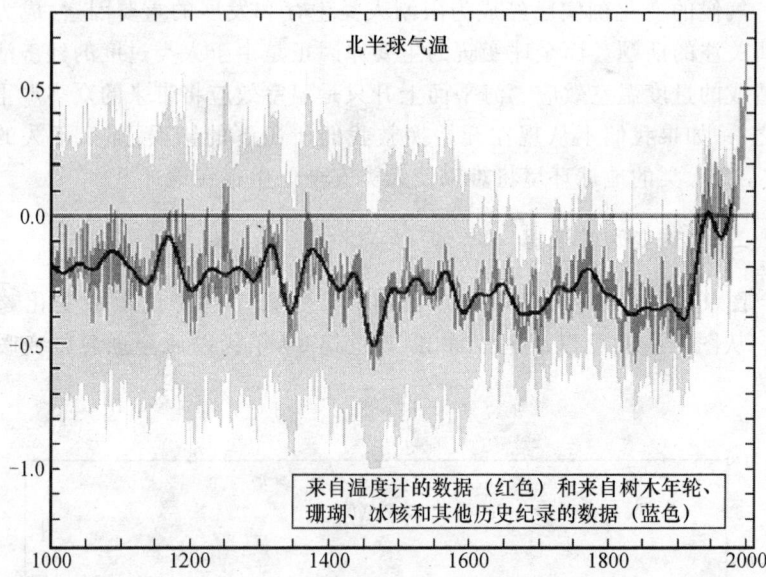

图10 过去1000年北半球气温变化距平变化趋势图

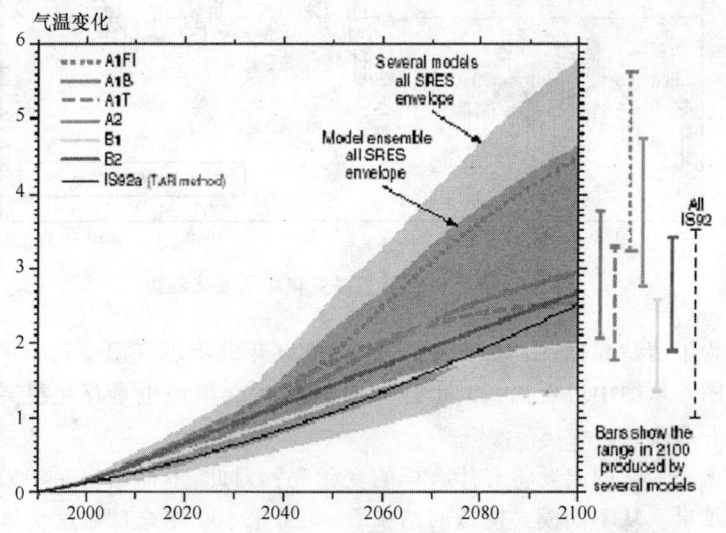

图11 未来100年全球变化模式模拟结果1

全球变化与人类生存环境安全

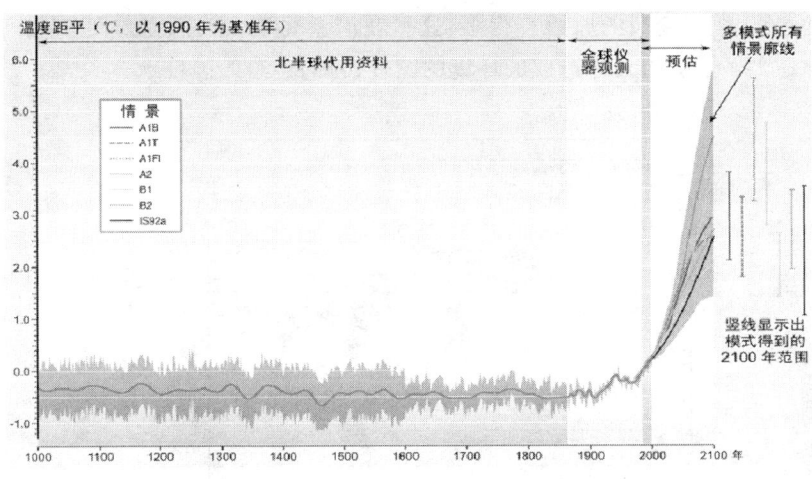

图12　未来100年全球变化模式模拟结果2

三、全球变暖原因

是什么原因导致全球变化呢？前面已提到一些，例如土地利用、温室

图13　人为因素导致全球变化的证据
（图片选自 www.beautyview.com.cn）

105

气体等,全球变暖的原因有很多,这里我们主要谈人为因素。图14给出的是实际拍摄的人为造成的环境的图片,目的是给人以警示。

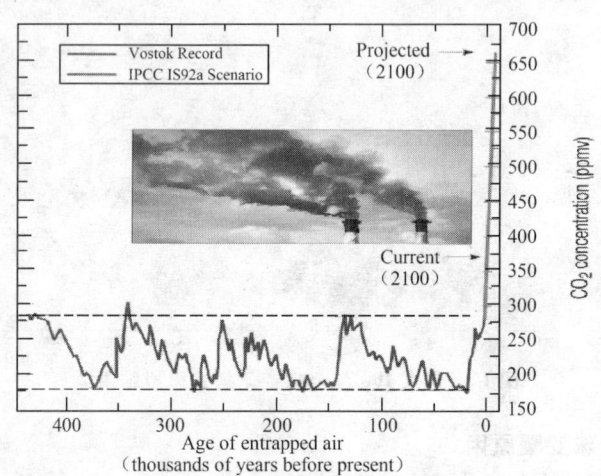

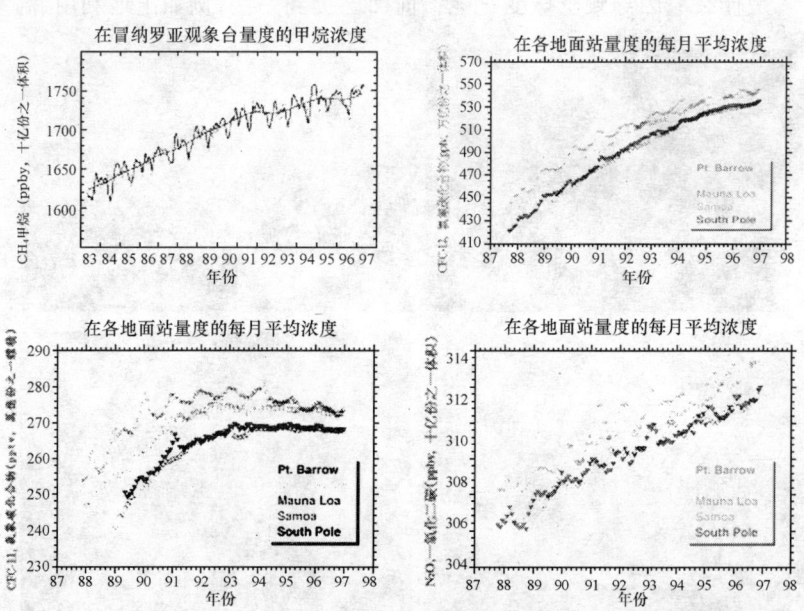

图14 导致全球变化温室气体排放的一些观测事实

二氧化碳温室气体现状:

据美国环境委员会测算,包围地球的大气中,二氧化碳的重量已达360万亿吨,其中80%以上是在工业文明高度发展以后形成的。

全球变暖导致气候异常:

全球变暖导致夏季高温酷热、洪涝、干旱灾害,严重威胁着人类的生存安全!

从以下图片(见图15~25)可见全球变化导致的自然灾害已严重影响到人类的生存安全:

图15　全球变暖干旱化严重,世界各地干旱灾害严重

我国有些地区水资源短缺(如黄河断流),制约了社会经济发展。

图 16　全球变暖干旱化严重,世界各地干旱灾害严重

图 17　世界各地洪水泛滥(一)

图 17　世界各地洪水泛滥(二)

全球变暖导致冰川融化,进而引起海平面上升,将严重威胁沿海城市的安全。下面给出巨大冰川正在融化坍塌的场景图和未来 100 年海平面上升的预测趋势图。

全球变暖另一个问题是导致干旱沙漠化。全球气候变暖,导致地表蒸发量增大,加重干旱和沙漠化。

图18　1998年我国发生的洪水

图19　巨大冰川正在融化坍塌

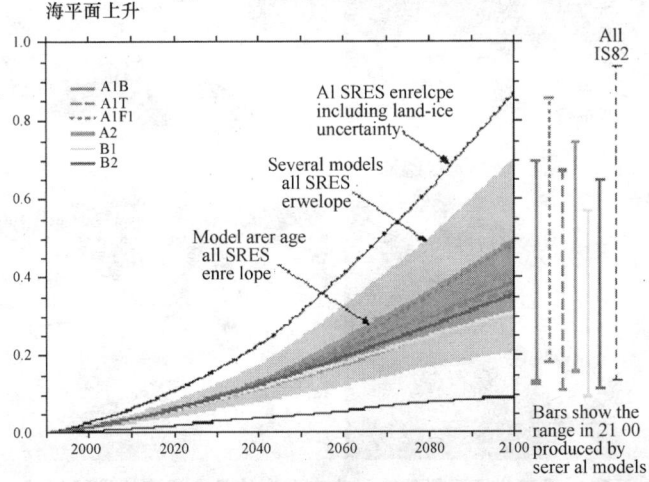

图20　未来100年海平面上升的预测趋势

图 21　沙漠化严重影响人类生存和制约社会经济的发展(一)

图 21　沙漠化严重影响人类生存和制约社会经济的发展(二)

图 22　生态环境恶化

图 23　沙尘暴灾害频繁发生

图 24　2002 年 3 月 20 日沙尘暴威胁到北京人的健康

图 25　2002 年 3 月 20 日沙尘暴威胁到北京的交通安全和景观

四、全球变化研究项目介绍

全球变化是对人类生存和发展的挑战,对人类社会而言,全球变化意味着人类生存条件的变化,势必对人类产生有利或不利的影响,为适应全球变化,人类必须认识全球变化,采取相应的对策。

人们已清楚地意识到,人类本身有意或无意的行为已使地球环境趋向恶性发展,人类活动所引起的环境变化已不再是局部性问题,人类已经在破坏大气层的结构,改变着全球气候和生存环境。对此,针对全球变化国际上开展了一系列的国际研究计划。这里简要向大家介绍国际上的全球变化研究项目。

全球变化研究项目主要包括以下几个计划:
(1)国际地圈—生物圈计划(IGBP,International Geosphere-Biosphere Programme);
(2)世界气候研究计划(WCRP,World Climate Reasearch Programme);
(3)全球变化人文计划(IHDP,International Human Dimension of Global Environmental Change Programme);
(4)生物多样性计划(DIVERSITAS);
(5)政府间气候变化工作委员会(IPCC,Intergovermental Panel on Climate Change)。

国际陆圈—生物圈计划(IGBP)

国际陆圈—生物圈计划是由国际科学联盟理事会(International Council of Scientific Unions,ICSU)发起和组织的重大国际科学计划。该计划于20世纪80年代初酝酿,1986年正式提出,1990年进入执行阶段。IGBP主要以生物地球化学循环子系统及其与物理气候子系统的相互作用为主要研究对象,其科学目标是:了解和阐述控制整个地球系统的关键的物理、化学和生物相互作用过程;了解和阐述支持生命的独特环境;了解和阐述出现在地球系统中受人类活动影响的重大全球变化。特别是那些时间尺度为几十年至几百年、对生物圈影响最大、对人类活动最为敏感、具有可预测性的重大全球变化问题。

IGBP 由若干个核心计划和支撑计划构成。已启动的核心计划包括：

(1)国际全球大气化学计划(International Global Atmospheric Chemistry Project,IGAC)

主要研究全球大气化学过程是如何调控的,生物过程在产生和消耗微量气体中的作用,预报自然和人类活动对大气化学成分变化的影响。

(2)全球变化与陆地生态系统(Global Change and Terrestrial Ecosystems,GCTE)

GCTE 主要研究气候、大气成分变化和土地利用类型变化对陆地生态系统的结构和功能的影响及其对气候的反馈。

(3)土地利用与土地覆盖变化(Land-Use/Cover Change,LUCC)

LUCC 是 IGBP 和全球环境变化的国际人类计划(IHDP)两大国际项目合作进行的综合性交叉科学研究课题,其目的在于揭示人类赖以生存的地球生态系统与人类日益发展的生产系统(农业化、工业化、城市化等)之间相互作用的基本过程。

(4)水份循环的生物圈问题(Biospheric Aspects of the Hydrological Cycle,BAHC)

BAHC 主要研究植被与水文循环物理过程的相互作用,包括:区域土壤—植被—大气相互作用的观测和模拟研究;区域尺度范围水文流量和其他陆地—大气交换的研究;生物参数时空综合研究。

(5)海岸带海—陆相互作用(Land-Ocean Interactions in the Coastal Zone,LOICZ)

LOICZ 主要致力于在沿海地区,陆地、海洋和大气之间物质流量的检测评估;陆地—海洋相互作用对全球变化的响应;海平面升高对沿海地区环境生态系统的影响;尤其由于碳循环以及大气痕量气体之间的交换,使沿海系统对全球变化产生的生物化学反应;沿海地带环境生态系统恶化产生的社会经济效应等研究。

(6)全球海洋通量联合研究(Joint Global Ocean Flux Study,JGOFS)

JGOFS 主要研究海洋生物地球化学过程对气候的影响,以及对气候变化的响应。目标是增加人类对大气、海洋、海洋深层及海岸线之间碳流量的了解,这些流量对气候变化非常敏感。全球二氧化碳的检测调查正在与 WCRP 世界海洋环流实验(WOCE)的紧密配合下进行。

(7) 全球海洋生态系统动力学研究(Global Ocean Ecosystem Dynamics Programme, GLOBEC)

GLOBEC 是 IGBP、海洋研究科学委员会(SCOR)和政府间海洋委员会(IOC)合作主持的研究项目,主要研究全球环境生态系统变化对海洋生态系统的影响及海洋生态系统的响应。

(8) 过去的全球变化(Past Global Changes, PAGES)

PAGES 主要对地球以前的环境生态系统的变化作出定量分析研究,定义自然环境生态变化的范围,在这个范围内,人们可以科学地推断出古人类对地球生物圈、陆圈和大气圈的影响。PAGES 探索和阐明古代气候的变化,为证实可预报长期气候模式提供资料要素。

IGBP 计划还包括三个支撑计划:

(1) 全球分析、解释与建模(GAIM):借助于全球模式来定量分析地球系统内物理、化学和生物过程的相互作用,估计未来变化的可能影响。

(2) 数据与信息系统(IGBP-DIS):建立全球变化研究所需要的全球资料和信息的处理、储存、交流系统,特别要发展全球变化的空间遥感技术和资料的处理能力。

(3) 全球变化的分析、研究和培训系统(START):在全球的代表性生态系统区域,主要在发展中国家,建立全球变化的区域研究中心。它们的功能是生态环境的长期监测、特殊问题的试验研究、科学技术人员的培训及资料交换。

IGBP 的目标是逐步减少人类对地球环境生态系统演变规律(包括自然的和人为的)认识中的不确定性,从而对未来环境生态的发展趋势提出科学的预测,为全球环境生态问题上的宏观决策提供科学依据,也为各国政府在资源开发利用、环境生态保护和治理等方面的政策的制定,提供科学的咨询和建议。

我国成立了 IGBP 中国委员会,协调我国与国际陆圈—生物圈计划的实施。我国是一个发展中国家,环境生态资源的保护与国民经济的发展有着直接的关系。因此,保护、恢复、开发和有计划地利用我国现有的环境生态资源已势在必行。为此,我国"八五"期间在国家科学委员会和国家自然科学基金委员会的共同资助下,进行了《我国未来(20—50 年)

生存环境变化趋势的预研究》,对未来 20—50 年我国生存环境变化趋势的宏观特征作出了科学的评估,在较高的层次上为国家在环境资源生态保护和经济发展等方面的宏观决策提供了全面的科学依据。

世界气候研究计划(WCRP)

世界气候研究计划(WCRP)由国际气象组织(WMO:World Meteorological Organization)与国际科学联合会(ICSU:International Council of Scientific Union)联合主持,以物理气候系统为主要研究对象。

此计划在 1970 年开始酝酿,1980 年开始执行,是全球变化研究中开展得较早的一个计划。WCRP 主要研究地球系统中有关气候的物理过程,涉及整个地球气候系统。其主要部分是大气、海洋、冰雪圈和陆地以及这些组成部分之间的相互作用和反馈。主要研究时间尺度为数周到数十年的气候变化。

WCRP 的两个研究目标:
(1)提高全球气候变化的可预报程度;
(2)提高人类活动对全球变化影响的认识。

WCRP 的三个研究方向:
(1)为期数周的长期天气预报;
(2)全球大气年际变率;
(3)为期数周的热带海洋的年际变率及长期变化。

为此,我国开展相应的"南海季风"、"青藏高原"、"淮河流域"和"内蒙古草原"四大大气科学实验。

全球变化人文计划(IHDP)

全球变化人文计划(IHDP)由国际社会科学理事会主持,从社会科学的角度来研究全球变化,力求更好地了解导致全球环境变化的人类行为原因。

其目标包括:
(1)提高人与地球总体系统相互作用的复杂性和科学理解的认识;
(2)不断努力探索预测全球环境下的社会变化;

(3)确定宏观的社会战略,以预防或减轻全球变化的不利影响,以适应那些无法避免的变化;

(4)分析对付全球环境变化、促进实现可持续发展的政策方案。

IHDP研究的主要内容包括:

(1)全球变化的原因,主要是人为原因,仔细区分自然趋势和由人类活动所造成的两类变化;

(2)由于自然和直接由于人类作用所引起的变化的后果;

(3)对全球变化的管理。

1995年在日内瓦召开的IHDP第三次科学会议所确定的具体研究领域包括:

(1)土地利用与土地覆盖变化(LUCC);

(2)工业化转移、能源生产与消耗;

(3)人口与资源利用的社会因素;

(4)全球环境变化的态度、观点、行为和认识;

(5)社会、经济和政治构架及体制在地方、国家和国际层次上的影响;

(6)工业增长与环境问题;

(7)环境生态安全与可持续发展;

(8)淡水资源保护与质量;

(9)人类健康与全球环境生态变化;

(10)贸易与全球环境生态变化。

生物多样性计划(DIVERSITAS)

生物多样性计划由国际生物科学联合会和环境科学委员会(SCOPE)联合主持,于1991年实施。该计划旨在研究地球上的生物多样性。目前该计划包括:

(1)生物多样性的环境生态系统功能;

(2)生物多样性的产生、减少及其维护;

(3)全球变化对地球上生物多样性的影响;

(4)生物多样性的编目与监测。

政府间气候变化工作委员会(IPCC,Intergovemental Panel on Climate Change)

主要对全球气候变化研究的进展进行评估。IPCC下设三个工作组,分别负责:

(1)关于全球气候变化的科学信息评价;
(2)全球气候变化的环境和社会经济影响评价;
(3)提出相应战略措施。

人类活动是引起全球变化的重要原因之一,也是联系气候、环境变化、社会与经济发展的不可忽视的一个环节。由于近百年来全球气温有明显的变暖趋势,同时科学家们已注意到人类向大气层中排放的微量气体浓度也在明显增加,因此,两者之间是否有因果关系等,是各国科学家、公众和政府及政策制定者广泛关注的问题。人类活动对气候和环境的影响,许多可以后延数十年乃至上百年,在相当长的时间内难以恢复。

人类活动影响生态环境变化的主要方式有三方面:

(1)物理方式

由于人口与日俱增,生存物质资源日趋匮乏,人类为了满足生存需求和发展生产,出现乱砍、滥伐、乱捕、滥开采导致地球生态系统严重退化及自然灾害爆发。

(2)化学方式

人类在生活、生产和社会活动时,向环境中排放大量温室气体、污染气体和物质,导致地球温室效应,使气候变暖、臭氧层破坏、酸雨增多、土地酸化、水体污染,直接威胁人类的生存安全。

(3)战争方式

人类之间为了追求政治、经济等多方面权益而发动大规模战争。在现代战争中,使用的武器不仅有常规的,而且有化学的、生物的,甚至动用大规模杀伤性的核武器。一场大规模的战争,有可能使一个地区甚至一个国家的城市、农村遭受毁灭性的打击,使生态环境发生沧海桑田式的巨变。

战争方式是物理方式和化学方式共同作用对环境发生效应的方式。

战争方式对生态环境的破坏会导致在相当长的时期内难以治理恢复。而且由于受原子辐射、生物基因和化学物质的污染,会给几代人带来灾难。

五、全球变化研究方法

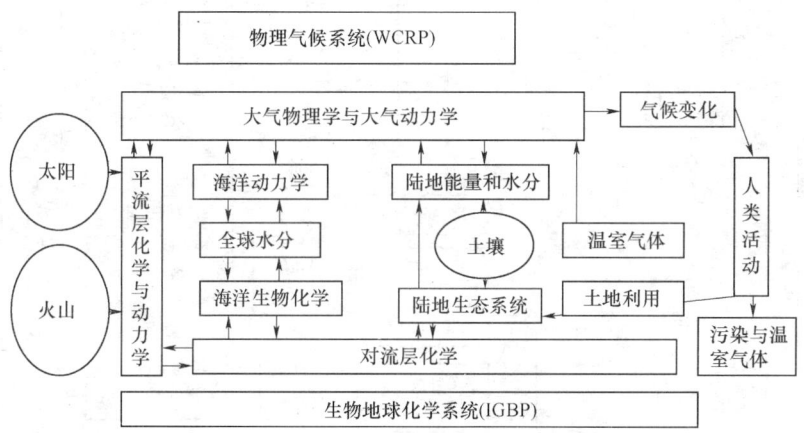

几十至几百年时间尺度上全球变化的概念模式

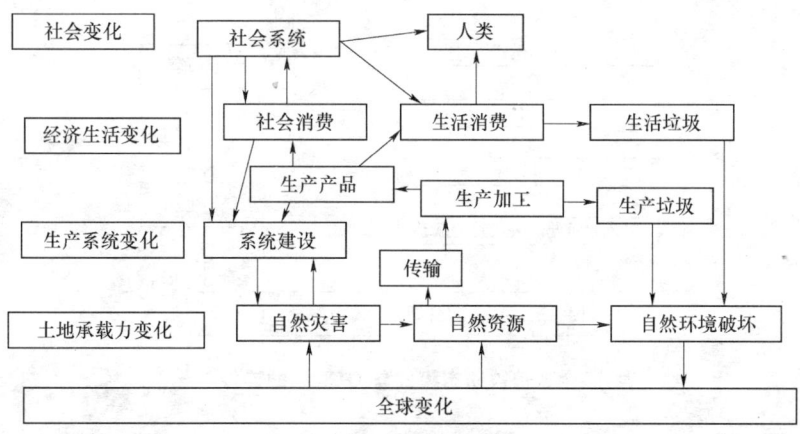

全球变化影响的途径与层次

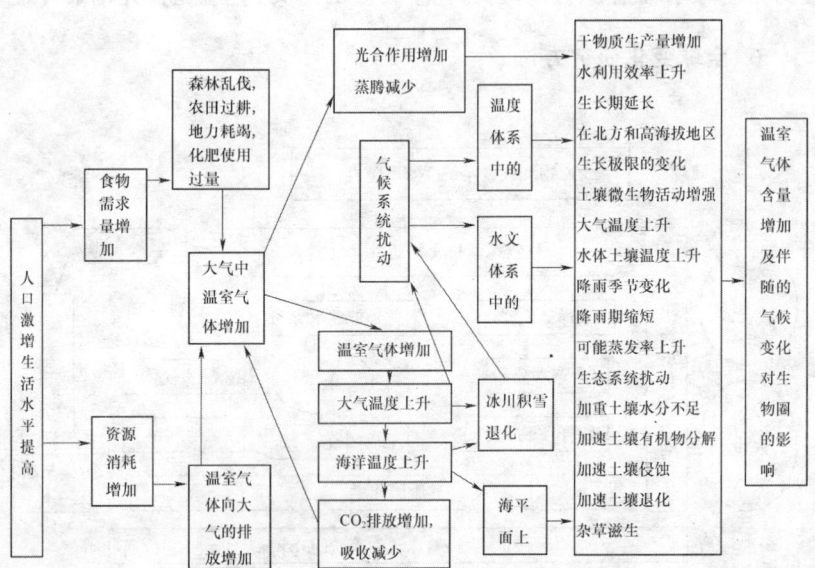

CO_2 增加引起全球变化对生态环境的影响

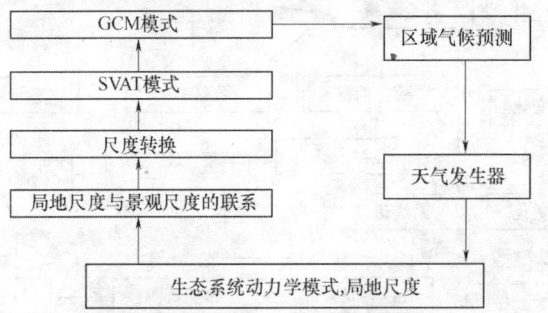

全球植被动态模式与 GCMS 的连接

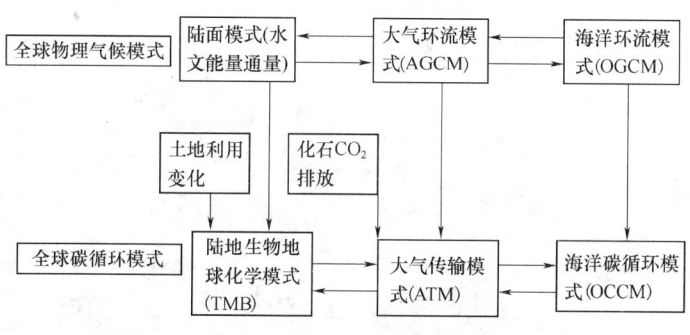

全球碳循环模式

气候变化影响人类健康的方式

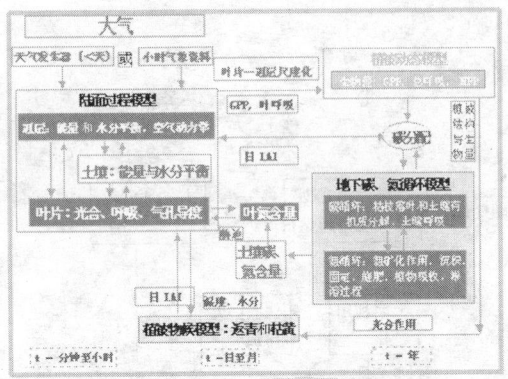

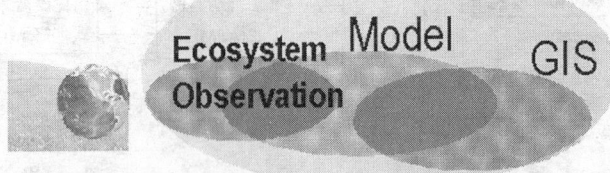

影响预测研究方法

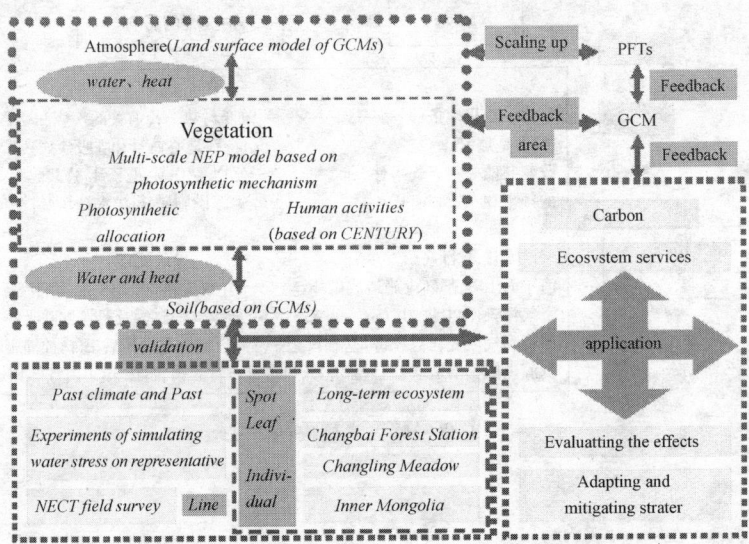

全球变化对我国陆地生态系统的影响预测研究框架

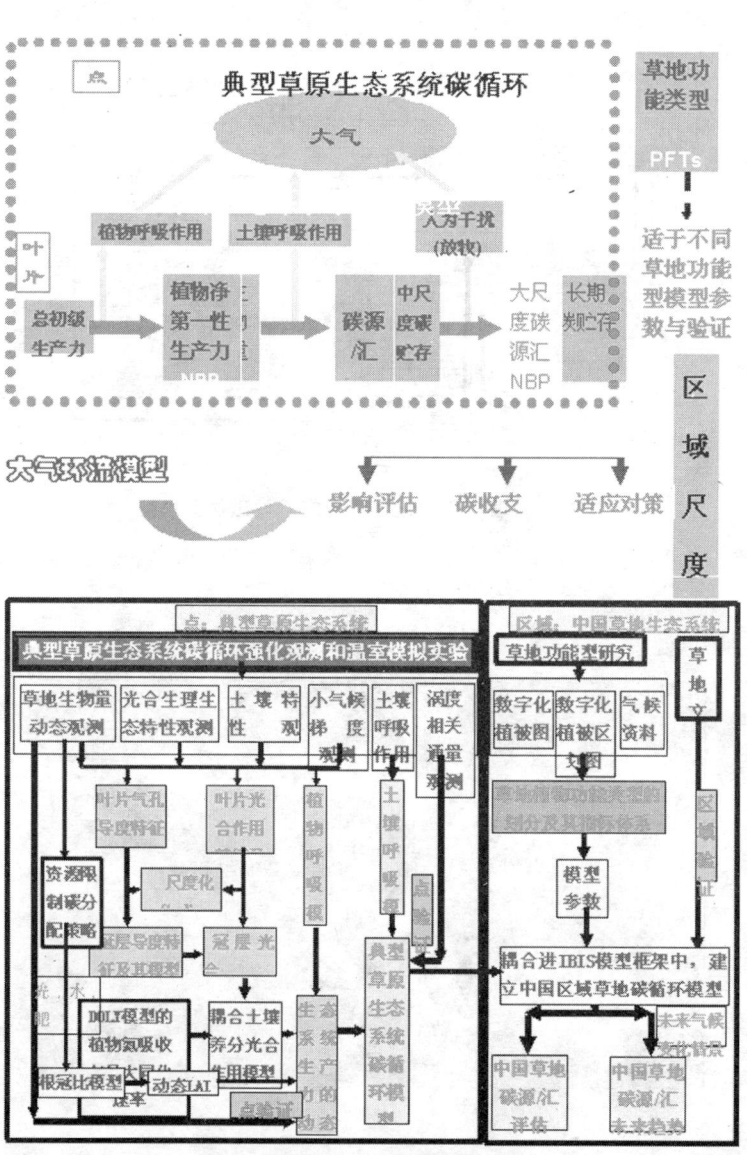

典型草原生态系统碳循环模型

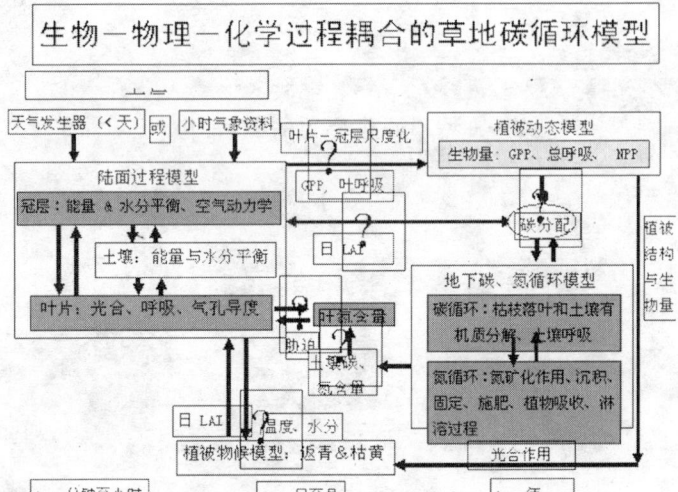

生物—物理—化学过程耦合的草地碳循环模型

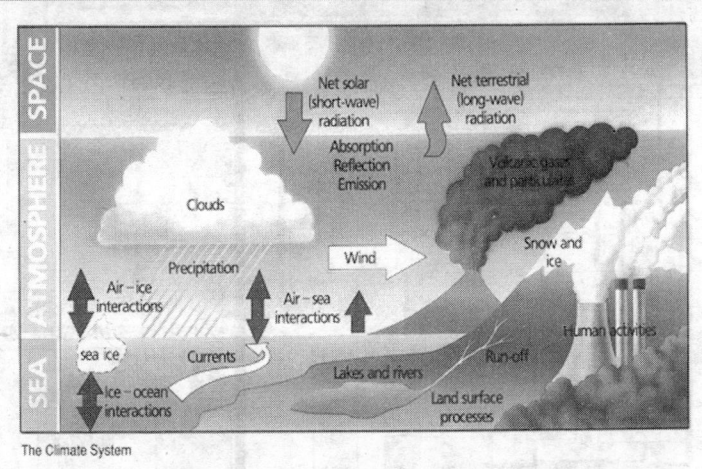

区域与全球气候系统的研究

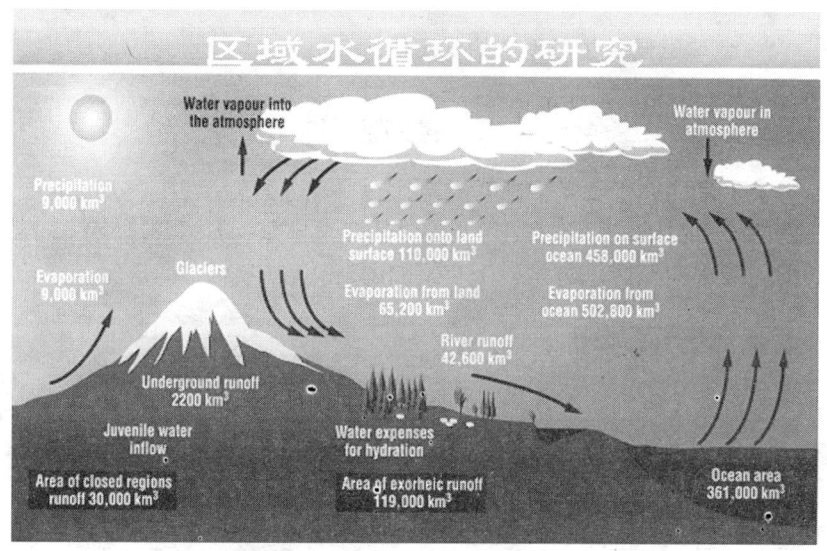

区域水循环的研究

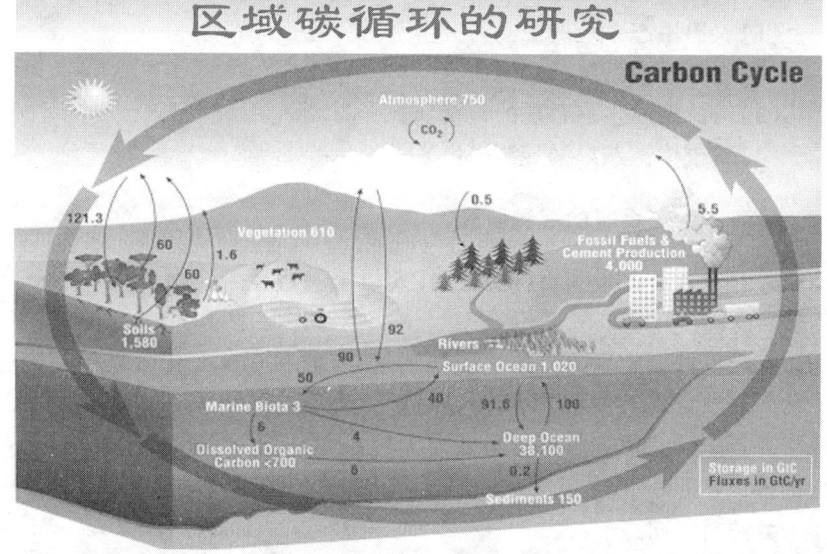

区域碳循环的研究

六、全球气候及生态系统的观测研究

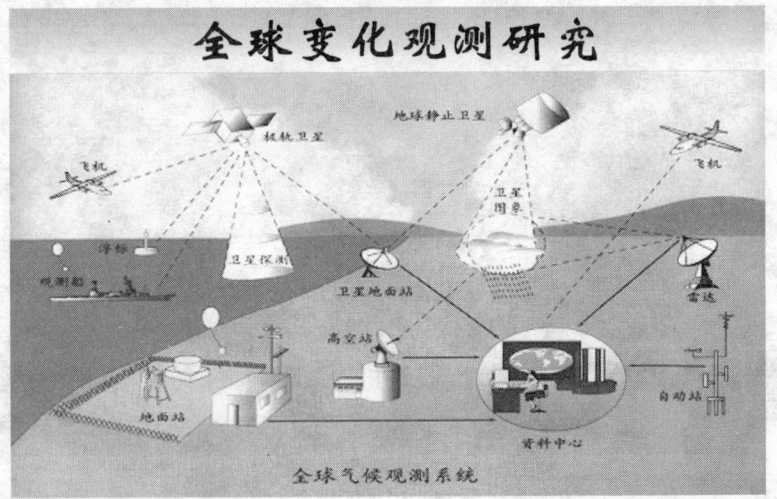

1. 地球生态系统的观测研究

(1) 农田生态系统的观测研究

(2) 森林生态系统的观测研究

(3) 河流湖泊生态系统的观测研究

(4) 城市生态系统的观测研究

2. 海洋生态系统的观测研究

海—气系统能量和物质交换,长期以来一直受到全世界大气和海洋科学界的高度重视。

国际上过去大量的工作主要与天气、气候和全球变化研究相关。近年来越来越重视环境和海洋生态问题。例如前几年国际上提出的 SOLAS 研究计划,即"上层海洋与低层大气研究计划"(Surface Ocean-Lower Atmosphere Study)。

关键科学问题

(1) 海表能量平衡过程,重点是海表温度(SST),用于研究气候异常(如 El Nino);

(2)海—气界面动量、热量、能量和物质交换过程,包括二氧化碳、甲烷和氧化亚氮等温室气体和气溶胶等;

(3)海面大气边界层结构和湍流特征,重点是湍流过程的参数化;

(4)上层海洋和低层大气的相互作用,例如海洋深对流对大气边界层结构的影响。

3. 海气相互作用观测的意义

海气相互作用研究与国家可持续发展、国家安全两大战略紧密相关。我国近海包括渤海、黄海、东海和南海,拥有的海洋国土面积达300多万平方公里。其中南海拥有我国74%的海洋国土面积和66%的专属经济区面积,其独特的地理位置和自然条件使得南海在这两大战略问题上显得更为重要。

南海军事活动的保障任务需求十分迫切,而军事通讯、水上水下导弹发射以及舰艇出没等军事活动与海洋物理环境和气象条件紧密相关,如,军事通讯和导弹发射需要掌握大气边界层结构的信息,而舰艇活动需要了解海洋跃层等上层海洋环境要素。

4. 海气相互作用观测的国外动态

联合国政府间海洋学委员会(IOC)、国际科学联盟理事会(ICSU)、世界气象组织(WMO)、海洋研究科学委员会(SCOR)等许多国际组织支持和组织实施的一些大型研究计划,如上层海洋—低层大气耦合研究(SOLAS)中,海气相互作用研究是其中极为重要的研究内容。

浮标测量要素包括以下几点:

(1) WSPD, wind speed(m/s)

(2) WD, wind direction

(3) DEWP, dew point temperature(℃)

(4) BARO, barometeric(mb)

(5) VIS, visibility(statute miles)

(6) ATMP, air temperature(℃)

(7) WTMD, sea surface temperature(℃)

(8) WVHT, significant wave height(m)

(9) DPD, dominant wave period (s)

(10) APD, average wave period (s)

(11) GST, gust speed (m/s)

(12) MWD, mean wave direction (℃)

5. 南北极环境生态考察观测研究

(1) 南极

南极地区,通常指60°S以南地区,包括南极大陆、亚南极岛屿和环绕南极大陆的南大洋。

它位于地球的最南端,大部分地区终年为冰雪所覆盖,自然环境恶劣、气候寒冷、暴风雪频繁,是与北极和青藏高原齐名的地球上三大气候敏感地区之一。

(2) 北极

北极地区,通常指北极圈以北地区,大部分地区为被大陆环绕的北冰洋。

它位于地球的最北端,与南极地区一样,大部分地区终年为冰雪所覆盖,自然环境恶劣、气候寒冷、暴风雪频繁,是地球上三大气候敏感地区之一。我国位于北半球,受北极冷空气活动的影响较南极更为直接。

6. 温室效应防治对策

(1) 控制CO_2释放的途径

目前科学界公论,使用能源时排放的CO_2对空气的污染,危害范围广,后果严重,是影响全球环境生态的主要因素之一。因此,改善能源结构,提高控制CO_2释放技术,减缓CO_2的排放,对保护人类生存环境具有重要意义。

①改善能源结构加速开发水力、风力和太阳能的利用。

②开发核能利用。

③充分发挥海洋碳汇的作用。

④保护地球森林生态环境。

⑤改造燃烧工艺。

(2) 开发核能

核能不排放 CO_2，故对全球变暖和环境生态没有影响。迄今，全世界运行的核电厂有 426 座，总装机容量 318×10^9 瓦。另外在建的核电厂有 96 座，总装机容量 79×10^9 瓦。1989 年世界核发电量 1857×10^{12} 瓦时，占总发电量的 16.7%，其中，法国核发电量占其本国总发电量的 69.8%。我国已运行的核电厂有二座，即浙江秦山核电厂（第一期工程 300×10^6 瓦）和广东大亚湾核电厂（$2 \times 900 \times 10^6$ 瓦）。

(3) 开发新能源

中国地域辽阔，各种新能源资产比较丰富。太阳能年总辐射量 0.6 千卡/平方厘米以上的地区占国土面积的 2/3；可开发利用的风能资源 160×10^9 瓦；已发现地下热水 2600 多处；西藏、云南还有高温地热资源；可开发的潮汐能源资源 20×10^9 瓦以上。

控制全球变暖的未来科学方案

(1) 平流层气溶胶喷射法

在平流层中释放一种气溶胶物质，用它来阻挡照射到地球上的阳光的强度，从而降低地球的温度。但如果该物质在平流层中长期存在，会影响地球生态系统的光合作用。

(2) 太阳伞法

科学研究表明，要解决目前的全球气候变暖问题，只要把照射到地球的太阳辐射光遮挡掉 3% 即可。因此，需设计一个巨大的薄如蝉翼的太阳伞放在太空中。但目前因为技术问题还做不到。

(3) 镜面反射太阳辐射法

在太空安置一个反射镜，把部分太阳光集中反射到某个局部区域，就能起到改变这个局部地球的气候状况。例如，高空云层能阻挡地球向大气的热量释放，会使地球变暖。人们利用空间反射镜，把太阳光集中反射到高空云层上，使云受热而散开，这样就能加快地球表面热量的散失，而使地球温度降低。制造和安装空间反射镜，在空间技术上已不成问题。1993 年 2 月 4 日，俄罗斯科学家在"进步"号宇宙飞船上，已成功地进行了代号为"旗帜"的人造月亮试验，首次将太阳光反射到地球背阳的一面，为实施空间反射镜的利用提供了启发。在南、北极为极昼时，可利用此方法保护其冰原,另外,还可改变两极的极夜长度。但是这一做法后来遭到生态学家的反对。

(4)激光网方法

上述方法都是在太空安置庞大的遮蔽物体。令科学家们深感不安的是,万一出了故障,很容易造成过多的太空垃圾。为此科学家提出向太空发射多颗人造地球卫星,并且从卫星上发射激光,形成"激光网",让太空中对海面温度有影响的红外线发生变化,以阻止气候变暖。

(5)给大海补铁,提高海洋光合作用能力

美国海洋学家约翰·马丁在上世纪90年代曾提出一项宏伟的试验计划:给太平洋或大西洋"补铁",即向海洋某些区域水体倾倒大量铁粉,以便为海洋中的浮游生物增加铁源。

据马丁教授研究结果,地球上大约有50%的光合作用是由海洋中的浮游生物所完成。马丁因此设想:如能在大洋的某些区域倾倒一定数量的铁粉,使海洋浮游生物的数量大大增加,就能使浩瀚的海洋变成强大的二氧化碳的汇聚,源源不断地吸收掉大气中的二氧化碳并释放出氧气,最终达到使大气降温的效果。

新西兰国家"水与大气环境研究所"在2000年组织实施了马丁计划。他们在南太平洋中投入了大量铁粉,然后用卫星进行跟踪观察。在投放6周后,卫星发回的照片表明,在南太平洋投放地点形成了一条长达150公里的壮观的绿色浮游生物漂浮带。这一试验是人类利用新技术改造大气环境的一项最新科学尝试。

为了减缓全球变化,个人能做什么贡献?

自然科学家、社会科学家、政治学家、经济学家已经尽了或正在尽各自的责任,我们每一各普通公民也可为减缓全球变化做出自己的贡献。主要包括:

(1)积极购买绿色环保节能居室:因绿色环保节能建筑能减少能耗(冬天取暖、夏天降温)50%以上。

(2)最大限度地节约能源:室内无人或人少时及时关灯和减少开灯数量;冬季取暖时,不要使室内温度过高,空调温度降低1—2℃。

(3)最大限度地节约用水:随手关闭水龙头。

(4)尽可地能利用洁净能源：太阳能、水能、潮汐能、风能及核能等。

(5)尽可能地乘坐公共交通工具：控制车辆数量，尽可能骑自行车或步行。

(6)消费时尽可能选购绿色产品、可再生资源产品。

(7)做保护自然环境的使者。

(8)通过民众程序，呼吁地方政府和国家有关部门在制定政策时应充分考虑环境保护问题。

让我们携起手来，共同努力，为保护人类共同的家园——地球做出贡献！

(2007年4月12日)

致谢：报告中引用了中国科学院植物研究所周广盛研究员、中国科学院大气物理研究所王跃思研究员、中国科学院地理与资源研究所刘昌明院士、国家气候中心罗勇研究员等的图片资料，在此一并表示感谢！

中国环境法规政策回顾与展望

■别 涛

别涛,环境法学博士,国家环境保护总局政策法规司副司长,主要从事环境法的理论研究和环境事务工作。论文著有《环境公益诉讼的立法构想》、《WTO框架下的"环境例外"措施及其适用规则》、《国际跨界空气污染案的处理及其启示——第二十二届世界法律大会模拟法庭案件及其评析》、《墨诉美金枪鱼案:环境贸易措施不应针对生产方法》等。

主持人:

今天我们请来了国家环保总局法规司的别涛副司长来给我们做一个讲座。别司长是环境法学博士,主要从事环境法的理论研究和环境事务工作,在环境法规方面具有深厚的理论基础和实践经验,是国内知名的环境法学专家和学者。在环境法律实务方面,他参加过中国现行的主要环境法律、行政法规和部门规章的起草、审查和修订工作,例如《环境保护法》、《大气污染防治法》等;在环境法的理论研究方面,先后撰写了环境执法的主要工具书,如《中国环境保护法规全书》、《中国环境保护政策全书》等;在国际交流方面,作为中国政府推荐的环境法专家先后参加了联合国环境署、WTO等国际组织的环境法律会议和谈判,对于国内和国际环境法都有较深的理解。下面我们有请别司长为我们做演讲。

别涛:

很高兴能在今天晚上跟大家一起讨论中国环境法规。我今天演讲的题目是:中国环境法规政策回顾与展望。这是一个很普通的题目,我想通过这个题目跟大家汇报一下中国现代意义上的环境保护法律的开创、演进和发展走向。

132

首先，让我们一起回顾一下环境保护的兴起。

1972年，中国参加了联合国组织的"人类环境会议"。当时中国正值"文革"期间，是很封闭的。当时国内有一种很"左"的观念，认为社会主义制度无比优越，国内一切经济活动都是按照计划进行，而污染的问题是资本主义的产物，在中国则是不存在的，因为社会主义制度的优越性可以消除污染。这实际上是一种自欺欺人的优越感。

当时，实事求是的领导人已经认识到了这个问题。我去年到燕山石化，看到它的环保部保存了一张珍贵的有关环保的照片。燕山石化东方红炼油厂的污水处理厂把污水净化之后，需要对水中细菌含量进行测定——当时周恩来总理视察污水处理厂，摄影师为我们留下了这张经典照片。这是共和国第一代领导人关心环保的真实记录。

当年联合国在瑞典首都斯德哥尔摩召开了人类环境会议，中国派出了一个70多人的代表团参加会议。中国参加了那次会议之后，有些领导和学者明显感受到国外对于环境问题的重视程度。我们感受到国际上尤其是西方国家，已经把环境问题政治化，纳入了政治议程；而我们是30年之后才真正开始进行这一过程。

现在国内国际都存在很多环境问题。国内的话就是污染物的消减指标、节能指标不能完成，洋垃圾转移等问题——中央对于国内环境问题也是下决心要整治的，我待会儿还会详谈；国际上就是气候变化、温室气体的排放等问题。

周恩来总理对环境问题很重视，他冷静而客观地认识到中国也有污染，社会主义制度下如果处理不当同样也会产生污染。他还为此专门安排聘请日本的专家来华，向他们学习经验。因为日本在二战后被美国占领，日本国内为了寻求发展，学习和模仿美国的技术和生产模式，重化工业得到很大发展；与此同时，经济的飞速发展也造成了严重的环境污染与破坏，尤其在60年代末70年代初那段时期，日本出现了一系列的公害事件。

"公害"(public nuisance)这个词就来自日本，指的是对公众造成的危害。比较有名的一个事例就是汞中毒事件：日本熊本县水俣湾化工厂所排放的污染物污染了水域，从而污染到鱼虾，并经过食物链，在当地居民体内积淀，侵害到人体脑部和身体其他部分。进入脑部的甲基汞会使脑萎缩，侵害神经细胞，破坏掌握身体平衡的小脑和知觉系统。

我们国家也出现过一些类似的化工事件。当时周总理就是邀请日本的记者来北京讲公害的现象，并找了一些专家和记者进行座谈。

1973年，国务院召开了第一次全国环保大会，到去年一共召开了六次全国环保大会。第一次全国环保大会后，中国政府发布了第一个关于环境问题的若干规定。当时没有行政立法的观念，但这个规定实际上成为中国现代意义上的环境立法的开端，并形成了我们关于现行环境立法的一些最基本的依据。比如说兴建工厂之前首先必须要合理选址布局，要考虑当地的环境状况和功能分区，并且要尽量降低对当地环境的影响；在兴建工厂的过程中，环保的设施（当时是"三废"的处理设施，即废气、废水和废渣）跟主体工程必须同时设计、同时施工、同时建成。随后还制定了"三废"的排放标准。在中国现代环保事业的开创上，周恩来总理卓有远见，做出了巨大的贡献。

直到现在仍有一个问题：有远见的领导人当时已经发现环境保护的重要性，但却始终没有真正把它纳入政府议程。毫无疑问，发展经济和生产占据了首要地位。现在我们意识到我国走的是一条"先污染后治理"的道路。日本也走过同样的一条道路，日本列岛的很多河滩、小河流，在六七十年代的时候几乎是有水皆污、有河皆干。我们现在很不幸的就在重复这样一条道路，中国现在大部分的农村也都呈现出有河皆干的状况。我在读研究生的时候开始环境法的研究。当时是80年代初期，我曾经走访过许多地方，发现如果不推行一些积极的刺激机制，环境保护的规定就不会生效。因为环保的难题是经济、利润，这是企业、经济组织、行业集团获得利益的根本动力，但是社会公众、弱势的个人要承担环境污染的后果。如果要扭转这种趋势，政府也必须采取"胡萝卜加大棒"的策略。

其次，让我们分析一些环境问题的国内影响。

日本在上个世纪六七十年代的时候公害事件不断发生，以致群众游行示威不断。美国哈佛大学有一位学者专门在远东研究"污染与政治"的关系、污染程度与正当选举和执政的关系，他发现：当时日本的执政党自民党是在远东地区长期执政了很长一段时间的政党，它经历过多次危机，但是这些危机都不是外来的，而是内部形成的。在公害泛滥的时期，群众诉讼要求索赔的案例很多。但是因为当时受到化工污染的危害,如汞、铬中毒,要在体内沉积许多年后才能出现明显症状。群众声称自己受到化工污染,却拿不出证据,因而也得不到索赔,由此冲击法院、工厂。法院即使同情受害者,但是依据当时的民事诉讼程序也不能对受害者进行有力的支持;而公民则认为,工厂向政府纳税,工厂获得利益的话,政府也是受益的,公众受到污染损害,于是积蓄了对政府的怨愤情绪。对于现任政府的不满就通过投票选举新的政府来表现。当时一些日本国内的小党,虽然从全国整体的力量上不能与自民党抗衡,但也出现了许多地方州、府由包括公民党等党在内的政党、由地方掌权的情况。

中国目前的环境问题已经影响到构建和谐社会的努力,甚至还影响到执政能力的建设。问一些60岁以上的老人,他们年轻的时候,国家可能很穷,但是自然环境很好,资源很丰富。我们现在是马路修得长了,房子盖得漂亮了,环境却差了,连上街买蔬菜都不放心。我们环保工作的基本目标是要让老百姓喝上清洁的水,呼吸上干净的空气,吃上放心的食物,在一个干净舒适的环境中生活,这其实是生活最基本的需求。

如果我们党执政五六十年,生态环境不但没有改善,反而走向恶化,百姓就会质疑党的执政能力,因此,不能只追求GDP的增长,GDP不是一切,并不是说大家都富裕了,社会就安定了。环境问题影响着社会的稳定。从这个角度说来,环境问题是一个政治问题、经济问题。

在2007年3月16日温家宝总理召开的记者招待会上,有外国记者提出了关于环境的一些问题。比如气候变化的问题。国内的气候变化实际上公众不是很关注,我们只是凭直觉感到冬天变暖了,下雪少了,至于科学上到底是怎么回事百姓不会真正去探讨。其实,气候变暖的问题全球都在关注,我们国内百姓不了解是有原因的,其中一个原因是国内学者们不怎么探讨这方面的问题。这个环境问题其实包含着国际上国家之间与利益集团之间的博弈。

西方发达工业国家使用蒸汽、燃煤的历史更长,产生的温室气体更多。对于气候变化的责任各国是共同的,然而也是有区别的,发达的工业化国家应该承担更多的责任。

发展中国家几乎是刚开始使用燃煤生电等初级文明,发达国家就呼吁要限制温室气体的排放了。现在国际上也达成一个共识,那就是发展中国家不承担温室气体消减的义务，主要由发达国家来承担。而美国的理论是发展中国家大国人口多，产生的温室气体也多，主张各国承担相同义务。而多数发展中国家的表态是：我们不承担温室气体消减义务，但是会遵守国际的气体排放限制标准。更何况这还牵涉到可持续发展的问题。

"中国威胁论"开始流行的时候，西方大国都是批判中国的意识形态问题，后来才转到人口、人权的问题上。有人口的威胁、贸易的威胁、经济的威胁，现在又转向环境的威胁，比如所谓的污染外溢、能源消耗过多等问题。但是实际上，如果中国以美国的标准进行能源消耗，以这么大的人口基数，整个国家很快就会濒临崩溃，我们没有那样的资源供应。这个问题与国际的资源市场牵涉也很深。

中国是一个资源需求和产品输出规模都很大的国家，我们一些进出口上的举动动辄就都会影响世界的商品市场，因而经济上、环境上的问题对国际社会造成的影响都是不可避免的。这样的现状让美国产生了危机感和假想。为了保障经济发展安全稳定，比如石油，现在我们国家的一个策略就是石油来源多样化。

环境问题已经给社会稳定造成重大影响。近几年，国内发生了不少大规模的污染事件，如2004年四川沱江的污染，2005年松花江的污染等。其中松花江的污染受到国际关注因而影响范围更大。

从企业的角度来说，赚钱是天经地义的，但是做生意在讲成本的同时还要讲道德，有一部分成本就是资源的代价。讲道德是说要生财有道，在环境被破坏到不适于生存的条件下做起生意来心里也会不踏实。

对环保部门而言，没有发现企业带来的环境问题是失职，发现了却不采取制止行动是渎职。有些地方政府只是加大收取部分的利税，其余听之任之不加管制，这样做是不行的。

环境问题永远是少数人受益，大多数人受害。要想保护大多数人的利益，就不应该允许污染严重的小企业继续存在。不进行污染物处理的企业，可能只需要投资较少的钱。以环境为代价进行生产而又不付出治理污染的成本的话，投资很快就可以回收。这样的情况下，老板赚大钱，工人挣有限部分的钱,当地的环境资源和周围的老百姓却付出了长远的代价。

1997年,世界银行年会在香港召开。会上提出了一份题为《碧水蓝天》的关于中国环境问题的研究报告,对中国的水污染和大气污染带来的损失进行了计算,包括直接损失、对居民健康的损害造成的住院费用、社会恐慌等。这些因水污染和大气污染带来的损失换算成金钱,结果相当于GDP 8%的价值。这个数字是很让人吃惊的。在讲求经济发展的时期,国家天天强调的、想方设法要实现的就是GDP的高增长。可是考虑到环境成本,我们现在每年8%左右的GDP增长就会被环境污染给抵消掉。

我们现在关于GDP的考核、核算都没有计算环境成本的部分,这个做法还有待改进。环境问题应该受到重视。关于环境成本的研究是很有意义的,研究成果可能会改变政府的决策。

除了我们非常关注的环境污染问题,环境生态恶化的现象也非常可怕。比如说地下水位下降,这是跟我们的生活息息相关的;北京每年春天的沙尘暴也让人很头疼,除了卖纱巾的商人,估计大家都希望沙尘暴最好别来。

环境问题应该引起我们每一个人的关注,它影响着社会的稳定、和谐和公平。受到污染外部性影响的永远是社会的弱势群体。就像河下游的渔民,辛辛苦苦准备工具、原料准备捕捞,然而上游已被企业污染,捕鱼几乎就难以维持。

现实中有很多关于环境污染的纠纷弱势群体无法得到赔偿的案件。在环境污染的纠纷中,一般首先是原告举证,即是说受害人证明自己受害,比如位于大气污染企业的下风向,位于水污染企业的下游等;然后由被告反证,证明自己没有施害条件,双方进行博弈,并没有只需要受害人举证的方式。这种双方的博弈很容易发展到械斗、武力,影响社会安定;此外受害人如果利益得不到保护,又会影响整个社会的公平度和对政府的不信任感。有时候正义要牺牲才能得到,我们都想享受正义的成果,没有人想去牺牲,这也是分散的弱势群体难以伸张正义的原因。

污水的排放有一种难以监督的形式,就是"偷排",即排污管道隐藏起来,甚至直接排到地下,这种排放污水的方式尤其有害。淮河流域有很多小工厂就是通过秘密管道把污水排到河里,给淮河水域带来了严重的河水污染,这已经全国闻名了。其实不光是企业,政府对于建造污水处理厂也是缺乏积极性的,企业不建造污水处理设施是出于节约成本的考虑,政府则是考核激励机制不足,使得地方官员把钱都用到建设面子工程上去,没有人愿意做实效性的环保建设。

环境污染对普通民众的健康带来了极大损害,而对于已经被污染的公共资源,普通民众又没有足够的经济实力拒绝使用。不能让农民不用河水,每天都买纯净水喝。政府必须对此做出回应并采取整治措施。环境问题处理不当,会引起社会不稳定。政府不希望因为环境污染而导致大规模的群众游行、抗争之类的举动,政府对民众的意见还是要认真听取,不能采取漠视的态度。而普通民众如果具有很强的组织能力,能够团结在一起争取的话,往往会取得更好的效果。近些年的一些事例表明,中国民众尤其是农民对于保护自身权益变得更加理智高效了。这是民众的进步,表现了自我维权能力的增强。现在有些人说起环保大道理来侃侃而谈,但是却轻视、怠慢普通民众,并且实际上也没有意愿跟普通民众在平等的位置上讨论问题。

欧洲对环境问题相当重视,在国际外交方面都对其加以考虑。他们认为环境问题会使国际安全受到影响。比如说如果某地污染无法解决,可能会导致大规模的移民,引起国家间和区域间的社会动荡和种族之间的冲突。国家当然希望社会越稳定越好,为了防止这种现象不惜出动包括军事手段在内的各种政府干预。因此,对于我们,搞好环境建设也是为了避免环境问题成为国际社会干预我们的借口,因而国家最高领导人对于环境治理和保护也是很关心的。

第三,谈谈环境问题的国际影响。

就像前一阵子,即 2005 年 11 月发生的松花江污染事件,就其规模和严重程度来说在中国并不特别严重,但是这个事件的处理之所以得到了高层和多方的关注,就是因为它牵扯到了国际污染。在国际污染的事件上,除了解决我们内部政府各部门之间、政府与企业之间、企业与民众之间等的各种矛盾,还要承担国际压力,现阶段中国对于国际压力和国际舆论是非常在意的,因为国际舆论对我国的影响明显。别的国家之间也发生过国际污染,尤其是跨国河流的上下游国家,如果解决不好,严重的可能引起现任政府的垮台。

在松花江污染事件中,我们实际上受到了来自俄罗斯、韩国、日本以及美国各方的很大压力,不仅是一般意义上的关注,还引发了领土纠纷问题。肇事工厂节约成本的把戏给国家带来这么多的麻烦,是造成污染的那些企业老总当初绝没有料想到的。

现在国际上一个专门的国际区域性协定规定:国际水道(河流)非航行利用,包括发电、灌溉、饮用、养殖等,要符合几个原则,要公平合理地使用,不得人为改变,不得对下游造成损害,上游要参照下游的意见,进行开发建设要与下游进行磋商,造成损害的一定要赔偿,即"以下游限制上游"。这个原则对于我们其实是不利的,当时协定讨论的过程中我们就一直在反对,不过最终还是尊重了国际上大多数国家的意见。

第四,关于环境法制问题。

我国现在法制的不完善之处,首先是只停留在表面。我们对于污染的赔偿仅是污染直接带来的物质损失,例如粮食、水果、水产品等,但是对生态环境本身的损害、赔偿、监测、清除、修复,现在还不在我们法制规定涵盖的范围之内。法律上有的只是对"人"的损害,对"人"的赔偿,而相对缺乏对环境的损害、赔偿的概念,这也是我们说"企业污染违法成本低"的原因所在,因为企业造成了污染,事故再大,进行的只是对人的短期而有限的赔偿,中长期的生态领域的赔偿是没有的。而俄罗斯对于我们松花江流域跨国界的污染的索赔,就是说,因为中国的污染,下游相关地区水域的鱼可能在一定时间之内不能安全食用,要赔偿这样的一种长期损失;同时水质要定期进行检测,要跟踪观察。像这种就不是一次性的赔偿,俄罗斯的要求也有其合理性。

其次,就是重视信息公开,如实通报环境事故。比如说吉林曾经发生过一起事故,在本省河流被污染的时候,当地政府部门封锁消息不见报,等到水流到外省引起纷争了才承认,最后闹得全世界都知道。实际上,吉林出事故的那个企业已经存在了五十年,是在建国后第一个五年计划的时候就建厂成立的,所以河流下游的人实际上是喝了五十年的污水,实际利益却一直得不到解决,直到矛盾极度激化了,才引起各方重视,想要一

次性解决。还有,我们的地方保护主义严重,各省之间的关系比欧洲各国都复杂。不仅是各省之间,连市、县、乡、邻里之间在环境问题上沟通都不友好,反映出诸多弊病。

松花江污染事件后,国家环保总局局长辞职。国务院2006年4月召开了第六次全国环保大会,温家宝总理在会上很沉重地提出了在处理环保与经济的关系上国家要实行重大的转变。

关于经济与环境应当协调发展的主张,在学术圈子里面已经很早就提出了,但是由高层领导说出来,让我们觉得政府是下定决心的。温家宝总理要求由重经济轻环保转到环保与经济"并重",从先经济发展后环境保护转变到环保和经济"同步"发展,从主要应用行政手段转向"综合"应用经济、技术、行政和法律的手段。简而言之,三个转变就是"并重、同步、综合"。

环境问题很早就开始引起政府高层注意了,类似于"协调""同步""可持续"之类的政治话语也说过很多,但是在决策过程中如何落实还缺乏相应的规定。上面说过日本上个世纪六七十年代的时候,由于经济首位的发展决策带来了严重的环境问题,在1969年的时候日本召开了一次国会,后来这次国会被叫做"公害国会"。当时只是提倡协调,并没有很强有力地强调环保问题,所以环境还是继续恶化。直到八九十年代,日本政府才下决心确定了环境优先的决定地位。从那之后想要开办一个工厂,如果是环境不可接受的话,就以环境为优先考虑。

我国现在也开始了这种转变。目前我们环境的现状是令人堪忧的,只能寄希望于能够慢慢改善现状。目前的法律还不适应这种转变的大趋势,因为大部分的环保法律都是七八十年代制定的,要进行全面的清理和完善,不适合现状的就要坚决废除。因而,现阶段,我们对于法律的清理要顺应上面说过的三个大趋势。

第五,下面介绍目前环境法律体系的成就和问题。

现在,我国的立法体系主要有以下几部分:环保法、水污染法、大气污染法、放射性污染管理法等几部主要法律,四十几部行政法规,五十多部规章,一百多项强制性国家环保标准,四十余项国际环境条约等。我们现在的环保工作已经实现了有法可依,有污染控制、生态保护和安全、环境管理等多个方面;环保局管污染防治,管生态保护,还管核安全(国家环保总局的大门口还挂着"国家核安全局"的牌子)。我们已经形成了基本的管理制度,对于企业生产的各个程序等都有了相应的规范。

现在的不足和问题的确很多,我主要谈谈环境执法监管过程中遇到的若干具体问题。

比如说超标排污,任何一个法律都没有规定要怎么处理,只是行政制定规则。我们有排污收费制度,但是费用很低,几乎解决不了问题,无法有效限制排污。对于超标排污,我们最高的罚款额是10万,对于重污染的企业来说,这点钱根本就是九牛一毛。

另外,我们的法律还有一个不足之处,对于企业的偷排行为,只能罚款一次,这对于连续性的偷排污染物行为根本构不成震慑。以至于对企业来说,自行处理污水的费用远远高于排污的罚款,自然企业会选择自身支出低的。这种法律实际上是在诱导企业违法。要想达到制裁效果,只能是连续罚款,但如多次实施又可能违反了"一事不再罚"的规定。因此,我们需要借鉴国外的经验,引入"按日计罚"的机制,即在违法行为延续期间,每日处以一定数额的罚款,由此增加对违法者的惩罚力度。

另外,关于制裁污染排放有两项要求,一个是罚款,另一个是要求立即改正。然而"立即改正"对于一些大规模的产业来说是很难办到的,因为很多重工业、老工业的基础设备都是一二十年前建造的,设施不配套,想要立即改正办不到。"立即改正"这个规定,第一不具体,第二不明确,第三还不可行。企业提出的这些问题一方面是有制度缺陷的原因,另一方面企业也根本就没想过改正,因为翻新设备的成本很高。"立即"要求的期限,可以理解成"马上",也可以理解成"近期"。那些确实不能马上改正的,可以有一定的缓行期限。

另外规定的罚款数额是不确定的,可以罚100万,也可以罚10万,这个取决于执行者的行政裁量,因此有很大的不确定性。

目前的法律体系还有一些其他的问题,比如说法律条文之间的重复和互相矛盾。《水污染防治法》中有排污许可证,《大气污染法》中有大气排污许可证,一个由环保部门颁发,一个是政府颁发。企业对这个很有意见,企业生产肯定要排污水,大气排污可能有可能没有,也可能只是一小部分,各个分项进行计算企业排污申报统计的时候就很麻烦。

还有在投资体制方面政府对于民营化的企业监督力度不够。

我国关于环境领域还有很多法律空白，比如对有毒化学品、土壤污染等问题没有具体规定。

我们制定的制度要求管理者具有基础的技术能力，现在基层管理人员是做不到的。这些问题可能是因为我们基层教育不够、一线执法能力不足和听取企业意见不足所带来的。

我们立法的原则是，以加大对环境违法行为的处罚力度为突破口，以增强立法的可操作性为关键，以落实地方政府的环境责任为重点进行环境立法。目前正在进行的一个工作就是研究修改环境法，重点要突出政府的责任。因为到目前为止的法律都是管制企业的，但是实际上在企业身后我们能看到政府调控的手，企业污染政府不会不知道。环境总局如果没有权力和手段，只是等级提升是不能带来实际的环境治理的改善的。与之相关的还要改革干部的考核机制，不能仅仅看GDP增长，而要把修污水处理厂跟修路一样，把治理污染也看做是政绩的一种，那么就会产生地方政府治理环境的动力。

工业化、城市化是国家发展必然经历的阶段，每个国家发展的过程中都遇到过类似于环境污染和生态退化的问题。我们现在恰巧是处于工业发展最迅速的时期，也是污染最严重的时期。我们现在看美国、日本等国家污染治理得很好，但是往前追溯三四十年它们也有这样的问题存在。我们在环境治理过程中，他国的经验、教训是可以借鉴的，意识形态的差别不应当成为环保合作和相互借鉴的障碍。

因此，尽管我国目前的环境状况还不尽如人意，但我们应当有信心，相信经过全社会的共同努力，一定可以让蓝天常在，清水长流。

谢谢大家！

（2007年3月28日）

信息技术与微电子

■ 张 兴

张兴,北京大学教授,博士生导师,国家重大基础研究计划(简称973)项目"系统芯片(System On a Chip)中新器件新工艺基础研究"和"纳米尺度硅集成电路器件与工艺基础研究"的首席科学家,教育部创新团队学术带头人,中国电子学会半导体与集成技术分会副主任,中国计算机学会微机(嵌入式系统)专业委员会主任,《半导体学报》、《北京大学学报》等期刊的编委。主要从事小尺寸MOS器件物理与结构、CMOS集成电路工艺与设计技术、新型纳米尺度半导体器件和集成电路等方面的研究。讲授的"微电子学概论"被评为北京市精品课程,编写的教材获教育部优秀教材二等奖。

主持人:

今天晚上,我们邀请到张兴教授来给大家介绍信息技术与微电子的关系,相信他的介绍会给大家带来很多益处。让我们热烈欢迎张教授给我们做报告。

张兴:

好,谢谢主持人的介绍。应校团委和微电子协会的要求,我今天将向大家介绍一下信息技术与微电子技术方面的情况。我本人是从事微电子技术研究的,所以报告的主要内容是说明一下微电子在信息社会中的重要作用以及微电子发展的现状和趋势。报告大概包括以下几个部分的内容。首先介绍信息的概念,然后讨论信息技术与信息社会之间的关系,这部分将重点讨论微电子与信息技术的关系,最后介绍微电子技术和产业发展的一些状况等。

首先,介绍一下信息的概念。实际上,要给信息下一个准确的定义是挺困难的。从广义上来说,信息就是消息,一切客观的存在实际上都是信息。对于我们一个人来讲,我们的五官甚至包括皮肤等,都可以说是信息的器官,都是一些信息的接受器。比如眼睛可以接收各种各样的图像信息,通过眼睛我们知道自然界是什么样子。耳朵能听到声音,我们的皮肤能感受到天气是冷还是热,这种温度的信息是靠我们皮肤上对温度敏感的一些元素来感受的。所以说信息是无处不在的。既然如此,为什么以前的社会不叫信息社会而现在的社会叫信息社会呢?实际上,在这里面所说的信息往往指的是信息的交流。不能用来交流的信息虽然从广义上来讲也叫信息,但是通常不这样去认识它,不这样去理解它。这至少是我的一个初步的理解吧。从这个方面来讲,信息大概具有这样几个特征:第一,它是可以记录、可以度量的,例如声音,我们可以通过这样一个录音笔把它记录下来。第二,信息是可以识别的,也是可以转换的,可以从一种形态转换为另一种形态。例如我们可以把说话的声音信息通过我们的记录变成文字,然后文字又可以通过 U 盘或者是这样一个 MP3 之类的东西把它变成电信号,它们是可以互相转换的。同时可以借助一些介质对信息进行存储,并且可以对它进行处理。除此之外,信息还具有传递、再生、利用、共享等特点。

在信息社会的发展过程中,大概经历了如下几次比较大的变革,这些变革基本上指的都是信息传递过程中的变革。例如人类语言的产生,应该说是信息发展过程中一个非常大的飞跃,我们从动物进化到人以后,人与动物最大的区别之一就是可以说话。动物的叫声虽然也能传递一些信息,但它们传递信息的复杂程度,是远远比人差的。所以说这是人类信息史上一个最重要的变革,即语言的产生。信息技术的第二个变革是文字的产生,文字的出现使信息可以传播得更广。原来只有语言的时候只能通过人与人的话语互相传播信息,即张三传给李四,李四再传给王五。有了文字之后,特别是后来有了印刷术之后,就可以使大量的人共享同一信息。因为有了印刷术之后,就可以把一些知识通过图书的形式大量印刷,使得这些知识传播得很广,并得以保存和积累。到了近代,随着电子技术的发展,特别是电磁波被人们利用之后,信息传播的速度迅速变快,收音机、电视机接受的信号都是电磁波。这使得信息可以在瞬间之内传遍全世界，例如在大洋的彼岸，发生了一个突发事件，我们很快就可以知道。实际上这是利用电磁波来传递信息的。最近几年，信息传播又进入了一个新的层面，就是网络技术的出现。有了网络之后，我们可以随时随地去搜索我们所需要的信息，而没有网络之前，只能电视台播放什么信息我们接收什么信息，没有选择性。有了网络之后，就可以实现信息的交互传递。通常认为语言、文字、印刷术、电磁波传播、网络等是信息技术五次主要的革命性变化。有了信息技术的这些革命性的变化，特别是有了网络技术或者说是网络技术迅速普及之后，我们开始进入信息社会。只有有了网络这样一种传播方式，才使得整个世界实现了"天涯若比邻"这样一个理想。我们可以随时随地地和世界上的任何一个人去交换信息，这是信息化社会与传统社会的一个重要区别。

在信息化社会里面，我们的生活和传统的社会有什么区别？信息技术的出现对我们的生活有什么影响呢？下面举一个例子来说明这个问题。以一个大学生一天的生活为例，来看一下我们今天的生活跟你们的父辈或者祖父辈有什么区别。作为一个大学生，早上的第一件事可能是被计划表中的闹钟叫醒，不过现在很多同学已经不用真正的闹钟了，因为手机都具有闹钟功能，这个手机闹钟，实际上就是信息技术的一个初步体现。闹醒了之后，你可能要去跑步，在跑步的过程中，你可以拿着一个调频收音机，边跑步边听一下英语新闻，这样不仅可以了解世界上发生的一些大事，同时还锻炼了自己的英语水平。跑完步之后，回到宿舍上网看一下天气预报，然后决定今天出门的时候要不要带雨伞。上课之前还要登录到相关的课程网站上，把老师要讲的课件下载下来，以便提前作一个预习。上课时，在老师讲得不够精彩的空隙，用手机偷偷地给远方的朋友发了两条短信。到了下午，先到图书馆的网站上去查询并预定了几本参考书，等到下课之后就可以去图书馆把这几本书借来。然后又到BBS或者新华网上去看看这一天发生的新闻。做完作业之后，通过e-mail把作业传给助教。刚把作业发给助教之后，突然电脑被病毒攻击，中招之后，又花了一个小时的时间来更新病毒库，以消除这个病毒。网络技术对信息传播起到了巨大的促进作用，但它也存在一些让人烦恼的地方，任何事物都是辩证的嘛。把电脑病毒清除之后又上QQ找人去聊天，没想到在聊天过程中被你老妈抓住，询问了一下你的学习情况。晚上又到网上下载了一个电影大片想解一下闷,结果没有找到,非常郁闷。于是就找同学在网上打了一会儿网络游戏,以消磨时间,消除郁闷。最后想起来还有一场足球比赛,便打开 IPTV 去看,最后听着 MP3 播放的立体声安然入睡。大家想象一下你这一天的生活,在 20 年以前这是不可想象的。

所有这些信息传播的实现主要依靠的是一个巨大的网络,通过网络中各种各样的电子设备,把你和世界上任何一个角落的朋友联系在一起。所以说要实现这样一个信息社会,关键是要有这样一个网络及网络上连接的各种各样的电子设备终端。而网络上的这些电子设备,如下图所示,都是很常见的,例如笔记本电脑、数码相机、MP3 等等。这些电子设备的诞生都是依靠大量的电子科学技术的创造发明实现的,微电子技术就是实现这些电子设备的基石,可以说没有微电子技术就没有如此众多、性能优良、小巧精致的电子设备。

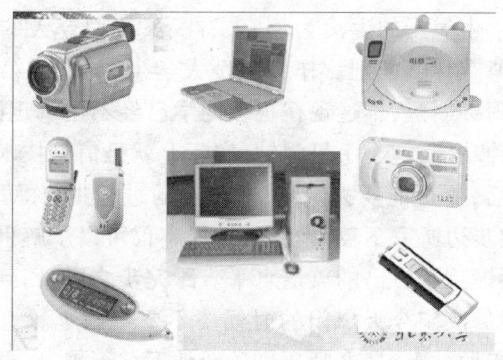

就以我这个手机为例,来看看这个手机都是由哪些部分组成的。首先看它的外表,手机的背面有一个小的摄像头,现在的摄像头有两种,一种叫 CMOS 的摄像头,一种叫 CCD 的摄像头。CMOS 是一种最基本的微电子技术,因为在微电子组件之中,CMOS 类型的电路占到了 90% 左右,所以说这个摄像头实际上就是微电子的一个组件。再看它的正面,正面的主要部分是一个显示器,对这种显示器我们通常称之为 TFT 显示器。TFT 是什么意思? TFT 就是 Thin Film Transistor,即薄膜晶体管驱动的一种显示器。晶体管大家可能都听说过,晶体管实际上是微电子中的一个最基本的元件,集成电路通常都是由大量晶体管组合而成的。这个显示

信息技术与微电子

器是利用薄膜晶体管来驱动的,所以说 TFT 显示器也是和微电子技术密切相关的。现在来分析一下手机的功能,手机最基本的功能是能够接收和发射声音信号,这个功能就是由微电子集成电路组成的一个收发模块实现的。同时手机还可以存储你朋友的电话号码,也可以收发短信,存储短信,因此手机中要有存储信息的存储器,存储器是微电子技术中的另一类重要器件。另外,为了管理手机中的各种信号和组件,手机中通常还会包括嵌入式数字信号处理器、用于转换模拟与数字信号的转换器等各种类型的集成电路。所以对于手机而言,除了嵌入式软件、电池、外壳之外,其他的部件均是以微电子技术为基础或者与微电子有密切联系的,微电子技术的重要性可想而知。另外,像 MP3 则更是以微电子为主的了,它内部最核心的部分实际上就是一个大容量的存储器芯片。

所以说,微电子是信息社会的基石这句话是一点都不过分的。为了说明这一点,我们再来看一个例子,就是在没有微电子的时候计算机是什么样子的,下图显示的是世界上的第一台计算机的局部照片,该计算机于 1946 年诞生在 Moore School, Univ. of Pennsylvania,它的名字叫电子数值积分与计算器。当时这台计算机放置在大约 100 平方米的一个大房间里,该照片显示有 2 个人正在该房间内操作该计算机。这台机器的重量约 30 吨、功率 140kW、运行速度只有 5 000 次/秒左右,另外还有一个非常糟糕的指标就是平均无故障运行时间约 7 分钟左右,也就是说该机器平均运行了 7、8 分钟就可能出现一些小毛病,所以使用这台计算机的时候需要有工程师陪着才行,一旦机器出了毛病之后可以及时修理。为什

147

么那个时候的计算机会那么庞大,而今天的计算机则如此小巧玲珑且功能如此强大呢?主要原因就是1946年的时候还没有微电子,第一个晶体管是1947年才出现的。该计算机是使用约18 000个电子管组成的电子电路来实现该计算机的运算功能。没有微电子时候的电子装备是非常笨重和庞大的,如果要拿电子管做一个今天日常使用的手机的话,我估计一个1 000平方米的房子都装不下这样一个手机。所以说没有微电子,信息社会是不可想象的。大家可以想象一下,这样的计算机能够进入办公室,能够进入家庭吗?显然是不可能的。

今天的计算机可以说无处不在,没有人确切知道现在世界上有多少台计算机,但数亿台是肯定有的。正是有了集成电路,有了微电子技术的出现,才能使得目前电子系统迅速小型化、价格急剧下降、功耗和故障率迅速降低。

讲到这里,大家可能会问,什么是微电子?先给大家来解释一下,微电子,顾名思义,就是微型的电子学,就是在一个半导体晶片上实现各种各样复杂的电子电路,然后该电路作为一个整体进行工作。集成电路中器件的尺寸是很小的,通常是微米甚至纳米量级,目前最先进的集成电路制造生产线的最小特征尺寸已经达到65纳米。65纳米是什么概念?1毫米等于1 000微米,1微米又等于1 000纳米,大家可以想象一下65纳米有多大,我们拿肉眼是看不见的,必须在高倍显微镜下才能看到微电子器件的庐山真面目。正是由于半导体特征尺寸迅速缩小、价格迅速降低、功能迅速提高才使得微电子器件无处不在,才成为信息社会的基石。我想,现在在座的每个人的兜里装的晶体管的个数都不会少于一亿个,你只要有一个手机,那肯定就超过一亿个了。你如果有一个U盘,例如256MB优盘,它里面包含的晶体管的数目也会超过一亿个,因为存储一位数据至少要用一个晶体管,256MB的U盘就会至少包括2.56亿个晶体管。你再有个MP3,MP3的存储容量一般也不会小于几百个兆,晶体管个数也不会少于几亿。如果没有了微电子,你就没有了手机,没有了U盘,没有了计算机,你可以想象一下这个世界会是什么状态?因此可以毫不夸张地说,微电子是整个电子信息产业的基石。2005年全世界生产的晶体管个数已经突破10^{19},全世界平均每人就有一亿多个晶体管。

前面主要讨论了微电子与信息技术、信息社会的关系,分析了微电子

信息技术与微电子

的重要性，这部分内容就算这个报告的绪论吧。下面咱们回顾一下微电子技术简要的发展历史，让大家对微电子技术发展状况有一个大概的了解。

在微电子的发展史上，下图所示的晶体管是一个最重要的里程碑。世界上的第一个晶体管是由三位科学家，即 Schokley、Bardeen 和 Brattain 于 1947 年发明的。这个晶体管看上去虽然简陋，但它对信息社会的贡献却是非常巨大的，正是该晶体管的发明拉开了微电子技术的序幕。为了表彰三位科学家对人类社会作出的重大贡献，1956 年，也就是他们发明晶体管后的第 9 年，将诺贝尔物理学奖授予了这三位科学家。今年是晶体管诞生 60 周年，所以微电子学的历史非常短，它不像物理学、化学等都有数百年甚至上千年的历史。微电子的历史虽然短，但微电子技术的发展却是十分迅速的。

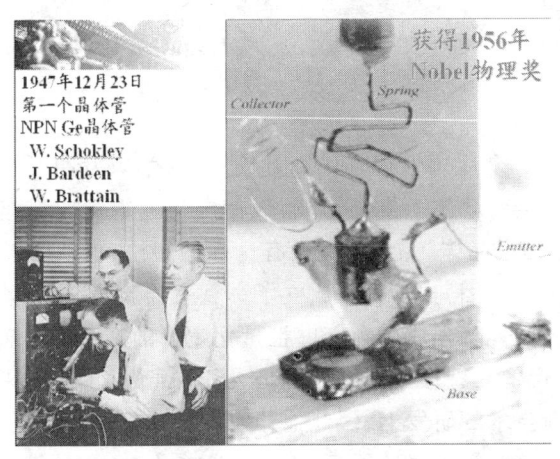

在微电子科学技术发展史上第二个重要里程碑是 Kilby 先生发明的集成电路，下图是世界上第一个集成电路的照片。Kilby 先生的这一重大发明获得了 2000 年的诺贝尔物理学奖。说实话，当时我听到这一消息时感到很惊讶，因为在诺贝尔物理学奖的历史上授给工程性较强的发明成果是比较少见的，诺贝尔奖通常都是授予一些在基础研究领域有重大贡献的科学家，这是 Kilby 先生得诺贝尔奖的一个不同寻常之处。另一个不同寻常之处则是 Kilby 先生发明集成电路是 1958 年，而他得到诺贝尔

149

奖是2000年,整整间隔了42年。这两个不同寻常之处也从另一个侧面说明了集成电路的发明对人类社会的贡献实在是太大了。

1958年第一块集成电路：TI公司的Kilby

微电子是一个应用性很强的行业,很多科学家发明了一种新的器件或者技术之后会将该技术推向市场,以使之迅速得到广泛应用。肖克莱(Schokley)发明了晶体管之后,他也有这样的想法,他认为晶体管具有非常大的商业价值。因此,肖克莱成立了肖克莱实验室,成立该实验室的目的就是希望把晶体管做成一个能够批量化生产的产品。虽然肖克莱是一个大科学家,但他在管理方面好像不是十分在行,他的主要兴趣和主要精力仍然放在新技术的研发上,因此他的实验室运行得并不是十分理想,这导致了他手下的八员大将的不满,于是这八个人在1957年集体向肖克莱提出辞职。肖克莱听到此消息后非常生气,就骂他们八人是八个叛逆,这就是在硅谷非常著名的所谓"八叛逆"。这八个人离开肖克莱的公司后,在一个经销摄影器材的商人的资助下成立了一个新的公司,这个公司叫Fairchild Semiconductor,即仙童半导体公司。我不知道大家听没听说过这个仙童半导体公司,这个公司现在的名气虽然不是很大,但在上个世纪60年代却是非常辉煌的,在1967年的时候该公司销售额已经接近两亿美元,两亿美元在那个年代是一个非常大的数字。仙童公司取得了非常大的成功,但是由于投资仙童公司的老板对微电子这个行业不是很了解,所以仙童公司挣了钱之后他就把利润抽走,来支撑他做摄影器材的公司。他的这一做法使仙童公司的发展受到了非常大的制约,所以这八个人对这个老板非常不满,陆陆续续地离开了这个公司。最早离开的是Grinich,后来Hoerni也离开了,成立了一个叫Signitics的公司。仙童公司里的很多人跳槽后成立了很多公司,其中包括最著名的Intel公司、国家半导体、AMD公司等。在20世纪80年代,一本叫《硅谷热》的畅销书中写道,当时硅谷中有70多个与半导体有关的公司,其中有一半是由仙童或者是仙童延伸出来的公司再延伸出来的,也就是说有一半的公司都是与仙童有关的。仙童公司实际上成了微电子行业的摇篮。在1969年于森尼维尔举行的世界半导体大会上的400位与会者中,只有24个人没有在仙童公司工作过,所以说仙童在世界微电子的发展历史上扮演了一个非常重要的角色。

Intel是目前微电子领域最大的公司,它于1971年成功制作出第一个微处理器(CPU)4004,然后又陆续推出8080、8086、80286、386、486、奔腾系列等,直到今天,Intel仍然是微电子行业的领军者。Intel实际上是两个英文单词Integrated Electronics的缩写,它的名字即集成电子,也就是集成电路的意思,所以Intel这个名字代表的就是集成电路的意思。

而在微电子发展历史上,有一个非常著名的定律叫摩尔定律。摩尔定律是八叛逆之一也是Intel公司创始人Moore给出的一个预测,即集成电路的集成度以每三年翻两番的速度发展。从他预测之后到现在,微电子技术基本上是沿着这条道路在发展。每三年翻两番这种以几何级数递增的速度是一个非常快的速度。不知道大家有没有听说过一个寓言故事,就是说一个智者跟一个国王下棋,下棋赢了之后,国王问他要什么赏赐。他要的赏赐是在棋盘的第一个格里放一粒米,第二个格里放两粒,第三个格里放四粒,依次类推。大家知道国际象棋有64个格,等他放到第64个格时就是一个天文数字了。而微电子经过几十年的发展,一直沿着这条几何级数增长的道路在走。1971年Intel推出的第一个CPU 4004只有2300个晶体管,1989年推出的486就已经有120万个晶体管,而到了2007年的时候,我们现在的CPU芯片中则包含有数亿个晶体管。这还不是目前规模最大的集成电路,集成规模最大的集成电路通常是存储器芯片，目前最大规模的集成电路中已经包含超过百亿个晶体管的集成度。微电子技术的发展是非常迅速的，2007年特征尺寸为65纳米的技术已经开始批量化生产，45纳米的技术已经在实验室研发成功，距离批量化生产也不是很远了。在国内，位于北京亦庄的中芯国际集成电路制造公司90纳米的集成电路技术已经开始生产，我国集成电路制造业水平与国际上的差距也在逐渐缩小。在集成电路的规模与性能迅速提高的同时，集成电路的销售价格却在迅速降低。打一个比方，假设你要购买1M位的存储器，在1973年的时候差不多要花掉购买一栋房子的价钱，1981年的时候差不多与购买一个电视机的价钱相当，1990年的时候大约只要花一盘菜的价钱，而到了2000年，可能只要花一张纸的价钱就够了，今天我们要买1M位的存储器，我估计只要零点零几个美分。正是因为集成电路的价格迅速降低，才使得我们兜里能装得起一亿个晶体管，要是一直保持1973年的那种价格，集成电路绝对不会像今天这样普及。

微电子发展的历史很短，但是发展速度却非常快。微电子技术发展到今天，基本上是沿着摩尔定律预测的速度在进行，但微电子技术发展到今天也面临着很多问题需要解决，如果这些问题得不到很好的解决，对微电子今后的发展会造成很大的制约。

微电子进入纳米尺度以后，面临的一个重要问题就是功耗问题。你们如果打开过计算机就会知道，在大多数计算机的CPU上面都背有一个小风扇，为什么要背这个小风扇？因为CPU芯片是在一个指甲盖大小的硅片上集成了数亿个晶体管，这些晶体管工作的时候是要发热的，这个小风扇的作用就是为了使CPU更好地散热，否则就有可能把CPU烧坏。随着集成电路器件尺寸越来越小，集成密度和集成规模越来越大，集成电路芯片温度升高的问题变得越来越严重。如果不采取措施的话，随着集成电路规模的增大，芯片表面的温度甚至有可能把自身烧坏。因此，集成电路自身发热的问题已经成了制约微电子技术发展的一个非常重要的瓶颈。

第二个影响集成电路发展的问题是泄漏电流。泄漏电流是指器件在不工作也就是待机时的电流，这个电流越大，器件的静态功耗越大。要降低待机功耗，就需要降低器件的泄漏电流。但随着集成电路器件特征尺寸的缩小，这个泄漏电流却呈增大的趋势，因此减少纳米尺度微电子器件泄漏的电流是微电子领域的另一个重要问题。

第三个瓶颈是互连的问题。我们知道,一个芯片内部可能包含数亿甚至数十亿个晶体管,要把如此众多的晶体管根据我们的需要连接成一个电路,连线的复杂度随着集成电路规模的扩大变得越来越高。就像北京这样一个1000多万人口的城市,解决交通问题是目前北京面临的一个重大问题一样,在大规模集成电路中,互连线问题也变得越来越严峻。

第四个瓶颈问题是如何将各种不同类型的电路有机地集成在一个芯片中。原来的集成电路通常是实现一种特定的功能,例如存储器芯片、CPU芯片、A/D转换器芯片等,而现在的系统集成(SOC)芯片,则是在一个芯片中同时包含了CPU、存储器、A/D、D/A,甚至射频信号的接收与发射模块等。把这些不同类型的模块制作到一起之后,如何避免这些模块之间的相互影响,使它们互相兼容、协调一致地工作,是目前SOC集成技术所必须要解决的一个问题。

上面提到的这四个问题,是目前纳米尺度集成电路发展过程中面临的一些重要瓶颈问题。这些问题的出现,对我国的微电子科学技术和产业而言,既是一个挑战,也是一次很重要的机遇。因为目前国际上对这些问题也没有一个很好的解决方案,我们如果能够取得一些重要突破,就有可能后来居上,为建设微电子强国而奠定基础。

基于这些分析,下面对今后一段时间微电子技术发展的趋势做一个预测。首先来解释一下为什么要对微电子技术的发展趋势做预测？我们做预测的目的是什么？预测的主要目的就是要看清数年之后,什么样的微电子技术是领先的,这样对于像我这样的一个教师而言,我就可以尽快开展相关的研究工作,以确保数年以后的研究成果能不落后于同行,甚至可以处于领先的水平。对于一个公司而言,就可以提前研发数年后能够引领潮流的微电子产品,以保证公司的领先地位和高额利润的获得。像Intel公司,就有很多人在从事这方面的研究工作。对于你们在座的各位而言,你们要预测数年后什么样的产业是朝阳产业,这样你们现在就可以选择这个专业去学习,数年以后,就能够更好地去实现你们人生的价值。

根据我看到的一些资料,并综合其他人的一些观点之后认为,微电子技术在今后的十几年,预计会在以下三个方面得到快速发展。第一个就是微电子技术的特征尺寸将会继续变小,第二个是集成电路将逐步发展成为系统芯片,第三个是微电子技术将与机械、生物、光学等其他技术相结合,从而产生一些新的学科和一些新的增长点,微机电子系统和生物芯片就是其中的典型代表。下面就根据这三个方面给大家做一个简单的介绍。

在过去几十年,微电子技术基本上按摩尔定律预测的速度发展,即每三年集成度翻两番,特征尺寸缩小为原来的0.7倍左右。目前,65纳米特征尺寸的集成电路技术已经进入批量化生产。根据ITRS的预测,在未来十几年内,微电子的特征尺寸会继续按摩尔定律的预测缩小。到2020年,14纳米的技术将进入批量化生产,这时集成电路中最小尺寸器件的物理栅长只有6纳米。随着器件尺寸的缩小,总有一天器件的特征尺寸无法再沿摩尔定律预测的速度继续缩小下去。因此现在社会上有一种观点认为集成电路的特征尺寸不能再缩小之后,微电子是不是就走到头了。我觉得这是一种误解,微电子技术的特征尺寸达到它的极限,也就是不能再继续缩小之后,也并不意味着微电子技术就走到头了。我认为微电子技术在按摩尔定律发展的时期仅仅是微电子技术的婴幼儿时期,而摩尔定律不再适用之后,微电子技术将步入它更加辉煌的成熟期。一种技术在它的起步期,技术进步的速度是很快的,步入成熟期以后,技术发展速度会放缓,但技术的内涵会越来越丰富,微电子技术的内涵就是集成电路特别是系统集成芯片设计技术。人的成长过程也是类似的,幼儿园的小朋友一年长高七八厘米是很正常的,在座的各位一年要长这么高可能就有点困难了,但你们的知识、你们的素养、你们的内涵则是越来越丰富。刚才是打了一个不一定恰当的比喻,但其中也时有一定道理的。首先,目前我们还很难找到一种有可能替代微电子的新技术。近年来纳电子技术发展得十分迅速,但纳电子要实现在一个芯片上集成数亿、数十亿个器件的技术,短期内还有较大的难度,还需要一系列技术和理论上的重大突破。另一方面,根据比较保守的预测,微电子技术在2020年的时候特征尺寸将进入14纳米技术时代,这时的微电子技术早已进入了纳米尺度的范畴。我觉得微电子技术和纳电子技术的区别并不是微米尺寸器件和纳米尺寸器件的区别。我的理解是微电子是指采用光刻、掺杂、制膜等从大到小的加工方法实现各种功能电子器件的一种技术;纳电子技术则是通过分子原子自组装的方式从小往大加工成各种电子器件的一种技术。所以说微电子与纳电子并不是以尺寸来划分的,它们指的是两种不同类型的加工方法。目前,这两种技术正是沿着两条不同的路走到了一个交汇点上。两者之间将各取所长,互相融合发展,最后形成更强性能的电子器件。目前比较大众化的观点认为,微电子技术比较适合于制作逻辑器件,而纳电子技术在存储、传感等方面可能会有较大的优势,微纳技术的融合可能会是今后相当长时期的一个重要发展趋势。

集成电路特征尺寸缩小的速度放缓以后,集成电路的设计技术依然会有很大的发展空间,特别是近年来快速发展起来的系统集成芯片的出现,使微电子技术进入了一个新的时代。所谓系统集成芯片,就是指把原来组成系统的 CPU、DSP、存储器、接口电路等各种不同类型的电路全部集成在一个芯片内,一个芯片就是一个系统,即 System on Chip。现在的很多电子系统要利用很多种不同类型的集成电路通过印刷电路板来实现,在这些系统中,虽然集成电路的速度可以很高,功耗也可以很小,但由于印刷电路板的连线较长,造成的连线延迟、噪声、可靠性还有重量等问题已经不能满足高性能系统的需求;另一方面,随着集成电路技术水平的提高,已经有能力将整个系统的数亿晶体管集成在一个芯片上,正是在这种需求牵引与技术推动的双重推动下,系统芯片诞生了,现在系统芯片进入了快速发展期。在系统芯片之前,系统是由集成电路、周边外围电路和印刷电路板组成的;进入系统芯片时代之后,由 IP 核、胶连逻辑和超深亚微米集成电路制造工艺即可实现一个系统芯片。IP 核就是指可以重复使用的具有知识产权的集成电路设计的数据,胶连逻辑则类似于原来系统中的外围电路。打一个比方,设计集成电路的掩膜版图与画画有很多相似之处。假设我要画一幅百米长卷,其中会用到很多马,而徐悲鸿先生是最好的画马的画家之一,这时候我就不画马了,而是找拥有徐悲鸿的马的知识产权的人,把他画的马的数据买过来,放到我这幅画里面即可,这样既提高了完成百米长卷的速度,又提高了我这幅画的水平。系统芯片中的 IP 核就类似于徐悲鸿先生画的马。目前在微电子行业中已经产生了一批专门以设计 IP 核为主业的公司,这些公司拥有大量精通某一类电路设计的工程师,然后把经过精心设计的某一类电路的数据,例如 CPU、DSP、接口电路等卖给进行系统集成芯片开发的公司,使得系统芯片开发的能力和速度快速提高,大大提高了系统芯片开发的效率。由于 SOC 设计可以从系统级、逻辑级、电路级甚至到器件级进行通盘考虑,同时还可以节省大量原来集成电路中的信号输入/输出单元,因此 SOC 技术的出现使得芯片设计的效率和性能都得到了迅速提高。SOC 被认为是集成电路设计技术的一场革命,很多人认为,目前已经进入系统集成电路芯片的时代,这已经成为微电子技术持续发展的一个重要动力。

微电子技术发展的第三个方向是与机械、生物、光学、化学等学科相互融合,这样就可以产生一系列新的增长点,微机电系统和生物芯片技术是这方面的两个重要热点技术,下面就简单地介绍一下微机电系统。

如果把一个人比作一个系统,微电子技术就代表了它的控制系统——大脑。有了微电子之后,使系统的控制部分缩小了,但系统的执行与传感部分并没有缩小,而微机电系统(MEMS)技术则可以使系统的传感与执行部分缩小,从而实现微小型的电子机械系统。什么叫传感器与执行器呢?打个比方,早晨起床以后,皮肤上面的温度敏感细胞感应到温度信号之后,把温度信号经过转换后传送给大脑,大脑进行运算,运算后初步估计认为今天的气温有 30 度时,穿一件短袖的衬衫就够了。做完运算之后,大脑发出指令,指挥你走到衣柜前拿出你要穿的衣服,然后出门上课去。这样一个过程,皮肤上的温度敏感细胞实际上是一个温度传感器,腿和手是一个执行部件。如果我们系统中的执行部件、传感部件都利用与微电子技术类似的技术和集成电路集成在一起,组成一个系统,这种系统就被称之为 MEMS 系统,即微机电系统。MEMS 系统是指将信号传感部分、信号处理部分和执行部分集成在一起的系统。

MEMS 的应用很广,例如汽车中安全气囊的控制部分就是一个将加速度表和外围处理电路集成在一起的加速度计。利用它可以测试移动物体的加速度值,因为汽车在发生撞车时,加速度是变化最大的一个物理量。它测试到加速度的变化后,会进行运算和判断,只有加速度大于一定的数值时才认为是撞车,才会将安全气囊充气,以保护汽车内乘员的安全。

MEMS 的种类是很多的,除了加速度计之外,还有角速度计、压力传感器、光传感器、化学传感器、各种执行器等等。利用 MEMS 技术已经可以制作出像蝴蝶大小的飞机等,这种微小型系统的用途是十分广泛的,近年来 MEMS 技术发展十分迅速,很多 MEMS 器件已经得到广泛应用,现在的 MEMS 产业年产值已达数十亿美元。

下面介绍一下我国微电子技术发展的历史和现状。我国微电子技术的起步还是比较早的。1956年由北京大学、复旦大学、南京大学、吉林大学、厦门大学联合在北京大学物理系成立了中国的第一个半导体专业。当时这个专业的教研室主任就是2001年获得了全国最高科学技术奖的黄昆院士。1976年,我国的第一块大规模集成电路诞生在北京大学。20世纪80年代,我国的集成电路产业初步形成了制造业、设计业、封装业三业分离的状态。2000年以后,我国的微电子科学技术和产业得到了飞速发展。为了推进国家集成电路的发展,我国于2001年成立了北京、上海、无锡、杭州、成都、西安、深圳等7个集成电路的产业化基地,同时为了加快集成电路人才培养的速度,在2003年批准了首批9个大学建立国家集成电路培养基地,后来又陆陆续续增加了11所学校,现在有20所学校已经或正在建立国家集成电路人才培养基地,其目的就是希望尽快培养出一批高水平的集成电路专业人才,以解决目前集成电路专业人才奇缺的状态。为什么说现在的集成电路人才奇缺?主要是进入新世纪以后,我国的集成电路制造业和设计业均进入了快车道,中芯国际北京工厂12英寸生产线的制造工艺水平已经达到90纳米,除此之外还有无锡海力士、中芯国际上海厂和天津厂、上海宏力、上海华虹、上海TSMC、苏州和舰等一批高水平的集成电路制造厂,珠海矩力、中星微、大唐微电子、海思半导体、华大等一大批集成电路设计企业在短时间内迅速崛起,对人才提出了巨大需求,而人才培养又是一个长期的过程,因此造成了众多集成电路企业人才短缺的局面。

近年来,我国的微电子产业面临着一个欣欣向荣的局面,每年的增长速度是很快的。但尽管如此,我国生产的集成电路仍远远满足不了巨大的需求。据统计,2005年我国集成电路的销售额是360亿美元,而我国集成电路制造业和设计业的产值只有八十几亿美元。2006年初出版的 *Electronic News* 杂志报道的数据也表明,2005年中国半导体市场增长了32%,销售额达到了408亿美元,首次成为集成电路销售额最大的一个市场,同时也是增长速度最快的一个市场。但是我国集成电路制造业和设计业的产值只占到我国销售额的20%左右,这个差距是很大的。再给大家看一个我国2006年进出口商品的数据,这是我前几天在商务部网站上下载的一个数据,这个数据给出了我们国家进口集成电路及其微电子组件的进口额。虽然目前我国整体上的对外贸易是顺差，但是对微电子与集成电路而言则是很大的贸易逆差。2006年我国进口的集成电路和微电子组件的总价值是1 063亿美元，是我国进口总额最大的一类商品，是我国进口石油总额的1.6倍左右。

目前，我国已经成为名副其实的集成电路销售大国，但作为一个拥有13亿人口的社会主义大国，仅仅做消费大国是远远不够的，我们的确也正在向集成电路制造大国方向迈进，但是我们现在距离微电子强国依然有很大的距离。这主要体现为我们所拥有的具有自主知识产权的技术太少。据统计，截止到2004年年底，国际上有关集成电路领域的专利总量是100多万件，而我国在集成电路领域的专利总量只有2万多件，这个差距是很大的。如果我们不掌握具有自主知识产权的核心技术，今后要发展成为微电子强国是很难的。所以国家对这个问题也非常重视，在国家重大科技发展规划的16个重大科技专项中，有两个是与微电子密切有关的，第一个是核心电子器件、高端通用芯片及基础软件，第二个是极大规模集成电路制造技术及成套工艺，这从另一个侧面说明国家对微电子技术的重视。

国家之所以如此重视微电子技术，主要是因为微电子技术对我们国家实在是太重要了，下面就举几个例子。记得十多年以前，我们还在讨论乐凯胶卷如何才能不被富士、柯达胶卷打败，以保护民族胶片业。现在十多年过去了，乐凯胶卷并没有被柯达、富士胶卷打败，但是现在也没有人再用胶卷拍照片了，因为我们现在用的都是数码相机，整个胶卷的市场都被微电子行业给抢过来了，这在十多年前可能还是很难想象。计算机软盘也没有人用了，现在大家都在使用U盘。再举一个二代身份证的例子，二代证实质上就是一个非接触式的IC卡，全国人民每人一张就有13亿张，每年还会出生大量的小朋友，这个市场不仅大，还关系到国家的安全问题。除此之外，像数字电视、个人移动数据终端、汽车电子等的市场都非常巨大。我们还要实现民族的伟大复兴，仅仅靠传统的产业是很难实现的，我们必须发展我国的信息产业，而微电子正是信息产业的基石。未来十余年对我们国家的微电子产业来说是一个非常重要的时期，目前这个问题已经引起国家和地方的高度重视。

下面用几分钟时间非常简单地介绍一下北京大学的微电子学科。北京大学微电子学科的前身是在黄昆院士领导下于 1956 年五校联合在北大成立的半导体专业,1976 年我国第一块大规模集成电路 1K 存储器在北大诞生,1978 年在王阳元院士领导下成立了北京大学微电子学教研室,在 2001 年的国家重点学科评选中以优异的成绩被评为国家重点学科。目前,我们拥有一个微米/纳米加工技术的国家级重点实验室、一个微电子新工艺新器件新结构电路的专项实验室和一个北京市软硬件协同设计高科技重点实验室。北大微电子学领域的研究方向主要包括三个方面,即纳米尺度微电子新结构器件及其集成技术、集成电路和系统集成芯片设计技术、MEMS 技术。在这三个技术领域均取得了一系列创新成果,为我国微电子技术的发展做出了重要贡献。其中在纳米尺度微电子新结构器件领域,北大作为牵头单位,已经连续承担了两个国家 973 项目,在该领域,我们的研究工作主要包括亚 50 纳米新器件结构、器件物理及其模型模拟、基于碳纳米管的纳米器件等。我们已经成功地研制出沟道长度为 32 纳米的新结构器件,发表了大量学术论文,申请了一批专利,为今后开发纳米尺度集成电路技术起到了促进作用。在集成电路和系统集成芯片设计领域,我们在器件参数库、单元库、IP 库建设方面形成了自己的特色,得到了同行们的认可,在 RF 电路、模拟电路方面取得了系列成果。在 MEMS 领域,我们在 MEMS 加工技术、惯性 MEMS 器件、RF MEMS 器件、MEMS 封装技术方面均取得了很好的成果,部分已经得到较为广泛的应用。

在人类社会的发展过程中,人们习惯利用当时的一种代表性技术来命名这个时代。例如公元前 3000 年以前的时候叫做石器时代,公元前 3000 年到公元前 1200 年为青铜器时代,从公元前 1200 年到 1968 年叫铁器时代,所谓铁器时代应该是指以钢铁技术为代表的机械工业的时代,这样可能更确切一些。有人认为从 1968 年开始,人类社会进入了一个以硅技术为代表的信息技术的时代,即硅器时代。为了证明该观点,人们列出了很多论据,其中比较重要的一个论据是统计了世界上数千种学术期刊的论文后发现,从 1968 年开始,以硅为代表的信息技术的论文超过了以钢铁为代表的机械工业的论文,而且这一差距越拉越大。另外,从 2000 年开始,以集成电路为基石的电子信息产业成为世界上第一大产业,这也

从另一个侧面佐证了进入以硅为代表的信息时代这一观点。至于硅器时代能持续多久,很多人的说法差别很多大,我也不敢妄加论断,但我想在我们能够看到的将来,我们处于这个时代应该是没有错的。

从历史上来说,没有微电子就没有今天的信息社会,因为没有微电子,就不可能有今天这样精致小巧、功能强大的电子装备。从目前的状况来说,如果没有强大的微电子产业,那我们的信息产业也只能是一种空"芯"的产业,就不可能进入信息技术的最前列,只能跟在别人的后面跑。所以,我们要成为信息技术的大国、强国,首先就要努力发展我们具有自主知识产权的微电子科学技术和产业。我深信,我们的微电子强国之梦肯定能够实现。

我的报告就到这儿,谢谢大家!

(2007年5月10日)

全球化的经济特点和中国数字产业的发展情况

■乔世赵

乔世赵,男,北京大学数字中国研究院理事,北京大学产业研究中心副主任,中国测绘学会常务理事,英国国际顾问有限公司,永通国际顾问有限公司,香港空间信息技术研究院资深顾问,原徕卡公司中国公司副总裁。多年以来活跃在中国测绘行业,与中国测绘行业各界人士保持了良好而真挚的友谊。在其服务徕卡公司的20多年中,结合应用国际最先进的测量技术,全身心地投入和参与了中国测绘事业的发展,通过其渊博的学识、创造性的管理思路、平易近人的工作作风,不断地与广大热爱中国测绘事业的人士共同探讨研究,相互学习,积累了丰富的测量技术应用经验。乔世赵先生积极倡导,结合瑞士徕卡公司在 Geomatic 地球空间信息领域的研究成果,把地球空间信息产业的概念全面引入中国测绘领域。近年来,在数字中国、数字城市、数字经济与数字产业方面作了许多研究和探讨,在高等院校和业界作过许多演讲。

今天我来这里演讲,是来讨论全球化的经济特点和中国数字产业的发展情况。这里面包含四五个问题,内容比较多,有些幻灯片会很快略过。如果大家有什么问题的话,可以提出来一起探讨。

我们说全球化是世界经济经历了三个时代,而对其整个发展历程又有人提出另外一种看法:几千年的农业社会,两三百年的工业社会,以及2000年以后进入信息社会,这样就划分为三个时代。工业时代以工业革命为开端,就是从瓦特发明蒸汽机开始,相信这是大家都非常了解的。而我们讲的信息时代,其在2000年以后创造出的产值怎么样那是自不必说了。全球化的三个时代又可分为国家全球化,即从1492年哥伦布发现新大陆开始,这个时代的全球化以国家为依托,以帆船为工具;第二个时代是以工业革命为开端,蒸汽机、电报、电话的出现为其显著标志;而后电脑、光纤等先进通讯工具的出现把整个世界连成一个地球村,随之而来的是公司全球化时代,如 IBM,GE,GM……这些公司的业务逐渐遍布拓展到全世界。自 2000 年以来是个人全球化,即是个人和小团体思考着自己在全球化当中的位置及所起的作用。而近代以来的交通工具革新带来的国家全球化、由于通讯工具出现而产生的公司全球化和信息网络下的个人全球化,则是体现个性化和信息化。我们知道,全球化和信息化是把地球变得更小了。比如在美国,前台存放的航空行李丢了,你打电话查问,接电话的人可能是位于远在地球另一半的印度;如果你的软件出了问题而想要寻求技术支持,那工程师很可能会在墨西哥或印度。为了使顾客感到亲切而没有跨越半个地球的感觉,相关的服务人员就学各种语言的方言,而事实上这些人可能都是地道的印度人。这种现象的代表无疑是以麦当劳为代表的这些全球性的企业,下面我将会以这些全球性的企业为例来讲一下全球化。

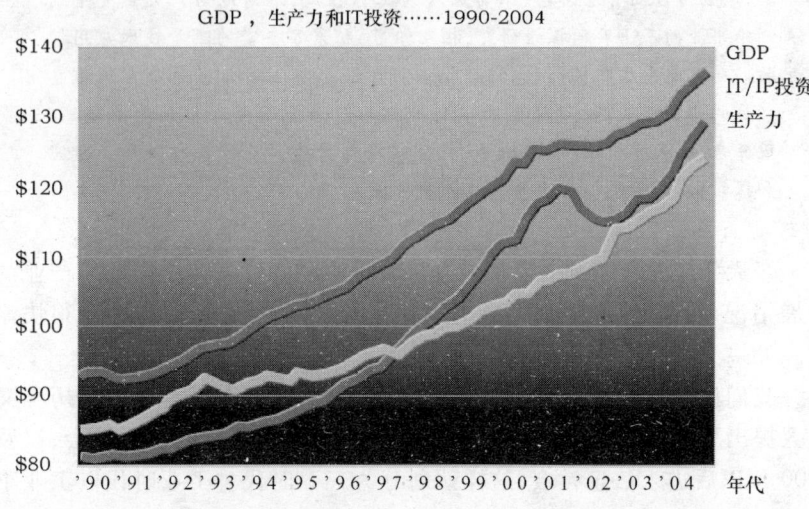

我们知道,GDP、IT 和生产力这三者几乎是同步增长的。首先,我们从图上会看得很清楚,从 1990 年到 2004 年的整个投资是以这样一个曲线体现出来的,那么 IT 投资呢?我们知道在网络时代,是经济发展的重

要推动力,那么美国5.2%,中国1.6%,印度比我们还高,是4%,所以咱们中国在IT方面还是有很大的潜力可挖。如果说GDP每年上升1%,77年后,国家的经济水平可以翻一番;如果是5%(中国大约在8%)呢?由此可以知道中国经济水平大概是十年翻一番。

我们知道,产业当中附加值最高的就是金融期货股票。微软以250万美元起家,经过20年,现在它的资产是大约2 500亿美元;Google在2005年上市,经过两年多,现在应该是1 500亿美元,它刚上市的时候每支股票价格大约是80美元,现在变成了600美元,而其目标是1000美元,这是怎样的一个趋势啊。接下来又说一些大型的,像制造汽车生产线工作母机,如生产12寸或18寸芯片的设备,这又值多少钱呢?100亿美元投资。而这关键的是人才。这个产业链最底层的就是纺织玩具加工业,现在我们国家的产业就主要集中在这一块。加工业,像来料加工,会耗费大量的原材料和能源,结果我们赚的是血汗钱,带来了严重的污染,大部分的价值都被人家拿走了。前几年说我们中国是全球的制造工厂,我们还觉得沾沾自喜,还觉得这个称呼很不错,这两年才渐渐觉得不对劲了。我们不能甘于做"世界加工厂",而是应该搞研发创新基地。顺应信息化的大潮流,完成从制造基地到产业服务的转化。美国的服务产业,占了美国GDP的71%,而中国却只占30%多一点,印度还高于中国,占43%。大家应该知道瑞士,它是一个只有600万人口的小国家,却是全球人均GDP最高的国家。我们知道它有手表制造、制药等一大堆支柱产业,但其只占GDP的14%,而剩下的都是来自服务业,服务业当中,金融又占了80%,这就是为什么它的GDP绝对值能够这么高的原因。中国的服务业要在2020年达到50%。

我们说今天只要有了网络,就可以在家里做工作室,一个人也可以搞企业。我们可以三五个人开一个公司,这种情况在十几年前是不可想象的。如果没有土地,没有生产资料,没有生产设备,公司根本不可能创造价值,而今天我们只需坐在家里就可以创造价值。也许三年可以收购Yahoo。这就得益于网络和信息化的发展。因此,我们现在要发展,就要紧跟世界的变化。我们可以看看是谁在用网络创造价值,比如说百度,不用一秒,它就可以完成12000人才能完成的搜索工作。著名的波音飞机,其零件只有2%是在美国生产的,因为其生产基地遍布全球。沃尔玛,它的营业额达到了 3000 亿到 3500 亿。它在各地的商品采购价和别人是没有多大差距的,家乐福是这样,中国普华也是这样,它们在创造价值。我们知道这种大型商场,经营中有一点很重要,就是利用信息和数字化。沃尔玛后勤运输费用占营业额的 1%,家乐福占 4%。中国的普华超级市场占 11%,所以你们看,4% 和 1% 看似只差了 3%,但如果营业额是三千亿的话,那就是 100 亿美元的纯利差额啊!而沃尔玛的商品在第二天卖出去后,超市就得到了现金,而后又把现金用于银行或金融投资。

发达国家现在是富者越富,穷者越穷。如今占世界人口数 1% 的人拥有了世界 70% 的财富。去年金融公司摩根与高盛的员工的分红是 500 亿美元,也就是越南 8 000 万人一年的工资。8 000 万人一年的工资就让它两家公司给分了,可以说现在这个时代是分为有脑阶级和没脑阶级。有脑阶级有一个大脑,还有一个电脑,两个都精通。这些精英们将来进入的是 IT 行业,走整合,也就是财富的创造和制造的道路。而无脑阶级,就是电脑不会用,而且自己脑子又不好好用。之所以有钱的人会越有钱,没钱的人越没钱,是因为有钱的人知道怎么投资。如果我们能在二十年前投资微软,其股价从一块美元涨到今天是 400 万美元,算来我们都可以成为大富翁了。现在大家已经看了很多投资方面的例子了,应该明白如果你能够进行金融运作,即能看到在哪些时候可以运用 IT,运用信息,运用资源重整并把握住机会,那财富的积累会是非常迅速的。

现在只在网络上就能够创造财富和产业。我再来举个例子,比如,数字产业,这不只是 IT 产业。去年上海要修地铁,全世界的地铁大多数不赚钱,少数赚钱,赚钱的是以香港为代表,其在地铁沿线上方发展建物业,因为地铁把交通带旺,进而又带旺地产行业,这是地铁赚钱的典范。上海地铁扩建让顾问公司做建议书,国内的一个顾问公司只收 40 万,但贝克曼肯森要价 400 万人民币,还只有 20 多页纸。大家说说,上海地铁最后用哪家公司的建议书呢? 对,是贝克曼肯森的,当然花了 400 万,那为什么呢? 因为拿着它的建议书可以跟花旗银行贷款几个亿美元来修地铁,如果用国内公司的建议书,那一分钱也贷不出来。地铁将来能赚钱,这谁都知道。为什么? 因为花旗银行认为贝克曼肯森做出来的建议书有品牌! 可信度高。上海的地价涨得快,贝克曼肯森只租一个 office? 不买一个 office? 将来 office 一定赚钱,它不买,为什么? 你让我做一个建议书,我买了上海很多地产,你是地产商,你问我将来的地产怎么发展,我说地产一定是升。如果我手里有一堆的楼,人家会说这个是不公正的,因为你把这个玩意收起来,然后你套现。我就是赚我这个建议书的钱,你的房价地价升到天上去我也不买。有的国内的企业就是,地产投进去,炒股票,建个医院,建个酒店,武警也去盖酒店……因此用数字产业来分析,你应该干什么,哪个是你所托付的产业。这个是从宏观的微观的数字产业来分析。

那么我们现在研究的外太空、地理信息、空间信息对于我们来讲是至关重要的,因为一切都在 GIS 这个平台上,都是通过城市遥感与数据所采集建立起来的。以前人们都只是研究地球表面的,从地球半径到外太空,都是我们研究的内容,这都是有关系的。未来这个产业是生物科技和纳米技术,请你记住,地球空间技术也是未来的三大科技之一。

生物科技发展了,大家就进行基因改造,将来的黄豆会比鸡蛋还大,茄子跟南瓜似的。正常的情况下,鸡的成熟期是十个月,现在六个星期就能屠宰。这种情况是好是坏也不知道。而地球空间技术也是前途无量。我们现在在说时间大家掌握得很好,什么公式里都有时间这个概念,而空间却用得并不好。坐标就在手表上,在何时何地,何人何事,都能够得到应用,今天我们就不再专门讨论这个问题了。具体观测就是从 400 米到 400 公里,通过地球资源卫星,那具体观测的精度又怎么样呢?现在 Google 是五米,美国军方是 0.2 米,就是说可以由此来确定地球上某一个人的身份,其是男是女?是戴眼镜还是不戴眼镜?汽车后面的牌号是多少?现在中国神舟六号可以把七吨的负荷送到地球的任何一个角落,而精度是十几米和几十米,而世界上只有中美俄掌握了这种重返大气层的技术。美国和俄罗斯可以把二十吨的弹头送到地球的任何一个角落。印度发射卫星,欧盟也发射卫星,但是这些卫星出去了就不回来了,这就不叫"重返大气层"了。重返大气层,不仅会遭遇几千度的高温,还有弹着点,陀螺仪 IMU 的问题,技术非常复杂。中国技术这样好谁最害怕呢?美国会害怕,日本会害怕。大家知道,我们现在有风云一号卫星和风云二号卫星。2007 年 2 月 11 日我们自己把风云一号卫星打下来了。把它打下来的方法可以有好多种,其一就是是通过接近它爆炸,用碎片把它打下来。我们先发射飞行物,装载导弹,让它直接命中风云一号,这个难度非常高。美国和日本知道了就非常害怕,于是抗议说把我们把卫星炸了,炸后的一万多个碎片会影响太空安全。中国就说,我们才炸一个,你们以前炸了那么多都没说影响,我们炸一个就影响了吗?去年,从军事方面来讨论,美国是技术型的,苏联是实力型。在冷战时期,苏联有四万五千多枚核弹,还都是一千万吨级或四千万吨级的。苏联曾经试验过一亿吨级的。而我们知道的扔在广岛的那颗原子弹只不过一万五千吨级的。所以你们想想看,四千万吨级的氢弹的热核爆炸会是怎样的,那所有东西都会被汽化。苏联有四万五千枚核弹,美国有一万八千枚核弹。如果说苏联是实力型的,那中国就是智慧型的。从古代的老子、庄子和诸葛亮就可以看出,例如"空城计"。军方说,"要跟你打高科技,我打不过你,但是你要是一动我我就用核弹还击。"反正我们现在拥有能将七吨核弹送到地球的任何一个角落的技术就够了。

美国的城市化程度非常高,大概人口的80%居住在城市,而中国只有不足50%。台海战争,美国愿不愿意冒这个风险呢?如果使用核武器几百个大城市会被毁灭,大概有十亿人口死亡。反正我们中国人决心是有了,就看你美国敢不敢。而他们真的不敢动。于是,美国防部长拉姆斯菲尔德来中国访问坐下来商谈,据说他还看了北京西山"神六"发射控制室,还提出要看二炮的地下指挥所。中国人用智慧制止了使用核弹的可能性。美国在科罗拉多州的沙漠里有个战略空军指挥基地,是冷战和古巴导弹危机之后设置的,是半开放的。"9·11"的时候,遭恐怖分子袭击前后五角大楼的情况,这些我们都比较了解。

坎大哈机场,它的弹道点都在跑道上,一点也不浪费,原来用的是战斧式巡航导弹,130万美元一枚。现在装的是GPS和激光制导,用一万美元的成本代替了130万美元,所以美国可以在两万米的高空用B-52直接投弹。两个星期前我在上海跟一个美国人一起交谈。我把美国狠狠地批判了一顿,他很赞成我的观点。我说:"你们美国人,到处想怎么搞就怎么搞,全世界都不喜欢你们。现在呢?连你们的盟友法国德国都不跟着你们了。布热津斯基写了一本书,谈第三次危机,他给老布什的评价是B,克林顿是E,小布什是F,就是不及格。还有你们说由于中国发展需要大量进口石油,使得世界油价提升到了七八十美金一桶。我说你们这个说法是错的,中国只不过每年进口了八千万吨石油,不到一亿吨,而美国

全球化的经济特点和中国数字产业的发展情况

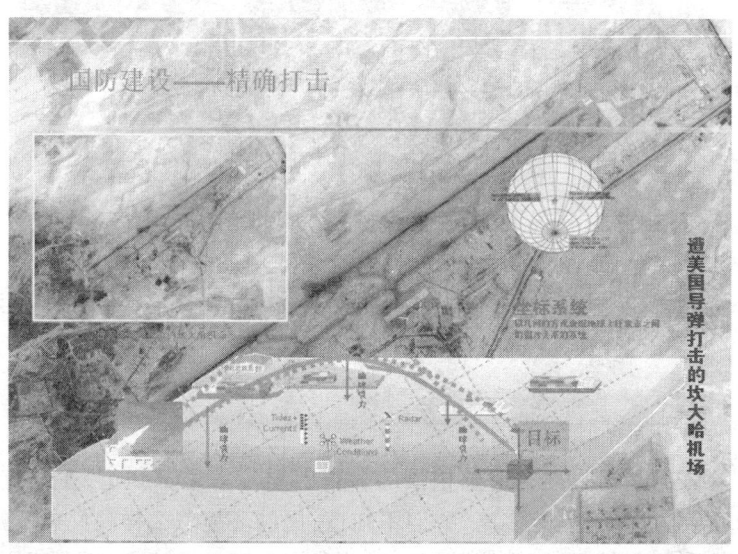

每年从中东进口石油四亿吨,欧洲也进口四亿吨,美国人平均每人每年消耗四吨汽油,中国人只消耗125升。看这张图上显示的夜间灯光,就知道谁用油用得最多。这是对地观测的一部分,可以通过航摄、航空相机、激光对地扫描等手段获得。

在建筑密集区正射影像制作优势

传统正射影像　　　　　多重三维遥感测绘技术制作的正射影像

这张图是通过航空遥感拍摄的。正射照片大家都知道,在建筑方面非常重要,这个大厦有多高,我们不知道,周围环境怎么样我们也不知道,但如果利用斜拍,一切就清楚了。以前我们考察一个地方,要在四面八方照相,来获取信息,现在利用斜拍、激光扫描技术,就可以做到。用这个扫描器,任何一点都是三维的,这边点一点就知道距离,那边点一点就知道高度。以前要是说有火灾的话,指挥部要铺开一张图,如果有突发事件的话,就是在一张地图前大家讨论,现在是在屏幕上,这样道路多宽可以一目了然。一个城市的绿化情况,以前要到现场去量测,现在通过航空照相就全部解决。假如说有恐怖袭击的话,可以指挥怎么疏散人口,从第几楼到第几楼,通过上述的技术都可以了解到。我们可以做出三维可视化图。GPS,我们都把它视作传感器,世界上有成千上万种传感器,有温度压力、红外探测、GPS等各种各样的传感器。现在,网络相当于神经大动脉,这种网络已经是非常成熟了,Internet就相当于神经主干线的网络。那么我们目前还需要什么呢?对,需要神经末梢,就是各种各样的传感器,包括GPS、PDA,包括温度、图像感应、温度压力等各个方面的。

所以谈到数字产业,其中一点就是可以在GIS建立的平台上面通过我们的想象力让其无限发展。利用成百上千、成千上万的传感器,我们可以做出很多从前我们认为不可想象的事情,这方面我下面会讲到。

城市建设是有标准的,如一个城市有多少医院、多少学校、多少超市、多少道路才是合理的,每个居民住宅大概要多少平方米。但数字城市是没有标准的,凭你的想象力。

汽车导航系统大家都知道,它的发展进程如果只是L1单频的话,不过是25米到100米的精度,再好不过就是10米到20米,而未来GPS可以到1米至5米。我们昨天在上海就参观一个室内的GPS,室内的GPS实际上就是信号可以从窗户外一直延申到办公室很深的地方。他们做过测试,即便把GPS接收器放在冰箱和微波炉里也都能收到信号,只不过信号非常微弱,但可以把这个信号逐级放大。GPS也可以用在气象方面。我们在地下大量地放置GPS,通过它发射的信号穿过电离层的滞后时间,算出空中水汽的模型,气象学家就可以根据它的移动方向得知该地区降雨情况,主要用于近期天气预报,例如几个小时内的天气预报。

截止到去年,数字城市也已经搞了好几届,在深圳、苏州、北京东城区,过去两三年我们非常成功地把GPS的平台推广到了多种区域。例如,东城区有65.2万人,11万个井盖,以前要一百多个部门来管这些井盖,现在的井盖、灯柱、垃圾桶……都有坐标。如果你在深圳,只要说出街上灯柱的号码,马上就能知道你的准确位置。

这些例子说明,数字时代正在向我们走来。通信技术的发展是我们能够身临其境体会到的。政府、企业、移动通信等构成了城市的要素,市民得到大大的收益,数字城市改变城市环境。例如台北,它已经成了移动城市,而全世界有很多城市都在建设数字城市,美国就锁定了50个城市,计划在2020年把它们建成数字城市。美国这么发达的国家都要到2020年,而中国有668个城市,2 400个县,34 791个镇,如果建设数字化,那需要做的工作是不可想象的。

台北的无线接入点设备

在主要道路上……

这张图说的是台北,在路边挂上这么个发射器,340平方公里的范围内,只要你给一点费用,手机、电脑PDA等都可以随意上网。我们现在也有网络,但在街上还是不行,但北京的东城区做的那个健康社区就非常好。东城区有65.2万人,其中8万人现在可以拿着健康卡去看病,病人有什么既往病史,医生曾开了多少药,花了多少钱,药量多少,通过健康卡可以一目了然。那医生就没有办法再开假药,开贵药。这样看似医生收入会减少,其实不然。医生出诊可以加十分,如果下班给病人看病又加十分,结果年底一算,医生们发现原来自己可以多拿几万块。而每个医生,一个PC机,加一个无线网卡,大家都一样,非常透明。可见数字化已经走到了我们老百姓家里,已经关系到每个人的利益。比如说我们找国美电器的信息,想看有没有要买的东西,查询一下商品价格,这些我们在车上就可以一目了然,手机地图也已经不是什么新奇的东西了。

GIS大家都比较熟悉,我们就一带而过。现在各个城市都在搞突发事件的应急。所以GIS关注的焦点是怎么样才能够整合像"9·11"那样的事件。在GIS中怎么样预防演练,快速反应,结合大厦里面每层的情况都可以调出来,怎么样应急处理,调度营救,包括车辆、灾害的分布、各种传感器的组成。我们说这个世纪,世界被披上了一张电子皮,它利用互联网络传输各种感知,这张皮缝合了各种传感器,如温度压力器、CCD摄影机、遥感传感器、心电图、脑电图。

中国从1978年到2005年取得了非常伟大的成就,数字增长得很快,比如水泥,去年占到世界的48%、16.8亿吨,今年是57%。但是,我们也用了世界上57%的水泥,46%的钢铁等等,却只创造了不到5.5%的GDP,这是不成比例的。我们在历史上辉煌过,我们曾经占了世界GDP的33%,那是在明清的时候,但现在降到了5%。中国应是再复兴,再崛起。去年中国生产了多少纺织品呢?2 500万吨,全世界70%的纺织品都是在中国制造的。无论是法国的名牌还是意大利的名牌等等,全部都是在中国生产的。去年中国出口了100亿双鞋。世界上有60亿人口,中国出口了一百亿双鞋,出厂价是2个美元,出口价是4个美元,放在商场卖是120个美元。我们的工厂就只赚2个美元。所有的原材料、能源什么的都是我们中国出的。所以我们要从中国制造转变到中国创造,我们要发展教育,要研发新技术,保护知识产权。以前我们是靠"三廉",即廉价劳动力、廉价土地、廉价的原材料,但现在我们不能再靠"三廉",而是要以投资和发明创造来推动经济发展。

另外要谈的就是数字产业和整合。星巴克在全球有上万家,哥伦比亚产的咖啡豆只要三毛钱,星巴克将其碾碎兑开水后就能卖三十块。麦当劳更不用说了。这就是一种整合,而它们卖的是一种文化。我在上海太平洋酒店时,曾看到同一座大楼的左边一个星巴克,右边一个星巴克。我当时就纳闷了:一个星巴克开两家会有生意吗?于是我每一家都进去喝了一杯咖啡,结果都满是人。而另外一个整合是ipod,实际上它没有任何高科技,一个三五十GB的硬盘,再加一个下载软件和播放器,但现在它却比苹果电脑赚钱多,四百美金、六百美金,甚至是一千美金一部。所以中国企业应该考虑要整合,整合就是创新,整合各国资源为中国所用,

171

这才是发展之道。全球化的意义,有很多正面的,也有负面的。全球化,首先指的是经济全球化,而后是环境全球化,第三是军事全球化,第四是文化教育的软实力。我们中国就要提升自己的软实力。

全球化带来的好处是很明显的,它可以促进世界的分工合作。哪里成本低就往哪里去,原本美国的很多产品是在日本生产,后来八九十年代转移到了中国、墨西哥,而现在则是中国、印度。发达国家是世界规则的制定者,因为我们的R&D太低,低于2%,世界上发达国家的平均比例应该是4%还要多。人家是用100万引进设备,花50万来引进技术和消化技术。我们呢,是用90万引进设备,10万来消化技术。大家知道我们每出口一个DVD只赚1个美元,如用自己的品牌要给人家专利费。人家专利费就要三个到四个美元,最后只能贴牌,利润就只有一个美元。微波炉呢,格兰仕每出口一个是40美元,但专利费就要付20美元,最后就只能收回20美元。去年我们国家生产的电视机是8 500万部,出口7 500万部,一台电视机出口到美国大概有10美元的收入,但美国要征收大概30到40美元的当地技术标准费。前两天,TCL的李东生在深圳开会,因为TCL当时买进来的法国的汤姆逊全部都是CRT的显像管电视,而现在流行都是平板的,LCD大屏幕。假如说TCL卖一台电视机是100美元,但是他却要花85美元从日本或韩国买那个大屏幕,然后再花10美元买专利部件等。就是说这100美元,实际上属于TCL的营业额只有5美元,这就是我们没有核心技术的弊端。人家就把巴西、俄罗斯、印度、中国这些国家叫做金砖四国BRIC,就是因为要花很多钱买原材料等,但弄了半天,钱却大部分跑到发达国家去了。现在中国重要产业的前五名都是跨国公司,CPU是Intel,计算机软件是微软,路由器是CISCO,等等。蒙牛牛奶包装是利乐公司,所以我们一定要发展我们的核心技术。中国现在每年出口数千亿美元,但出口当中很多利润都被外资企业拿走,我们的收益却是逆差,这些数字,大家在报纸上应该都看到过。我们GDP的数字很漂亮,但真正得到的利润并没有多少。我们现在石油等需要进口,但我们的能源利用率非常低。过去三年,我跑遍了全国的汽车制造厂,发现国内制造1辆汽车所用的材料,如能源、水、橡胶之类的,在欧洲可以造14辆,在日本可以造27辆。而同时,环保和提高环保意识已经成为发展中国家特别是中国面临的一个非常严重的问题。

《京都协议书》规定2002年要把二氧化碳的量减下来。减排4%—6%是一个硬性规定。我们消耗的能源主要是煤,石油和天然气还比较少,土地的消耗是触目惊心。我们的可耕地面积本来就很少,是世界上平均水平的四分之一。全国的建筑面积是430亿平方米,成本非常昂贵。这里我顺便跟大家介绍一个新技术,大家应该知道蓝牙,即无线网络,你如果到网络上去输入"ZigBee",你会发现他无处不在。"ZigBee"低成本,低消耗,可以解决矿难问题、实现智能交通和家庭现代化。比如你想去超市买牛奶,你拿手机看一下就会知道家中还有几罐牛奶,几罐酸奶,还需不需要买。超市所有商品都有RFID射频技术标签,付款时无需逐件扫描,你把车子推过去,告诉你总数多少钱,然后就自动转账到你的信用卡里,你连钱都不用掏。这项业务在家乐福已经开始试验了。

  我选了几条给大家的建议,就是建议大家要锻炼自己,确定自己的目标和竞争能力,锻炼自己和人打交道,和人沟通。中国人习惯低调,什么事情都不出风头,但我们确实应该出出风头,而且还要锻炼自己面对失败的承受能力。哪怕这样你最后变成一个猴子,也能够成为猴子和猩猩的领袖。成大志要勇敢,要改正自己的缺点,变成一个能力强的人。而做到这些,就需要谅解社会的缺点和别人的缺点,能够容纳别人,这样你的眼光才会变远大。此外,还要锻炼心理承受能力。贝克曼汉森曾做过调查,报告显示中国的人才实际上很多,但缺的是尖端和高端人才。人生的价值不在于别人怎么看你,而在于你怎么自我评价。人要想成功,做事就要有目标,要建立良好的人际关系,同时坚持自己的理想和信念,才能有比别人更多的机会,成功的机会才有可能降临到你的头上。所以这里我也摘了几个小故事。蚂蚁过河,大家都知道,它们都是抱成一个球状,按照流体动力学水会把它冲到岸边。大雁我们都知道,它们排成人字或一字飞翔,这样领头雁会比较辛苦,但其他的雁会节省70%的动力,而行程可以提高三倍。几十条鲸鱼捕鱼是通过发出次声波把鱼包围赶到岸边,然后就地饱餐一顿。鳄鱼也不傻,它们在岸边,二三十条组成一个小水坝,把嘴张开,水过去,鱼也就留下来了。狗熊也是一样,任何一只狗熊找到蜂蜜都只会吃三分之一,它不会吃多过三分之一。因为如果它把蜂蜜都吃完了,明年就没得吃了。而现在的人在这一点上却不如狗熊,他们把资源全用了,让子孙后代无所措置。

放眼看世界,很多东西可能对你们会有启发作用。玩的,像迪斯尼啊,我们都玩够了,但非洲的孩子们能不能继续生存下去都是一个问题。我们的家长把我们当成心肝宝贝,而他们呢,可能就从来就没有见过父母。我们戴名牌手表、穿名牌运动衫、运动鞋,他们只能穿这样的鞋。我们的小孩子受到这样的呵护,但是他们可能就睡在地上再也起不来了。这是仍然发生在今天的故事。所以我们不需要牢骚太多,如果你已经应

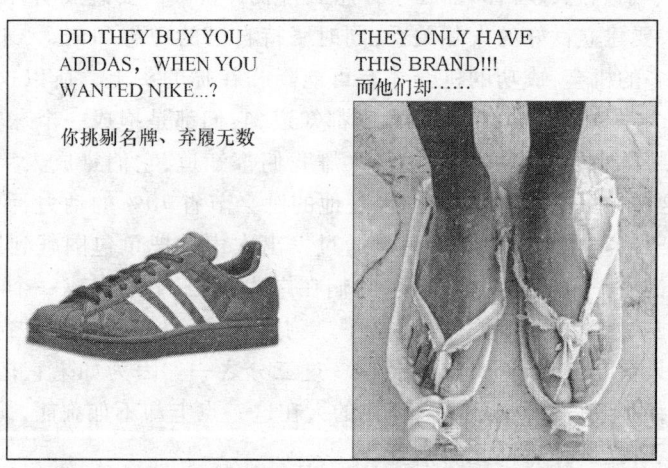

有尽有,但是你仍然烦恼,那么你应该环顾周围,感谢上苍让你在短短的人生享受到一切。面对上苍你应该感谢它给我生计,感谢它给我友谊,你们应该把爱送给那些需要关爱的人,让我们周围的人跟我们一起分享快乐和分享我们的互相关爱的人情。因此说,希望大家天天快乐。谢谢大家。

现场答问

同学:感谢乔教授的精彩讲座,很荣幸见到你,从你的讲话中,我觉得您是一个很乐观的人,把世界看得很光明的人,而在讲座中,后半段就展现了您另外一面。那么在您的内心深处,这两面您哪一面更多一些呢?为什么?

乔教授:这个世界既是光明的,又是很残酷的。我们看过动物世界,知道大自然的规律就是这样,优胜劣汰。羊生出来就是给老虎吃的,兔子就是给狮子吃的,不然小狮子没办法长大。当然,人类世界不能这样来比喻。你说得对,我是一个非常乐观的人,把一切都视作对自己的一个挑战,有这样的一句话,"要想改变你的命运,就先改变你的信念,就要先改变你的性格。"举个例子,假如说你收入很低,蹬着三轮车每天去送货,你可能会觉得很可怜很惨,没人关心。但是如果你买一个越野车往山上爬,同样那么辛苦,你可能会觉得你的心态非常好。假如说你每天冒着酷暑去给人送煤气,但是如果你躲在桑拿房里,很高温的地方,你可能会觉得很享受,出来还要给人家钱。这就是一个心态。因此,我们怎么能够改变自己的心态,这很重要。我今天在这里做演讲,我觉得是对我的一个挑战。第一,我需要去准备,需要去收集材料,并且把它们记下来。第二,我要演练我的演讲技巧,我要记很多东西,我并不把它们当成是一个很辛苦的周末来过,自己不去享受,却跑来这里做这样的事。我觉得做这样的事情很有意义,我会觉得把我知道的事情拿出来跟别人分享,可以让大家学到一些更加有用的东西。所以你就抱着学习的态度,总是保持一个非常乐观的态度。而且,我认为人应该经历挫折经历失败,这样你的人生才会完美。为什么有些人,十几岁的小姑娘,手拉手跳楼,高中毕业自杀了,为什么?就是因为她们不能接受失败。香港也是这样,还没开学呢,两个老师和两个学生就自杀了,为什么?就是因为一想到开学的时候压力很大,但事实上压力还没来呢,他们就选择了逃避。其实他们是可以把这个压力变成动力的。

同学:美国在攻打伊拉克的时候,有一种导弹好像是长了眼睛的那样,能否请您介绍一下这个技术?

乔教授:这种武器在1991年的海湾战争时就已经启用了,叫做巡航导弹。在1991年的战争中,美国一共发射了130枚巡航导弹,一共筹备了60天。为什么要用60天?有几个原因:一是因为要把所有的物资运过去,60万大军和坦克;二是要完成数字化地图的编绘。巡航导弹的导航是这样的,开始用GPS,后端用雷达来进行地形匹配,比如说攻击目标是一个伊拉克的发电厂,这个发电厂的水泥是4米厚,第一个巡航导弹要带着一个穿甲弹,把这个水泥墙穿个大洞,十五分钟以后第二个巡航导弹,它转一圈找到这个洞口钻进去,而后爆炸,那么这个发电厂里面就会被全部毁掉,而外面的大坝看来却一点问题没有。今天我们可以用激光制导,其精度可以缩小到零点二米。

(2007年5月12日)

漫谈德国文学批评教皇赖希·拉尼茨基

■黄燎宇

黄燎宇,男,1965年生,北京大学西语系德语专业学士(1986)、硕士(1989)、博士(2001)。现为北京大学德语系教授,博士生导师,德语系主任,北大德国研究中心副主任,中国德语文学研究会副秘书长。

出版了《托马斯·曼》(四川人民出版社,1999)、《雷曼先生》(译著,人民文学出版社,2002)、《批评家之死》(译著,人民文学出版社,2004)等;在国内外杂志发表了多篇学术论文,主要研究托马斯·曼、赖希·拉尼茨基、艺术家问题、犹太人问题、反讽问题。曾获"冯至德语文学研究二等奖"(1992)和"第三届鲁迅文学翻译奖"(2005)。

先跟大家说说我今天为什么要跟大家说这个文学教皇。这是他的样子(指着图影)。我们搞外国文学的总要带着点本土意识,本土意识是什么意思呢?就是看着外国,想着中国,本着缺什么补什么的原则去看外国文学。我觉得德国文学教皇赖希·拉尼茨基,对中国文坛来说具有一定的启发作用。像他这样的批评家,我们中国没有,其他国家好像也没有。什么叫批评家?我们先看看批评家这个词的来源。文学批评在英文里面是 literary criticism,批评家是 critic。Literary criticism 直译成德文是 Literaturkritik。这两个词是有区别的,在德国和英国的涵义不一样。英文里面的文学批评即 literary criticism,包括了文艺学研究和书评。而德语里面的文学批评即 Literaturkritik,一般指的就是书评。就是说,跟

177

学院派研究有一点距离。英语里面两个意思都包括。但是批评这个词在西文里面都是从希腊语来的，最初的意思是鉴别、区分，没有别的意思。这个词的现代意义出现在17世纪，法国人最早使用这个词的现代意义。批评家在拉丁文里叫 criticus，当初指的是那种有着广博的历史知识、通过广泛接触希腊语和拉丁语文本培养出判断力的学者。在17世纪的法国，这些学者出现了分化。一种新型的 criticus 出现了。他们一方面有别于"掉书袋"，*有别于重考据的学者，另一方面又和像笛卡儿这样过于抽象的方法论者不同。蒙田就是他们的代表，因为蒙田有一点当代意识，而且关注当代文学。所以说法国人最先用这个词的现代意义。

　　我估计在座的同学对文学批评有基本的概念。你们负责联系的同学问过我，听这个讲座之前需要看什么书。我估计你们入门的书籍都看过了。你们应该学过文学概论，也看过不少文学批评文章。尽管如此，我们还是先把相关基本概念过一下。我现在问几个问题：批评家有什么功能，批评家应该扮演什么角色？按照你们掌握的经典的定义，批评家是什么？我们可以想象，批评家的第一个功能，就是充当我们的第一读者。有人叫做首席读者。就是说这本书我们没有看，他先去看了。看了之后告诉我们值不值得看。这就是第一读者。或者说他们是我们的阅读指南。批评家的第二个角色跟他第一个角色紧密相连，那就是筛选者，他在茫茫书海中把值得一读的东西给我们打捞上岸，他是我们的阅读顾问。批评家的第三个功能，就是做我们的读书辅导员或者说知识传播者。这项功能是相对于读者和公众而言的。他在介绍作品的时候，把他对作品的理解和背景加进来，让我们能够更好地理解。他起到辅导作用和知识传播作用。批评家的再一个功能就是相对于作者而言的第四个功能。用通俗的话来讲，他就是一个质检员。这位质检员根据自己的品位和审美标准挑作家的毛病，告诉作家你这里做的不好，那里做的不好，或者反过来夸他哪儿做得好。一方面说作家哪里做的好，一方面说他哪里做的不足。这就是批评家的质量检测功能。批评家的第五个功能，就是通过他的口头或者书面的介绍和评论，促使大家对某个作品所涉及的话题展开讨论。从这个意义上讲，他就是文学对

＊过多引用一些材料或典故来说明一个问题。

话和文学讨论的发起人和倡导者。最后，批评家的第六个功能是一个比较经典的功能，也就是他的娱乐功能。批评家写的东西好看，有可读性，说的东西好玩，人们爱听。如果需要给批评家脸上贴金，我们也可以说他们在创作文学的副文本，文学评论本身也有营养价值。总之，文学批评有娱乐功能。

  我刚才讲的是经典定义。事实上人们还给批评家下过其他定义。现代意义上的文学批评是在17、18世纪，是在文学商业化、市场化后才出现的，跟现代媒体和公共舆论的出现密切相关。批评家出现在文坛之后，人们对他们的认识其实是很复杂、很矛盾的。人们对批评家的理解，包括给他们的称号都很不一样。我们经常讨论批评家是什么。如果让你们给他们一个称号，你们可能会说法官、艺术判官，因为他们守护着审美法则。但是这个判官有两层含义，一方面表示对批评家的尊重，另一方面也对他怀有一点惶恐。你们也可能说他们是教育家，指导者。这个大家都很清楚。批评家要教育作家，指导作家。但是谈起批评家的时候，大家对他们的所作所为是很不赞同的。所以，如果你掰着指头数数他们的称号，你会发现他们的绰号远多于他们的称号。有人叫他们寄生虫，因为他们离不开作家，离不开作家的文本，否则他们没有独立生存的机会。从这个意义上讲他们是寄生虫。也有人说他们是文学打工仔。文学打工仔就是指书评家，因为他写这些书评纯粹为了谋生，来一个写一个。还有人叫批评家文学残废。这个是什么意思呢？这就是说他当不了作家才当批评家。这是经常出现的很恶毒的骂法。还有人认为批评家出卖自己的价值和灵魂，所以骂他们是婊子。我在《批评家之死》里面看到了一种新的说法：垃圾处理者。小说所描写的那位大腕批评家很羡慕清洁工人，因为他们能够轻轻松松地把垃圾送到垃圾桶里去。从这个意义上讲，批评家就是我们的清洁工，他们把劣等文学送去它该去的地方，也就是垃圾桶里。还有骂他们是响尾蛇、跳蚤、虱子的。有趣的是，有些名人作家、思想家也加入了谩骂者的行列。比如说尼采。他曾经说过：“昆虫伤人不是出于恶意，它是为了求生存。我们的批评家也是一样。批评家只想要我们的血，他们不想要我们的痛苦。"就是说，批评家搞批评，首先是为了生存。德语文学史上谩骂批评家的第一人，就是歌德。歌德写过一首诗来讽刺和咒骂批评家。这是流传很广的一首诗。我给大家念一下。这是我们的绿原先生翻译的。顺便插一句,绿原先生是一个传奇人物,他不仅是诗人,还是著名的翻译家,他翻译了《浮士德》。你们知道他的德语怎么练出来的吗?他是在"文革"期间的"五七"干校的时候学的,"文革"期间学会的德语,最后还成功地翻译了《浮士德》,这简直就是一个奇迹。歌德的诗是1773年写的,名字就叫做《批评家》。内容如下:

> 我有个家伙来做客,
> 对我倒没什么了不得;
> 我恰好有顿家常便饭,
> 那家伙倒吃得狼吞虎咽。
> 最后端出我储存的甜蛋糕,
> 我觉得他好像还没吃饱。
> 魔鬼把他引到邻居家中,
> 他把我的伙食谩骂一通:

下面这两句是批评家说的话:

> "汤应多加点儿调料,
> 肉应烤得更黄一些,酒的年头不到。"

最后是歌德的评论:

> 真他妈的鬼打架!
> 揍死他,这条狗,他是个批评家。

最后这句话最关键,因为歌德把批评家跟狗这个物种扯上了联系。"揍死他,这条狗,他是个批评家"成为圈内人的口头禅,这幅漫画表达的也是这个意思。歌德就这样开了个坏头,使批评家的恶狗形象在德语文学中挥之不去。

刚才泛泛谈了文学批评,现在回到德语文学上来。不知道大家对德语文学了解多少。据我所知,德语文学名声不佳,普通的外国读者嫌德语文学抽象晦涩,内容乏味,缺乏卖点。但是我发现我们的知识界,我们的作家和文学研究者对德语文学还是很感兴趣,尤其是德语现代文学经典,譬如卡夫卡、穆齐尔、托马斯·曼。我亲耳听到一个传说,说是我们的贾平凹有一次病得很严重,几乎奄奄一息。卧床不起的他,竟然恳请一位女作家给他朗读《魔山》。关于《魔山》,还有第二个动人的故事:在20世纪40年代,好莱坞一位女星提出跟丈夫离婚,理由是她丈夫逼她读《魔山》——读《魔山》在当时的美国演艺界也蔚然成风。在我们国家,德语文学的普及度远远不够,茨威格这类作家例外,但是茨威格在德语文学中被视为二流乃至三流作家。近些年情况有所变化,但总体上看德语文学名声不佳。个中原因,我们还可以近一步探讨。德语文学批评呢?大家对德语文学批评了解多少?能说几个名字么?说出两个名字也行啊。谁是德语文学中的批评家?本雅明是吗?你们觉得本雅明是怎样一个批评家?本雅明给大家的印象可能就是深沉、严谨、抽象。严格地讲,他在中国不是一个批评家形象,而是一个理论家形象。我现在有一点可以跟你们保证,不管德语文学好看不好看——这个问题我们可以另找机会讨论,德语文学批评却一向很热闹,本雅明也喜欢凑热闹,喜欢对批评发表高见。为什么呢?我们回顾一下。德语文学批评诞生于18世纪中叶。当时有两个重要人物,一个是莱辛。这个大家应该知道,你们可能都读过他的代表作。莱辛是一个很犀利的批评家,大家未必知道。读读他的《汉堡剧评》,就知道他如何犀利。莱辛说话毫不客气。德语文学批评泼辣犀利的传统从莱辛时代就开始了。莱辛经常骂人。他不是评戏剧么?"我们有很多的戏剧演员,但是我们没有戏剧艺术",这是他经常说的话。有人经常反驳他,你说我不行,那你行么?莱辛的回答是:"我喝着这汤觉得咸,难道因为我不会做饭就不能说它咸么?"莱辛就拿这个比喻来反驳他的敌人。他被誉为德国批评之父。和莱辛平行活动的一位批评家叫做尼可莱。这个名字应该用德语给你们写,因为知道他的人还很少,所以有可能翻得五花八门。Nicolai。这个人也重要。他现在几乎臭名昭著,大家都骂他。比如说有一本关于德国文学史的书中写道:"尼可莱生于1733年,死于1811年——",后面紧接一个注:"他活得太长了。"你们看看，文学史都敢这么写。尼可莱招人恨，是因为他当时谁都骂，连歌德都骂，《少年维特之烦恼》尤其被他骂得狠。当时他为了跟歌德唱对台戏，还去戏仿歌德，写了《少年维特之快乐》。他就是要跟歌德唱对台戏。连歌德后来都说，一个人人都骂他、都恨他的家伙，一定是一个很了不起的家伙。总之，尼可莱和莱辛是18世纪中后期德语文学批评的代表人物。上面引的歌德那首诗也算是18世纪文学批评的一个亮点。往后走就是浪漫派。德国浪漫派有两个重要人物，大家对他们应该都比较熟悉，那就是施莱格尔兄弟。小施莱格尔尤其厉害。关于文学批评，他有几句话大家可以当语录来背。他说过："诗只能接受诗的评判，一个艺术的评判，如果它本身不是一个艺术品，它就不能进入艺术王国。"他在这里提出的问题，我们至今还在讨论。这个问题就是文学批评到底还算不算是文学作品。或者说，文学批评应不应该具有文学性。其实施莱格尔的意思是非常清楚的。施莱格尔的第二句名言是："批评就是杀死文学中的行尸走肉的艺术。"这个说的忒狠了。他还有一句针对歌德的名言："歌德太富作家气质，所以他做不了艺术鉴赏家。"他这话现在人们也经常引用。这句话暗含的意思就是一个作家很难评判另一个作家，因为他的主观性太强了。他无法做到客观公正地评判。这是施莱格尔的名言。这些批评家属于两栖类，他们既是批评家，又是作家，就是说他们自己也搞创作。职业批评家是19世纪以后才产生的。19世纪30年代以后，随着犹太人的加入，德国文学批评界有了活力。为什么说犹太人给德国文学批评注入了活力？犹太人厉害。现在市面上有很多研究犹太人何以厉害的书。有些理论近似于种族论，因为犹太人的成功被归功于他们的遗传基因。我在这里无意讨论犹太人是否最出色。反正德国文学批评史上有好几个赫赫有名的犹太人。其实，19世纪的犹太批评家之所以厉害，有一个很简单的社会学背景，那就是社会对他们的歧视。当时犹太人当不了公务员，做不了大学教授。事实上很多犹太人，包括我们的海涅，也都想做大学教授，但是他们没有资格进入大学教堂。所以，有志于文学研究的犹太人只好去杂志社打工，他们的文笔由此得到很好的锻炼。再加上他们长期处于边缘状态，他们的批评状态也跟常人不一样。当然这个背景很复杂。总之，19世纪中叶以后，在德语文学批评界呼风唤雨的基本上都是犹太人。第一个就是海涅，再一个就是伯尔纳，这两位大家应该知道，因为他们都很有名。从19世纪末到20世纪头三十年,依然是犹太人把持文坛。一个是卡尔·克劳斯。卡尔·克劳斯生于维也纳,是奥地利人,非常有名的批评家。还有一个就是图霍尔斯基,他的名字大家可能听说过。他也写过一些纯文学作品,但他主要以杂文和文学批评著名。除了图霍尔斯基,柏林还有一个阿尔弗雷德·凯尔。他们都是犹太人。二战以后,德语文学批评依然是犹太人唱主角。大家很熟悉的法兰克福学派基本上都是犹太人,六七十年代以后,德语文学批评逐渐成了赖希·拉尼茨基的天下。德语文学中的犹太批评家全都机智而犀利,有才气有霸气,不怕四面树敌,不怕与名人为敌。这些特征我们在海涅和伯尔纳身上就看得一清二楚。海涅大家很熟悉,我就给大家说说伯尔纳。这个伯尔纳跟海涅的关系很复杂,有人称他们是"敌对的兄弟"。譬如伯尔纳骂人也很厉害,什么人都敢骂。你们知道当时他怎么骂歌德?他说过:"自从我有了感觉,我就开始恨歌德。自从我有了思想,我就知道我为什么恨歌德。"有时他也指桑骂槐,譬如:"他不会在贵族的宫殿里唱歌,也不会带着七弦琴去富人的筵席上逗笑,他为卑贱者吟诗,他为穷人歌唱。"但是,这个"他"不是歌德,而是伯尔纳认为可以让歌德汗颜的让·保罗。伯尔纳也是一个有自知之明的人,他深知德国犹太人都有苦恋德国的毛病,所以他调侃道:"如果我有朝一日去了天堂,我在那里肯定也不会感觉舒服,因为天使的歌唱得再美也唱不出德语。"伯尔纳对德国的文学批评很不满,所以他说:"在德国,无所事事的人都来搞写作,而不会写作的人,就来搞批评。"这就是伯尔纳的说话风格。前面提到的凯尔,更是厉害。从19世纪20世纪之交到魏玛共和国时期,凯尔一直稳坐柏林戏剧评论界的头把交椅。凯尔曾经明确提出,文学不应该只有诗歌、小说、戏剧三个体裁,还应该加上一个,那就是文学批评。他相信他比他评论的那些作家、艺术家高出一筹,他认为别人用两三本书来阐释的事情他两三句话就能说清楚。而且他认为他的评论文章比他评论的剧本更加不朽。德国文学批评史上有不少这种犀利而泼辣的人物。

现在说说联邦德国的文学批评。因为二战的关系,人们常说德国的诸多传统到联邦德国就终结了。其实不然。联邦德国初期的文学批评状况趋于保守,就是说,批评家尤其是批评大腕儿一般不过问政治,不理睬当代文学,他们都去研究所谓的现代经典。如卡夫卡、托马斯·曼。他们

厚古薄今，认为出现代经典的时代才是伟大的时代，认为他们时代的作品都是乡巴佬写的，都没有意义。给联邦德国文坛带来勃勃生机的是四七社。四七社，大家听说过吗？这是一个很松散的作家的聚会形式，1947年成立的。四七社主要是给没有名气的作家提供亮相的机会，让他们朗读自己的新作，读完就让在场的作家和批评家发表评论。四七社还制订了一个很奇怪的规则，就是被评论者不许还口，就是别人说你的时候你不能申辩，更不能反击。当时就有保守的批评家质问这样怎么能出大作家，并且声明无法想象穆齐尔、卡夫卡、丽卡达·胡赫或者本恩这类大作家会让人捆绑在四七社的"电椅"上。四七社的确非常活跃。当今德国文坛上重量级的作家和批评家都是四七社出来的，包括赖希·拉尼茨基。赖希·拉尼茨基生在波兰，中小学是在德国念的，后来因为他是犹太人，不仅被洪堡大学拒之门外，而且被遣返回波兰。他侥幸逃离华沙犹太隔离区，没有葬身毒气室。二战之后他留在波兰，后来作为波兰的外交官被派驻到伦敦，后来又变成持不同政见者。50年代末，他趁出国之机逃到西德。顺便说说，60年代初还有一个从东部叛逃过来的批评家。这就是汉斯·迈耶。他曾经是莱比锡大学的文学教授，1994年还被授予北大名誉教授称号。赖希·拉尼茨基一到西德就参加四七社的活动。他曾总结说，四七社搞的评论都是集体评论。坐在一起即兴发表口头评论，这样的评论对于批评家是一种很好的训练，对于读者则具有观赏价值。到了60年代，联邦德国的文学批评还出现了小小的自我反思热，批评的批评或者说元批评蔚然成风。人们开会讨论什么是文学批评，出版文学批评讨论文集，电台、电视台以及各种作家团体都纷纷组织相关活动。有的还跟批评家来点文字素描。有的还请批评家出来讲自己误判和看走眼的教训。1968年以后出现了小小的转折。大家都知道1968年在德国出现了学生运动，毛泽东思想得到广泛传播。当时德国的左派青年纷纷捧读《毛泽东语录》，思想大都向"左"转。这场运动对中国来说是"文化大革命"，对他们来说也是"文化大革命"。他们是全方位地"左"倾。跟大家说一个最简单的例子。1968年以前，德国教授一律西装革履进课堂，1968年以后就自由化了，就是说穿着也可以像我们这样，学生对他们的称呼也随便起来，从"您"变成了"你"。在中文里面，"您"和"你"的区分并不严格，当然北方某些地区例外。在德文里面，二者的使用有着非常严格的规矩。

1968年的学生运动在德国的影响十分广泛。文学批评也受到冲击。左派指责文学批评的理由很充足,譬如不能广泛发动群众,不能转化为社会实践,不能改造社会。许多批评家的立场也发生了变化。譬如,当时有一个小有名气的批评家,名叫彼得·施奈德,他拒绝给一个题为《文学批评:谁来写,给谁写,怎样写?》的文集撰稿,因为他宁愿给院外反对派写传单。在这样的背景下,文学批评出现了冷场,有的批评家转而谈论政治问题。70年代以后,有关文学批评的讨论慢慢又热起来。人们热烈地讨论批评的极限在哪里,批评的标准在哪里,批评家的本质、使命、作用是什么,也有人根据唯物主义的原则讨论批评家的生存基础。有一个问题人们的看法完全一致,那就是批评不能当饭吃。文学批评在德国也不能当饭吃。德国的稿费是按行计算的。如果是地方小报,你给他们写文学批评,用现在的欧元来换算的话,是一毛到六毛一行字。这相当于一块到六块钱人民币。如果是跨地区的报纸,是九毛,也就是人民币九块钱。他们还有一些大报,比如说《法兰克福汇报》《南德意志报》,这些大报价格就高一点了,大概是一点五个欧元,也就相当于人民币十五块钱。当然,纸媒不是德国文学批评的唯一平台,他们的电台和电视台也有不少文学批评节目,电台和电视台给的报酬就高多了,所以大腕儿批评家们也会出现在电台或电视台。80年代末,在电台做十分钟的评论可以得到六百马克的报酬,当时马克对人民币大概是一比五。这十分钟的评论你要花多长时间来写,那就看你自己把握了。80年代中期以后,德语文坛又出现了一次文学批评大讨论。大作家和大批评家都参加了讨论。马丁·瓦尔泽就很活跃。他很早就写了一篇论评论家的文章,这篇文章叫做《论教皇们》。把赖希·拉尼茨基这类批评大腕儿称为教皇的,不止瓦尔泽一个人,当时已经有人这么说了。同样活跃的还有恩岑斯贝格,他是一位天才的奥地利评论家和作家,他写过一篇很重要的文章,题为《书评家的黄昏》。当时还有好几篇很有分量的文章,如《批评家和艺术家:几个爱恨交加的场景》《写作就是生活——评弗里德里希·西堡》。西堡也是大腕儿批评家,在某些方面可以被视为赖希·拉尼茨基的老师。关于德语文学批评,我就给大家谈这些。

现在我具体谈谈赖希·拉尼茨基,谈谈他在当代德语文坛扮演什么角色。首先要说的是,他绝对是德语文坛的主角。我们从以下几个方面考察他的知名度：第一，他是德国人的购书指南和活动指南。一本新书上市，人们总要问赖希·拉尼茨基说过没有，评过没有，他怎么说。有什么文学活动，人们也要看他是否出席。第二，他是触过电的批评家，在电视台上露过面，很多人都认识他，所以成为大家饭后的谈资和拷贝的对象，模仿他的动作和表情的德国人不在少数。有些出租车司机也认识他。这听起来有一点夸张。但是大家不要以为德国的文化程度已经高到这种地步。在德国，许多出租车司机都是打工的大学生。第三，作家普遍认为，能够得到他的赏识，那是万幸；遭到他抨击，那是不幸中的万幸，因为这对书的销量还是有好处的；遭遇他的漠视或者沉默，那是天大的不幸。著名的批评家约阿希姆·凯泽总结说，赖希·拉尼茨基是当今德国"读者最多，最令人尊敬，最引人注目，所以也最招人恨的评论家"；著名的作家、演说家和批评家瓦尔特·延斯则说："我们设想一下，要是世界上没有这样一个人，上帝啊，我们的世界是多么的无聊"；已经去世的作家沃尔夫冈·克彭在谈到赖希·拉尼茨基的时候，戏仿笛卡儿的"我思故我在"，说出了"他评故我在"的名言。赖希·拉尼茨基得过许许多多的奖，其中一份授奖证书一方面称赞他让文学进入了千家万户，一方面又说："估计没有一个西德的男作家不曾梦见过赖希·拉尼茨基，女性作家也不例外。"这话看似戏言，其实不乏依据。至少马丁·瓦尔泽就承认自己在何时何地梦见过赖希·拉尼茨基，而且描述了梦境。既然如此，赖希·拉尼茨基到底做了什么了不起的事情？他在四七社就出了名，就充分展现了个性。他的语言清晰易懂，活泼而且犀利。从1963年起，他任《时代周报》的文学主编。这是一份很有影响的文学报纸。该报聘请的批评家一般都是短期合同，但是只有他一去就签长期合同，而且是带养老金什么的。他在《时代周报》做了不少事情，地位非常稳固。1973年他转到《法兰克福汇报》，这在德国就算头号报纸了，做文学部主任。他利用这个平台搞了很多项目，他把很多作家拉来写评论，也把很多教授拉来写评论。大家知道，学院派是不太愿意也不太擅长写当代评论的。对于那些文章写得太斯文的，他还进行指点。他编纂了好几本文学批评杰作，还搞了"重读经典"的系列评论，让名家们把德语文学中的百年经典拿来重新点评。赖希·拉尼茨基还是克拉根福文学竞赛的主要创始人，把这座奥地利城市变成了德语文学新秀的T形台。1977年到1988年，他是克拉根福文学竞赛评委会的发言人。在这个德语国家的头号文学选秀会上,他是绝对的中心人物。1988年,赖希·拉尼茨基又有一个大动作。他在德国电视二台搞了一个叫做《文学四重奏》的书评节目。这是一个四人谈节目,就是说,他跟一男一女两个批评家外加一个不断轮换的嘉宾——这叫意外嘉宾——坐在一起评论新书。《文学四重奏》每一期的长度为七十五分钟,讨论几本新出版的德语文学作品,但并不限于德语作家。这个节目不仅有空巷效应,而且变成了购书指南。这个节目搞了13年,播出了77期,评论了385本书,赖希·拉尼茨基可谓出尽了风头。

赖希·拉尼茨基靠什么批评理念来指导他的批评实践?他首先坚信批评的必要性和重要性,而且他是站在很高的高度,站在政治的高度来看问题。他认为文学生活和社会生活是同构的。当然,这种政治化言论不一定适用于中国。西方社会搞的是三权分立,需要在野党、反对派,需要人来监督和批评政府。赖希·拉尼茨基把这种结构引申到文学领域。他说过,没有批评的文学是不可想象的,健康或者说发达的文学是离不开文学批评的。大家都知道,《荷马史诗》产生的时候是没有文学批评的。这个恐怕就要另当别论了。他这是为了论证批评存在的必要性。他还说过,批评和自由,二者是互相制约的。他在谈论批评的重要性的时候还经常把纳粹提出来谈。如果把纳粹提出来谈,谁都不敢再说什么。希特勒德国是废除了一切批评的,当然也包括文学和艺术批评。纳粹宣传部长戈培尔认为批评这个词就属于犹太人的话语,所以不允许搞批评。既然这样,文学教授或者说批评家在纳粹时期都在做些什么呢?他们只能写鉴赏,只能赞扬文学作品,他们不能搞分析和批评。赖希·拉尼茨基力图通过他的存在,通过他的批评实践证明健康的文学离不开批评。他想用批评把那些无能的文人吓跑,想让他们停止写作,让那些中不溜的作家创造出好的作品,有时也要对大作家提出警告。但是他认为自己最重要的使命是培养和塑造读者。他把工作重心放在读者身上。虽然他高调宣讲批评的重要性和必要性,但他同时也承认批评的服务性和寄生性。他有一句名言:批评家就是翻译家,批评不是原创,批评家的天职就是把非理性的语言翻译成理性的语言。他还非常谦虚地加了一个补充,说批评家都是蹩脚的翻译家,因为他们的语言根本就点不透艺术作品。所以他也有低调和谦虚的一面。他有一点做得很聪明,那就是没有步凯尔的后尘。

凯尔总是拿自己去跟作家攀比,而且想喧宾夺主。但是他没有这样,虽然事实上他已经喧宾夺主,但他从不跟作家比高低,不会去当两栖类。我们许多批评家都有作家情结。刚才我们说过了,有人骂批评家是文学残废。很多批评家为了证明自己不是文学残废,就去写一点纯文学,哪怕是三流的小说或者诗歌。但是赖希·拉尼茨基没做过这样的事情,他不想去当两栖类。不过,作为批评家,赖希·拉尼茨基最显著的特征就是他的战斗性。他明确说过,任何一个批评,只要还称得上批评,就必须是一篇檄文。一开始我们提到本雅明。赖希·拉尼茨基很喜欢引用本雅明的一句狠话:"有能力毁掉一个作家,才能做批评家。"赖希·拉尼茨基接着发挥:"批评家的天职就是要颁发死亡证书。"赖希·拉尼茨基写过很多书,从他的许多书名就可以看出他的批评风格。他有一本书叫做《写作就是挑衅》,还有一本书叫做《批评檄文集》,这本书里面全是他把作家批臭批倒的文章。他还有一本书叫做《破坏安宁的人》,还有一本叫做《文学的公诉人和辩护人》。最后这本书的翻译需要说明一下。德语的 Anwalt 既指检察官,又指律师。过去人们老把批评家比喻成法官和判官。赖希·拉尼茨基虽然也沿用法律术语来形容批评家,但是批评家的角色在他这里发生了转换。就是说,批评家为了文学的理由而充当公诉人和辩护人。有了这种信念,赖希·拉尼茨基的批评便有了战斗性,他就成为了古往今来天下头号批评杀手。既然他把自己拔那么高,把自己看作文学圣殿的卫士,他当然可以六亲不认,可以毫不留情。对他来说,损人就是风格。我们的老一代批评家一般都认为写文章首先要庄重,不能调皮,即使调皮也要坚持一个原则,那就是谑而不虐。但是赖希·拉尼茨基恰恰是又谑又虐,所以他给很多作家留下了终身的残疾或者很大的伤痛。比如说格拉斯。赖希·拉尼茨基评格拉斯的《说来话长》的时候,夸格拉斯回忆自己跟乌韦·约翰松会面那一段写得好,说是无人能比,但他接着又来了一句评论,请大家注意:"在格拉斯这本七百多页的书里,就只有这五页文字拿得出手。"马丁·瓦尔泽写过一部长篇小说,叫做《爱的彼岸》。赖希·拉尼茨基的评论是:"这本书不值得读,哪怕一章一页都不值得读。瓦尔泽驾驭不了语言,他的作品缺乏血液和力量。这是一堆没有火星的死灰。"有一位叫门德尔松的作家。注意,他不属于摩西·门德尔松家族。在德国,门德尔松是一个伟大的犹太人家族,出哲学家和音乐家。这里说的是彼得·德·门德尔松,一个非常崇拜托马斯·曼的作家。他给托马斯·曼写传记。托曼斯·曼生于1875年,死于1955年。门德尔松的托马斯·曼传记写到1918年就写满了一千二百页,等于只写到托马斯·曼的早期。这本书引起了轰动。赖希·拉尼茨基评论这本书的时候,不仅说门德尔松跪在地上写作,而且说门德尔松的书之所以写这么长,是因为如果托马斯·曼哪天晚上看了一场戏,门德尔松就会一一交代托马斯·曼见到谁谁谁,这个还不够,他还得掐着手指头算托马斯·曼没有见到谁谁谁。赖希·拉尼茨基的结论是,门德尔松哪里像个作家,根本就是一个宫廷书记员,一个档案管理员。赖希·拉尼茨基始终都是这种评论风格。

赖希·拉尼茨基对作家们进行无情打击,这在作家方面自然要引起反弹。作家们对他的负面评论也很多。有人干脆说赖希·拉尼茨基是批评家们的反面教材。也有不少作家把他塑造为凶神恶煞的艺术形象。他两次上了《明镜周刊》的封面。第二次是一张电脑合成的照片,显示西服革履的他把格拉斯的《说来话长》撕成两半。顺便说说,德语的 zerreißen 和 verreißen 分别是"撕毁"和"批得体无完肤"之意。好些搞德语的人没有注意到二者之间存在一个字母的差别,见了这张照片又听说赖希·拉尼茨基把格拉斯的书 verreißen 了,就误以为他曾当着电视观众的面把《说来话长》撕成了两半。撕书的事情他可没做过。另外,瑞士作家迪瑞马特画过这么一幅漫画。左边画着堆积如山的骷髅,右边是赖希·拉尼茨基捏着一个巨型的笔杆,蹲在那儿。意思不言而喻。赖希·拉尼茨基还多次成为小说形象。奥地利作家彼得·汉特克早就写过他。汉特克很有名,耶里内克在获悉自己得诺贝尔文学奖的消息后曾表示,得奖的应该是汉特克。汉特克是一个很有争议的天才作家。他写过一个短篇,叫做《圣维多利亚的教训》。他在这里面把赖希·拉尼茨基写成一条大丹犬,大丹犬是产自德国的犬种,但是英语里叫它 great dane。这种狗的体型很大,很凶猛。在小说中,叙述者写自己隔着栅栏跟关在花园内的大丹犬对视。叙述者说,这条家狗因为长期生活在"隔都"即 Ghetto,也就是犹太人隔离区,失去了温和优雅的大丹狗特性,蜕变为行刑者民族中的杰出一员。这话是什么意思呢?几年前,美国历史学家戈尔德哈根写过一本书,题为《行刑者的民族》。他把所有的德国人都写成了希德勒的同伙。此前一般都说种族灭绝是希特勒干的事,跟普通德国人没有关系。按照戈尔德哈根的观点,德国人都是帮凶,都是刽子手。汉特克跟瓦尔泽不谋而合。在瓦尔泽眼里,赖希·拉尼茨基也是刽子手形象,所以瓦尔泽总结说:"其实每一个被他虐待过的作家都可以对他说,赖希·拉尼茨基先生,就你我的关系而言,我才是犹太人。"对一个曾经任人践踏的犹太人说这种话,是够损的。瓦尔泽的《批评家之死》,可以说是赖希·拉尼茨基的巨幅文学漫画。这本疑似悬疑的小说,讲的是一个饱受批评霸主践踏的作家忍无可忍,对批评家发出了恐吓,批评家随即神秘消失……事实上批评家并未遭到谋杀,而是跟一个年轻而富有的女作家浪漫去了。瓦尔泽和赖希·拉尼茨基有着几十年的恩恩怨怨,对文学教皇进行过深刻而细腻的观察,所以赖希·拉尼茨基的形象在《批评家之死》里面可谓栩栩如生。对于文学教皇而言,恐怕也找不到比这更理想的文学丰碑。但是,《批评家之死》在德国引起了轩然大波,在德国文坛一直威风凛凛的赖希·拉尼茨基也第一次感觉自己成了受害人。他觉得瓦尔泽用小说来攻击他,不仅因为他是批评家,而且首先因为他是犹太人,所以他套用歌德的话来总结小说的主题:"揍死他,这条狗,他是犹太人。"其实,说《批评家之死》具有反犹特征,纯属炒作,其首选提出这一观点的人是《法兰克福汇报》文学部主任弗朗克·席尔马赫。为了支持其论点,席尔马赫在小说中找了几个牵强附会而且很不可靠的证据,包括批评家的所谓犹太人长相。犹太人有什么长相?在反犹分子看来,鹰钩鼻子或者大鼻子就是犹太人的种族标志。给你们讲一个很有趣的事情。1939年,德军占领布拉格之后派了一帮工人去音乐厅,音乐厅门口有瓦格纳、门德尔松、贝多芬等音乐家的塑像,德军当然是吩咐工人把犹太人门德尔松的塑像弄掉。工人拿着铁锹过去,三下五除二就把事情解决了。但后来发现犹太人门德尔松巍然不动,反犹先锋瓦格纳却没了。为什么?原因很简单,瓦格纳长着一个鹰钩鼻子。大家还不知道吧,瓦格纳是臭名昭著的反犹分子,以色列至今还禁演他的音乐。在以色列,你可以买他的唱片来听,但是你听不到他的音乐会。大家可以想象德国人对犹太人这个话题是多么的敏感。

最后我们总结一下赖希·拉尼茨基的成功之道。赖希·拉尼茨基是个谜,他身上存在许多反差。譬如,他的批评理论其实很传统、很老套,基本上属于18世纪。他的文学批评基本上遵循传记—心理研究方法,大家知道这是最传统的研究方法。不管评什么作品,他总要扯上作家,总要对作家的心态来一番生动有趣的描述。他的批评根本就谈不上什么理论高度或者理论深度。所以,德国的学院派也常常揪着这个话题说。其实,跟赖希·拉尼茨基谈理论有什么意义呢?他属于自学成才那种类型。因为他是犹太人,碰上了第三帝国,所以他没读过大学。其实他已经很了不起了。他完全是凭借自己的悟性,凭借大量的阅读,凭借自己对文学的感觉脱颖而出。他在批评理论方面以不变应万变。你要是跟他讲理论,他会说文学批评没有理论,文学批评无非是把正常的理智运用到文学中,无非是要梳理文学和生活的关系。根据他的逻辑,任何人都可以搞文学评论,文学评论不只是大学教授的专利。不过,批评理论很传统的赖希·拉尼茨基,批评实践却比较先锋。他属于最早触电的评论家,很早就在电台和电视台做文学评论,而且他很有表演才能,把文学批评的娱乐功能发挥得淋漓尽致。他博览群书,激情澎湃又机智善辩,而且擅长高水平的嬉笑怒骂。我看过好几集《文学四重奏》,欣赏过他的表演。别的不讲,说到哪部作品差、哪部作品臭的时候,他多半要皱眉头,还要拿手在鼻子前面扇一扇。所以,不管他说了多少高调的理论,不管他把批评活动说得如何崇高,如何神圣,在他这里,文学批评还是走向了娱乐化,独立化。独立是什么意思呢?独立就是不依靠作家而存在。赖希·拉尼茨基也正是凭借其娱乐化和独立化的批评实践成为德国文坛上的不倒翁。仅在20世纪90年代他就经历过两次挫折。换了别人早就一蹶不振了,他却轻松过关。一次是在1994年。当时他和老相识瓦尔特·延斯翻了脸。延斯的儿子经过一番周密的调查,发现赖希·拉尼茨基在20世纪50年代曾作为波兰特工派驻伦敦大使馆。在普遍右倾的当代德国,这可是要人命的,因为只要媒体说你为共产党政权效力或者曾经为之效力,你就完蛋了。这就跟我们在"文革"的时候说谁谁谁跟国民党政权不清不楚是一回事。赖希·拉尼茨基做过波兰间谍的消息当然使不少人感到震惊,但人们很快就觉得无所谓了。赖希·拉尼茨基经历的又一挫折,便是格拉斯拿诺贝尔文学奖,因为他经常对格拉斯穷追猛打,《铁皮鼓》也曾遭到他的否定。但是公众并没有因为格拉斯获奖而责问他、嘲笑他、背弃他。其实,普通读者并不关心他有没有发现文学新人的眼光,人们看重的是他带来的高级娱乐。从这个意义上讲,《批评家之死》抓住了问题的实质,因为小说把那位大腕儿批评家和观众的配合描写得很精彩,前者的表演和后者的掌声、笑声可谓互为因果。瓦尔泽真是一针见血。赖希·拉尼茨基之所以成功,是因为他在批评家为谁服务的问题上跟歌德唱对台戏,跟歌德指引的方向背道而驰。歌德强调批评家要走作家路线。批评家拿来做什么?批评家不是为公众,而是为作家写评论。批评家只适宜当作家的顾问和伴侣,只能提建议性意见。这是歌德的看法。赖希·拉尼茨基则说,他写评论,与其说为了作家,不如说为了读者。所以他坚持走群众路线。走群众路线的结果,就是得到群众的感激、赏识、崇拜。在当今的德国,提起赖希·拉尼茨基,自然是仁者见仁,智者见智。作家对他当然是又恨又怕,批评家也妒忌他,对他没好话,大学教授更是对他恨之入骨。我就认识一个德国教授,他明确地说,谁要在我面前提到赖希·拉尼茨基的名字,我会转身就走。教授恨他已经恨到这个地步。可是读者和观众却永远站在他那一边,所以说,他走群众路线是走对了。谢谢大家。

现场答问

问:德国文学教皇对文学批评的影响和对文学的启示是什么?

答:一方面把文学批评神圣化,一方面把批评娱乐化,最后使批评独立存在,成为一个独立王国,根本不依赖作家作品存在。一般说来,一个批评家一定要用他的眼光来证明自己。一个好作家、好苗子你没有看出来,你算好批评家吗?赖希·拉尼茨基是伯乐吗?在过去,尤其是格拉斯获得诺贝尔奖之前,他经常讲歌德这里看走眼,那里看走眼,他还引用海涅的名言"千万不要被歌德夸奖——歌德只夸那些没有才气的人"。至于说赖希·拉尼茨基对文学有什么启示,我认为这个问题本来应该留着问作家们。但是,我觉得他的文学批评对作家们的创作也有借鉴意义。他为什么能够把文学批评娱乐化?那是因为在他这里批评已经艺术化、人格化,虽然他从来不说自己的批评文字具有艺术或者文学水准。这是他比包括汉斯·迈耶在内的许多批评家明智的地方。在当今德语文坛,汉斯·迈耶和赖希·拉尼茨基基本上属于同一个重量级。他1994年来北大,被授予名誉教授称号。之所以如此,是因为他50年代在莱比锡大学教书的时候,我们德语界的好几个元老级人物都做过他的学生。他在社科院做报告的时候曾倚老卖老地说:"我所写的一切,都是文学。"这话我听着别扭,因为我知道他没写过什么纯文学作品,再说他当时已经快九十岁。赖希·拉尼茨基就不会犯他这种错误。

问:我们是文学专业的学生,刚刚步入文学研究的大门。我有一点很困惑的地方,一个文学评论家来评论一个文学文本,有一个度吗?如果我们由不断扩大变成过度阐释,但是我们不知道什么叫做过度阐释,怎样做才是适当的阐释?

答:这是一个很有趣的问题,也是一个永远的问题,你是否是过度阐释,取决于你对你的批评是怎么理解的。文学批评没有固定套路。既可以"我注六经",也可以"六经注我"。一般来说,人们会把"六经注我"视为过度阐释。严格讲,文学批评不存在过度阐释的问题。文学批评就是一种对话,读者和文本的对话。做文学批评,只要不是文学专业出身的,都有点实证研究倾向。有人说过,真正优秀的批评家有两种类型。一种是作家,因为他们有直觉,有写作体验;一种是大学问家。哲学家是站在哲学的角度看文学,心理学家是站在心理学的角度看文学,对于他们,文学家就是他们的学术打工仔,无非在给他们的理论提供资料和佐证。我读弗洛伊德的文艺论文,就觉得他的阐释全是过度阐释。不过,现在的文学理论已经否定了传统的意义说,不承认文本中有一个固定不变的、绝对的意义存在,任何阐释都有价值,前提是自圆其说。只要你能够做到自圆其说,越过度阐释越好,我觉得不存在过度阐释。

问:赖希·拉尼茨基文学批评和大众相对文化相比,有什么区别?

答:有人攻击他,也是这么说的,说他就是娱乐大师。但是我觉得有一点是这样的,毫无疑问,他和大众是合谋的。但别忘了一点,他有古典的信仰,即18世纪的信仰,他相信自己在教育人。他觉得他通过他的写作,把大众的水平提升上来了。到底是他把大众提升上来,还是大众把他拽下去了,这个问题值得讨论。他让大众得到了美的享受,给大众以思想启迪,他认为自己达到了目的。要说他多么媚俗,也不是那么简单。你如果实在要说他通俗的话,你可以说他是高级通俗。

还有一点。可能你们中文系谈后现代谈的比较多,后现代本身就反对精英文化和通俗文化的区分。从这个角度看,赖希·拉尼茨基还遭遇了命运反讽:本来他认为自己是按照18世纪的信仰行事,但他的行动的结果却是后现代的企盼的结果,因为他抹去了雅俗的分界线。他谈的话题不是通俗话题,他谈的都是大作家,歌德、卡夫卡、托马斯·曼。为什么说他很伟大?他的确让文学走进了千万家。因为他,许多德国人去谈论甚至阅读大师的作品,水平和档次另当别论,但这本身就是一件很了不起的事。他让文学走进千万家是一个不争的事实。

问:这是不是有点像我们的《百家讲坛》?有一个文化现象,就是把精英文化和普通文化结合在一起,有这个现象吗?

答:你说得很对。刚才我说了,搞外国的东西应该带点本土意识,讨论外国的事情也要结合中国的实践。我倒是希望我们也有赖希·拉尼茨基和《文学四重奏》。这里再跟大家补充一点。《文学四重奏》这个节目只搞到2001年。为什么中断了?不是因为赖希·拉尼茨不想搞,而是因为他有一次在节目中跟老搭档、女评论家勒夫勒辩论时随口说了一句"你根本不懂爱情"。勒夫勒无法原谅他这句话,从此跟他分道扬镳,节目也随之中断。我想强调的是后面的事情。节目中断之后大家都很失落。他本人失落,他的观众也很失落,所以他重新换了一个女搭档继续搞四重奏,但是他没有吸取教训,再一次话语伤人,于是《文学四重奏》彻底寿终正寝。后来他干脆一个人干,搞了个《赖希·拉尼茨基独奏》。但是效果不太好。为什么呢?因为缺对手。这跟武打片一样,没有对手就没法演。我们所熟悉的《百家讲坛》和《李敖有话说》也属于独奏。重奏可能比独奏精彩。可惜我们没时间,不然我可以把《文学四重奏》的录像带给大家放一放。

主持人:我们最后再以热烈的掌声感谢黄老师的精彩演讲。

(2007年5月27日)

《源氏物语》在中国

■ 文洁若　张龙妹

文洁若，女，原籍贵阳，1927年生于北京。资深编审，文学翻译家。1950年毕业于清华大学外国语文学系英语专业。1951年起，在人民文学出版社任编辑、编审。1979年成为中国作家协会会员、中国翻译家协会会员、中国日本文学研究会理事。2002年被选为世界华文文学家协会名誉理事。2004年被评为资深翻译家。1985年至1986年作为日本国际交流基金研究员，在东京东洋大学研究日本近、现代文学。著有《萧乾与文洁若》(纪实文学)、《生机无限》、《梦之谷奇遇》(散文集)、《旅人的绿洲》(随笔集)、《文学姻缘》(书评集)、《文洁若散文》、《俩老头儿》，译有《东京人》(川端康成著)、《天人五衰》(三岛由纪夫著)、《芥川龙之介小说选》、《泉镜花小说选》、《幸田露伴小说选》、《莫瑞斯》(爱·摩·佛斯特著)、《圣经故事》等四十余种，共达九百万字。与萧乾合译的《尤利西斯》(乔伊斯著)获第二届全国优秀外国文学图书奖一等奖及第二届国家图书奖提名奖。所译《十胜山之恋》(三浦绫子著)获第三届全国优秀外国文学图书奖二等奖。因半个世纪来通过翻译介绍日本文学，对促进中日文化交流所做的贡献，于2000年获日本外务大臣表彰奖，2002年被授予日本政府颁发的勋四等瑞宝章。

张龙妹，女，出生于1964年。1985年毕业于北京第二外国语学院，1992年获北京外国语大学日本学研究中心日本文学硕士学位，1994年赴日本留学，1998年3月获日本东京大学博士(文学)学位，同年回到北京外国语大学日本学研究中心工作。专著《源氏物语的佛教思想》(『源氏物語の救済』日本风间书房)获日本第八届关根奖、第三届孙平化日本学奖励基金著作一等奖。主编《世界语境中的源氏物语》、《日本古典文学大辞典》等书。

文洁若:

各位老师,各位同学,今天能到北京大学来跟大家进行交流,我感到很高兴。我是1946年考入清华大学外国语文学系的,当时清华是一座综合性大学,文科方面有优良的国学传统。清华国学院培养了大批杰出人材。可惜1952年院系调整中,清华的文科被砍掉了,从此清华被限定为理工科的大学。当然,改革开放后,清华恢复了文科,包括外语系在内。清华大学为了建设世界一流大学,于1993年重新建立了人文与社会科学学院。然而,由于有过四十一年的中断,可以说是任重道远。

今天的主题是"《源氏物语》在中国",为什么先谈国学呢?因为《源氏物语》虽然已经有了丰子恺和林文月的两部译本,各有千秋,获得好评,可惜钱稻孙的译文只剩下一帖,丢失了几万字。丰子恺和林文月的国学底子和日本古文水平都不如钱稻孙。他们是参考谷崎润一郎等人的白话译本翻译的。钱稻孙生于书香之家。他的祖父钱振常在致缪荃孙的信札中说:"长孙稻孙,九岁毕四书,授《毛诗》。……皆母授也。"钱稻孙三岁开蒙,九岁去日本时已经会写文言文了。当初他译《源氏物语》,是根据岩波书店出版的《日本古典文学大系》14,山岸德平校注的版本。大约从1921年起,他就在家里的东厢房设立"泉寿东文藏书",搜集日本书籍,供人阅读。书籍以文史方面为主,内容丰富。可惜日本投降后,这些书全被国民党的"接收大员"抄走了。1958年11月至1966年6月,我跟他打过八年交道。他告诉我,书架上那些书,大部分是岩波书店老板岩波雄二郎无偿送给他的。

今年4月15日,我参加了日本国际交流基金会举办的第三届访日学者联谊会。访问学者中,社科院外文所的副研究员吕莉是从事柿本人麻吕研究的,已做出一些成绩。如果中国将来有《源氏物语》的第三部译本,窃以为应该按照钱稻孙的译法,原汁原味儿地根据古文译出来。甚至保留钱稻孙的译文,从第二帖译起。我相信,日本国际交流基金会肯在研究、翻译《源氏物语》方面给予赞助。

钱稻孙生于1887年,比我整整大四十岁。倘假以天年,他完全可以再工作十年。最近读陆键东著《陈寅恪的最后20年》,我发觉钱稻孙与陈寅恪有一点相似:他们对学问有深厚的功底,记忆力惊人,即使双目失明,也能工作。当然,钱稻孙并未失明,由于患老年性白内障,看字需要用倍数很高的放大镜。他懂得医学,说"等成熟了再做手术"。还没等成熟,他就在1966年的8月死于非命。陈寅恪生于1890年,1969年含冤逝世,二人双双走了七十九年的人生历程。

日本古代紫式部的名著《源氏物语》(约于1004—1009年写成)是世界最早的长篇小说,比但丁的《神曲》早三个世纪,早于薄伽丘的《十日谈》三个半世纪。《红楼梦》的问世,比《源氏物语》迟七个世纪。

周作人于1906年至1911年间留学日本。1936年7月5日,他在致梁实秋的信中畅谈日本文学,并将此函收在《瓜豆集》(1937年3月出版)中。关于《源氏物语》,他写道:"《源氏物语》52卷(系54卷之误——笔者)成于10世纪时,中国正是宋太宗的时候,去长篇小说的发达还要差50年,而此大作已经入世,不可不说是一奇迹……这实在可以说是一部唐朝《红楼梦》,仿佛觉得以唐朝文化之丰富本应该产生这么的一种大作,不知怎的这光荣却被藤原女士抢了过去了。"

《源氏物语》的主人公"光源氏"是作者紫式部(978—1016?)的理想人物。日本学者玉上琢弥在出版于1957年的"日本古典鉴赏讲座"第四卷《源氏物语》(角川书店)中提出,"光源氏"的原型使人联想到平安时代中期的法成寺摄政藤原道长(966—1027)。道长及其长子赖通(992—1074)系藤原氏鼎盛时期之族长。他们千方百计让自己的女儿成为天皇的后妃。天皇年幼时,由外戚充任摄政,及至天皇成人,外戚改任关白,继续掌握国政的实权。

道长的长女彰子成了一条天皇(986—1011在位)的皇后,生了后一条(1016—1036在位)、后朱雀(1036—1044在位)两位天皇。次女妍子成了三条天皇(1011—1016在位)的皇后。三女威子成了后一条天皇的皇后,四女嬉子成了后朱雀东宫的妃子。后一条、后朱雀、后冷泉(1045—1052在位)三位天皇在位期间,均由赖通任摄政、关白。

紫式部自幼聪明绝伦。十岁那年,长兄藤原惟规读《史记》背不下来,她在一旁听着,竟然出奇地耳熟能详。二十二岁时嫁给藤原宣孝,生有一女,二十四岁上寡居。二十七八岁时着手写《源氏物语》,当时就传了出去,这是她二十九岁那年的腊月见召于中宫(即皇后)彰子的原因。由于父亲藤原为时的官衔是式部丞,所以作者入宫后被称作藤式部。及至第五帖"若紫"脍炙人口,作者的通称就成了紫式部。她的日记里记载着给中宫讲读《白氏文集》中的新乐府一事。白居易倡导新乐府运动,主张用新乐府诗五十首,实践了自己所提出的理论。《折臂翁》、《上阳人》、《买花》、《缚戎人》等篇,都体现了新乐府诗体的特点。可惜日本的国情使白居易的讽喻诗失去批判精神,过滤得只剩华丽、悠闲的意趣了。

《源氏物语》完成于三条天皇的长和三年(1014)。一两年后,作者病逝于父亲任地的越前国,享年三十八九岁。作者以优美的文笔,描绘了"光源氏"和形形色色的女子的悲欢离合。从他诞生之前一直写到他身后事,历经四个朝代七十几年,人物多达四百四十来人。作者用当时的口语娓娓道出宫廷贵族各阶层男女的恋爱生活和内心活动,隐隐表示了对那个时代的男尊女卑的不满情绪。

《白氏文集》七十卷本(后来的全集为七十五卷)传入日本后不久,紫式部就着手写《源氏物语》。曾任日本东京女子大学教授的"源氏学家"丸山清子在《源氏物语与白氏文集》(有申非的中译本,国际文化出版公司1985年版)一书中指出,紫式部在《源氏物语》中广泛引用了中国典籍,凡一百八十五处,涉及著作二十余种。其中涉及白居易的诗四十七篇,引用一百零六处。早年,除了周作人,谢六逸和夏丏尊也曾提到《源氏物语》。

钱稻孙毕生的志愿是完成《源氏物语》的翻译工作。他父亲钱恂曾任清朝派往日本的留日学生监督。1896年,他九岁随父赴日,先后毕业于成城学校、庆应义塾中学和高等师范附属中学。他一度回国,不久又随担任公使的父亲前往意大利和比利时。这期间,他在罗马大学攻读医学和德语,并掌握了意大利语和法语,还自修了美术。早在1921年,他就用离骚体将但丁的《神曲》由意大利语译成中文,成了最早把欧洲中古文学介绍到中国的人,译文颇有韵味,注释深入浅出。他在语言、文学、音乐、戏剧、美术、医学等方面的造诣都很深。抗日战争前,曾是一位名噪一时、备受学术界尊重的教授、学者、资深翻译家。据杨联升著《哈佛遗墨》(蒋力编,商务印书馆2004年版),钱稻孙早年有关于史学考古学的译著,如羽田亨的《西域文明史概论》、原田淑人的《从考古学上观察中日文化之关系》,乃至池田宏梅、原末治合著两大册《通沟》的中文附录,学人受益匪浅,各大图书馆都有收藏。他任教育部视学,国立北京大学医学院日籍教授课堂翻译(日籍教授回国后由他来讲授"人体解剖学"课),国立北京大学讲师、教授兼北京图书馆馆长,国立清华大学教授。抗日战争爆发后,他受清华大学委托,留京保管学校资产。中华人民共和国成立后,曾在齐鲁大学教医学,后调到卫生部出版社任编辑。1956年退休后,被聘为人民文学出版社特约翻译。80年代初,钱稻孙的政治问题得到平反,日伪时期担任北京大学校长一事,不作附逆论。

钱稻孙译的《源氏物语》第一帖《桐壶》在《译文》杂志1957年8月号上刊出后,好评如潮。1961年6月,老伴儿萧乾调到人民文学出版社编译所去,从事《弃儿汤姆·琼斯的历史》(英国亨利·菲尔丁著)的研究、翻译工作。编译所分中文、外文两组,分别承担中国古今主要作家文集的编纂、校勘、注释和外国名著的翻译工作,一度达四十来人,其中有不少专家学者。萧乾告诉我,不论搞国学还是搞外国文学的,都对钱稻孙的译文加以赞赏,说是读来极有韵味,是汉译日本古典名著中的一支奇葩。

人民文学出版社于1959年2月正式约钱稻孙翻译《源氏物语》全书。到当年10月为止,他只交稿四万字。也就是说,每个月只能译四千字。于是决定改由北京编译社翻译,完成后,由钱稻孙校订定稿。这期间,钱稻孙着手翻译近松门左卫门选集和井原西鹤选集。1963年交稿,共三十六万四千字。北京编译社每译完一回,就交给钱稻孙校订。然而他不能像周作人校订《今昔物语》(也是由北京编译社翻译的)那样大刀阔斧、高效率地定稿。看样子,依然得拖上十年八年。自1962年起,决定由丰子恺花四年时间译出。他的散文体现出细腻深沉的风致,又受佛教思想的影响。懂得绘画、音乐、诗词,《源氏物语》的翻译,除了钱稻孙,非他莫属。他就把这项翻译当作头等大事来抓。译稿分批寄到北京,我每周到钱稻孙家去三个上午,整理出三十二页的"校订笔记"。丰子恺的译后记是1965年11月2日写完的。没等最后一部分译稿从上海寄到北京,我就于11月17日动身到河南林县去参加"四清"运动,1966年5月回京,发现全部译稿已交齐。然而,当时已是"山雨欲来风满楼",谈不上发稿了。

进入新时期后,《源氏物语》分三卷分别于1980年12月、1982年6月、1983年10月出版,1986年5月第三次印刷,总印数达253000册。1995年5月又被列入《世界文学名著文库》,出版了两卷本。值得一提的是,丰子恺先生的女公子丰一吟几乎把责任编辑该做的事统统承担下来

了,包括耐心地看我于1963年写的三十二页的"校订笔记"。那些修改意见,绝大部分都接受了,使我感到当年没有白费力气。

台湾大学中文系教授林文月女士所译《源氏物语》,是五卷本。作为《中外文学丛书》的一部分于1978年12月由中外文学月刊社出版。它的特色是,注释比丰子恺译本详尽,书末附有《源氏物语各帖要事简表》。钱稻孙和林文月均照原著没用"帖",丰子恺则译为"回"。"帖"保留了日本味儿,"回"则更适应中国人的习惯。多一种译本,可以有个比较的余地。

"文革"期间,我经手的稿件中最大的损失是钱稻孙的四万字《源氏物语》译稿,以及北京编译社翻译、由钱稻孙校订过六万字的稿子竟在人多手杂的情况下不翼而飞。

2005年10月,一个朋友在潘家园买到一封钱稻孙于1963年8月12日写给我的亲笔信,他给了我一份复印件。同时买到的还有我在1951年1月写的工作汇报。我相信,北京编译社于1960年至1962年间翻译的《源氏物语》手稿(共九十万字,其中十万字经钱稻孙校订过),以及钱稻孙的四万弥足珍贵的译稿,迟早会重新出现。

《源氏物语》中译本的出版,对其他语种也产生了影响。漓江出版社于1991年5月出版了一部《世界最佳情态小说欣赏》(柳鸣九鉴评),其中收有法国女作家玛格丽特·尤瑟纳尔(1903—1987,1980年当选为法兰西院院士)的《源氏亲王最后一次爱情》,由杨方东译成中文。《源氏物语》第四十一帖《云隐》,只有题名而无本文,个中原因有种种说法。一般人都相信,作者借以暗示主要人物源氏出家。编选者认为,尤瑟纳尔笔下的这个短篇表现了古代东方的男权至上观。小说的情节是,光源氏孤独地隐居在小屋里等死。他双目失明,连前来看望他的昔日情妇(花散里)的名字他都忘掉了。

中国文联出版社于2005年5月出版了《解读大师——教科文读本·文学卷》,其中紫式部这部分是我国著名中年作家张炜写的,题目是《无为而有为之书》。张炜认为,"紫式部即便在艺术形式本身大概也无意惊动世人,无意争夺名头,无意开创什么,标志什么。她在这些方面也同样是'无为'的。可也就是这种'无为',却留下了一部结构严谨,情节曲折的大书"。"它在日本文学史和世界文学史上占有重要一页,也许在整个

11世纪初的世界文学之林,很难有哪一部书可以与之匹敌。它产生的影响是如此深远,缠绵的柔情和浓郁的抒情气息,几乎影响了后世所有的日本文学。"

最后我想加上一句:有那么多当代中国人爱看《源氏物语》,潜移默化中,它也会影响中国文学。

张龙妹:
《源氏物语》在中国包括两个方面的内容,研究和翻译。今天结合文老师讲的内容,主要就翻译方面的问题作一下介绍分析。主要分以下几个方面:一是世界文学中的《源氏物语》;二是《源氏物语》之前的日本文学;三是《源氏物语》的内容、特色;四是各国译本介绍;五是中国各译本介绍;六是"林"译本和"丰"译本的特色比较。

一、世界文学中的《源氏物语》

首先讲的是《源氏物语》在世界文学中的地位。有很多人会问《源氏物语》像《金瓶梅》还是像《红楼梦》,其实《源氏物语》比中国的这些著作要早很多年,它产生于11世纪初日本的平安时代(794—1183),早在1050年以前就已经完成了。从世界文学史上来看,《一千零一夜》是民间口传文学,到八九世纪时才有手抄本,15世纪末16世纪初的时候才基本定型。而《源氏物语》不是民间文学而是由作家创作出来的文学作品,它无疑是全世界最早的长篇小说。中国有红学会,日本有紫学会,"紫"是《源氏物语》的作者紫式部的"紫"。一般人都将《源氏物语》和《红楼梦》相提并论,实际上后者产生于18世纪中叶,相当于晚了700多年。

二、《源氏物语》之前的日本文学

那么,《源氏物语》之前的日本文学又处于一种怎样的状态呢?8世纪初,日本人开始用文字记录古代的神话传说,作品有《古事记》和《日本书纪》等,只是这些作品都是用中文写的,比如《日本书纪》的开篇为:"古天地未剖,阴阳不分,混沌如鸡子"。这里的"古天地未剖,阴阳不分"语出《淮南子》的"天地未剖,阴阳不判";"混沌如鸡子"则出自《艺文类聚》"未有天地之时,混沌状如鸡子"之句。仅从这一例就可以看出,不仅文字,就连对宇宙的认识也与我国古代的相一致。

到了9世纪前后,日本创造了自己的文字——假名,才开始出现了虚构的物语。以《源氏物语》为界,在物语创作上有两大明显的不同:《源氏物语》之前的物语大都是由男性创作的,而以后的物语大都出自女性之手;《源氏物语》之前的故事都属于传奇故事,之后的物语多为以宫廷、贵族生活为中心的爱情故事。

第一部物语是《竹取物语》,写于9世纪,和云南的民间故事《斑竹姑娘》类似,属于传奇故事类。其次有《宇津保物语》,成书于10世纪后期,写的是一名遣唐使在到中国的途中遇到海难,漂流到波斯后辗转到达印度取经的故事,带有传奇色彩。之后有《落洼物语》,产生于10世纪末,讲的是一个女孩不仅在生活上受到继母的虐待,婚姻方面也受到继母的阻扰,在经历了许多不如意之后,最终获得幸福的故事,属于灰姑娘型。这些便是《源氏物语》成书以前的主要物语作品。从以上简短的介绍中也可以了解到,这些作品与民间口传文学之间还保留着非常密切的关联。

三、《源氏物语》的内容、特色

1. 作者紫式部

接着给大家介绍《源氏物语》的内容和特色。首先介绍一下作者紫式部。《源氏物语》之前的作品,从内容及遣词造句中可以断定是由男性创作的,但现在已无法推断是由哪个文人创作的了。而《源氏物语》,根据紫式部留下来的日记,可以基本上肯定是她的作品。紫式部这个名字听起来很不顺耳。其实,在古代日本,女性的地位十分低下,一般是没有自己的名字的,如果看某一族的家谱,女孩就只标有一个"女"字,只有进宫与亲王以上人物成婚的女子才有自己的名字,而一般女子,即便她在宫中作女官,旁人也只能用她的姓氏加上父亲或丈夫的官职来称呼她。紫式部的父亲藤原为时,曾任式部丞之职,所以她本来应该是叫"藤原式部",而按照当时模仿中国单姓的习惯,就叫作了"藤式部"。因为《源氏物语》的女主人公紫上在当时已为许多读者所喜爱,当紫式部因为创作《源氏物语》的盛名被召出仕彰子皇后时,她便有了"紫式部"这样一个称呼。

紫式部在当时要算晚婚的了,27岁左右才结婚,而且结婚时她的丈夫已经有了和她差不多大的孩子,结婚才两年多,丈夫又死于流行病。为了排遣寡居生活的寂寥,她开始创作《源氏物语》。《源氏物语》获得成功之后,当时皇后的父亲就邀请她进宫做他女儿的家庭教师,从这时开始紫式部才有了社会生活。当时的皇后叫做彰子,紫式部在宫里面的时候还悄悄地给皇后讲过《白氏文集》里面的新乐府。白居易的新乐府属于讽喻诗一类的,对于当时的男性来说都不好理解,可见她有着相当的汉学功底。当时日本还模仿唐朝的取仕制度,为此,她的父亲也曾感慨这个女儿要是男孩该有多好。

2. 历史背景

《源氏物语》具体的创作时间,据推测是在 1000—1013 年之间。要理解《源氏物语》还要了解它的历史背景,当时历史背景的关键是特殊的政治制度——摄关政治。"摄关"中的"摄"是指"摄政",是天皇幼小的时候代替天皇管理朝政的官职;"关"是指"关白",是天皇长大以后协助天皇处理朝政的官职。为什么臣下可以代替天皇管理朝政呢?一般说来,"摄关"都是由天皇的外祖父担任的,他把自己的女儿嫁给天皇,当外孙即位后,自己便能替他执政了。当时的天皇基本上没有什么权力,主要管理后宫就可以了。这里给大家举个例子,藤原道长,他是紫式部在世时执政时间最长的关白,他与各天皇的关系便是摄关政治的典范。

紫源道长有两个姐姐,一个叫诠子,一个叫超子。她们分别嫁给了圆仁天皇和冷泉天皇。诠子和圆仁天皇生下了一条天皇,一条天皇先与定子结婚,定子是道长的侄女,就是他哥哥的女儿,定子的父亲去世之后,定子就失势了。道长很快就把他12岁的女儿彰子嫁给了一条天皇,这位彰子便是紫式部侍奉的皇后。彰子和一条天皇生下了后一条天皇和后朱雀天皇。道长的二女儿妍子嫁给了另外的一个姐姐超子与冷泉天皇生下来的三条天皇,他们生下了祯子内亲王。之后,道长又让他的三女儿威子与后一条天皇、四女儿禧子与后朱雀天皇成婚。他们是姨妈和外甥结婚,在中国人看来,这种乱了辈份的婚姻是礼教所不允许的,但在摄关政治时期,这种情形却有一定的普遍性。正是依靠与天皇的这种婚姻关系,道长和他的儿子掌管了五代天皇的朝政,长达30余年之久。《源氏物语》就产生在这种摄关政治的背景之下。

3.《源氏物语》的结构

《源氏物语》一共有54卷,现在一般分为三部:第一部,1—33卷,描写了光源氏的辉煌,与藤壶、紫上等女性的自由恋爱使得他在政治上飞黄腾达,位极人臣;第二部,34—41卷,写的是光源氏中年以后的寂寞生活,与三公主的政治联姻反倒使他走向没落;第三部,42—54卷,写的是光源氏后人与宇治三姐妹的爱情故事。其中也有一些插入的短篇,像空蝉、夕颜、末摘花、玉鬘十帖等卷,从故事情节的内在联系来看,基本上可以断定这些短篇故事是后来插入到现在位置上的。

4.《源氏物语》的主题

从主题上面来讲,《源氏物语》日语原文有150多万字,是一部十分庞大的作品,有许多主题,从哪个方面说都有一定的道理。首先,比如政治与婚姻的关系。主人公光源氏,他的父亲是当时的桐壶天皇。天皇有很多妃子,最宠爱一个名叫桐壶更衣的。更衣是地位较低的妃子,父亲已经去世,只有母亲和哥哥,而且哥哥又出家为僧,所以只有母亲一个人做她的后援。在宫中,虽然桐壶天皇很宠爱她,但是很多有权势的妃子迫害她,在生下了光源氏后不久,终于郁郁而死。在桐壶更衣去世之后,桐壶天皇又物色到了一个和桐壶更衣长得非常相像的藤壶女御,光源氏从很小的时候就经常被父亲带到藤壶女御那里,说这个女子和他的生母很像,要两个人好好相处。事实上,藤壶女御只比光源氏大5岁,为此,待成年以后,光源氏对后母的那种依恋渐渐变成了男子对女子的感情,最终他们两个私通生下了冷泉皇子。

在与藤壶女御的感情得不到满足的情况下,光源氏在山里发现了与藤壶长得极像的紫上(紫上在丰子恺的译本当中被称作紫儿)。当光源氏发现紫上实际上是藤壶女御的侄女时,就采取了像掠夺婚一样的方式将紫上抢到了自己的府第。为什么要采取这样的方式呢?那是因为光源氏不想成为别人家的女婿。作为天皇的爱子,他的婚姻必定是政治婚姻,在他的成人仪式上,父皇已让他与左大臣的女儿成婚了。不是通过正式婚姻而是采取这种掠夺般的行为,正是年轻的光源氏反抗政治婚姻的一种体现。无论是反抗政治婚姻还是与藤壶女御私通,都是当时的社会所不允许的,然而,正是这样的行为反而使光源氏在政治上走向辉煌,因为冷泉皇子继位之后,光源氏自然就成为了天皇的生父,他的官职也升到了人臣所难以企及的准太上天皇。换句话说,这种不含有政治因素的叛逆婚姻和恋爱关系把他带到了政治的顶峰。而相反,在他40岁的时候,与三公主的有目的的政治婚姻,却使他走向没落。三公主是他哥哥朱雀上皇的女儿,朱雀上皇在出家之前要把他的女儿许配给人。由于三公主是上皇最宠爱的一个女儿,能够娶到她的人必定能继承皇族很多财产,而且三公主的长兄又是当今天皇,和三公主结婚的人不仅能获得皇家的财富,而且可以得到无与伦比的权势。从年龄上来说光源氏已年届四十,而三公主还只有十四五岁,但是朱雀上皇希望光源氏能够接受他的女儿。光源氏考虑到如果三公主与其他氏族联姻的话必定影响他的地位,便决定和三公主结婚。然而,这场政治婚姻最终导致紫上在悲伤中死去,而三公主也与原来的求婚者私通,生下一子后出家,光源氏自己在寂寥中走完人生。这是从政治和婚姻的关系来看。另外还有女子婚姻观、人世无常观等等,就不一一介绍了。

5.《源氏物语》的创作方法

在创作方法方面,《源氏物语》借用的汉籍非常多,一共有60多种,包括《汉书》、《文选》、《白氏文集》等,其中《白氏文集》引用的最多,具体方法有直接引用和间接引用。这些引用丰富了作品的表达,还为作者的创作提供了不少与以往物语所不同的思路。比如开篇对《长恨歌》和《长恨歌传》的引用,从中可以看出作者有意创作日本平安朝的杨贵妃故事的构想。

除了对汉籍的引用外,《源氏物语》还多方面借鉴了先行文学。比如对母题的运用,上述光源氏与紫上的结合,就是借鉴了和歌物语中掠夺婚这一母题。《源氏物语》最擅长的是对母题的变换、重叠。就拿光源氏与紫上的故事来说,除了掠夺婚以外,还包含有灰姑娘型故事。紫上是在母亲和外祖母去世后,即将被接到父亲的府第前被光源氏抢回家的。在她父亲的府上,有她的继母和同父异母的姐姐们,如果没有被光源氏抢回家,等待紫上的命运是可想而知的。是作者运用掠夺婚的形式,改变了灰姑娘型故事。后来,作品又不让紫上生育,让这一位差一点受到继母虐待的女子自己当上了继母,也许是因为自己没有生育,作品把她描写成一位胜过生母的继母。正是借助于对母题的重叠、变换,才使得《源氏物语》不同于先行物语,也才使得逾百万字的长篇成为可能。

四、各国译本介绍

下面介绍各国的译本。英译本:最早把《源氏物语》翻译成英文的是Arthur Waley,1925—1933年在伦敦出版了《源氏物语》的英译本,这是全世界最早的英译本。其后出现的欧洲其他译本如德译本、法译本都是根据这个英译本转译的。1976年Edward G. Seidensticher在纽约出版了第二个英译本,2001年Royell Tyler翻译的《源氏物语》在纽约出版,据说第四个译本正在翻译中。德译本:1966年,在苏黎世出版了Oscar Benl由原文直接翻译的德译本。韩译本:韩国有两个译本,1975年柳呈译本由乙酉出版社出版,至1999年,田溶新出版了新译本。法译本:1977年Rene Sieffert直接译自原文的译本在巴黎出版。西译本:1977年Manuel Tabares的译本在布伊诺斯艾利斯出版,2002年又有Fernando Gutierrez的译本在巴塞罗那出版。俄译本:俄译本出现得较晚,Tatiana L. Sokolova-Deliusina的译本于1991年在莫斯科出版。最近有捷克语译本出版发行。从众多的译本中可以看出,《源氏物语》无疑已是世界文学中的重要一员了。

五、中国各译本介绍

中国的译本也有很多,从现在掌握的材料可以列举出以下各译本:
1. 钱稻孙:桐壶卷《译文》 1957年8月
2. 林文月:中外文学月刊社 1978年
3. 丰子恺:人民文学出版社 1980年
4. 殷志俊:远方出版社 1996年

5. 梁　春：云南人民出版社　2002年
6. 夏元清：吉林摄影出版社　2002年
7. 叶渭渠：《源氏物语图典》，上海三联书店　2005年

　　首先是钱稻孙的，他的不能称之为译本，因为他只翻译了一卷，于1957年8月刊登在《译文》上。之后是林文月于1978年在台湾出版了全译本，接着丰子恺的译本也由人民文学出版社出版了。其实丰子恺是在林文月之前翻译的，60年代时就已经翻译出来了，因为"文革"没有出版。丰子恺以后有殷志俊、梁春、夏元清等的译本，这些译本存在着许多问题，稍后给大家作具体分析。第七个译本是叶渭渠翻译的《源氏物语图典》，其实他不光翻译了《源氏物语图典》，而是计划出版整个"日本古典图读书系"，除《源氏物语图典》外，还有《枕草子》《竹取物语》《伊势物语》《平家物语》四册。据我个人了解，目前还有两位从事日本文学研究和翻译的人员正在翻译《源氏物语》，在近期内就会有九个译本面世了。从以上各国译本的存在情况来看，应该说是值得欣喜的，但就译本的具体质量而言，这里存在着令出版界、翻译界、日本文学研究界都非常尴尬的局面。

1. 钱稻孙译文的特色

　　下面我们来具体分析各译本的特点。从我看过的译文来看，我推崇的是钱稻孙的译文。那么，他的译文都有哪些特色呢？首先是继承了原文讲故事的叙述方式。原文是以光源氏周围的侍女讲述她们主人故事的方式来叙述的，所以作品中的人物都没有具体的称呼。比如说桐壶天皇，在钱稻孙的译文当中没有"桐壶天皇"这样一个固定称呼，而是用皇上、官家、至性等普通名词来代替的。桐壶更衣也一样，只称其为贵人、娘娘、妃子等。实际上桐壶天皇、桐壶更衣这些称呼是读者后来给起的。桐壶更衣是因为她居住在种有梧桐的殿舍里（"壶"为宫中的殿舍）而得名的，桐壶天皇则是因为他宠爱桐壶更衣的缘故。钱稻孙的译文完全继承了原文的这种叙述方法。

　　第二个特点是完全忠实于原文的句式。如例1：

　　例1　この皇子生まれたまひて後は、いと心ことに思ほしおきてたれば、坊にも、ようせずは、この皇子のゐたまふべきなんめりと、一の

皇子の女御は思し疑へり。　　（原文引自新编日本古典文学全集，下同）

钱译：自从生了皇子以后，官家也加意持重起来，以致一皇子那女御倒起了疑心，莫非东宫都，一个不好，会叫这位皇子去住了。

（《译文》1957年8月）

丰译：自从小皇子诞生之后，皇上对更衣尤其重视，使得大皇子的母亲弘徽殿女御心怀疑忌。她想：这小皇子可能立为太子呢。

（引自人民文学出版社1980年版，下同）

比较一下划线部分钱译和丰译的文字，就可以看出钱译与汉语正常的叙述方式不同，但和原文是一模一样的。

钱稻孙的译文只有一卷，其他方面的特色我们无从了解，但仅从以上两点就可以获知，钱译是完全忠实于原文"物语"这一文体的。

2. 殷梁夏三译本的性质

下面介绍的是殷志俊、梁春、夏元清译本，这三个译本都为一册本，而丰子恺的译本是两册或三册本的，所以有不少学生购买这些译本。从译文的性质来说，这些译本只是丰译本的改写本，而且，由于缺乏起码的对日本古代文化的了解而产生的误改也随处可见。首先是和歌。夏译本是完全照抄丰译本的，梁译本的又与殷译本的完全一致，而殷译本与丰译本之间的关系呢？请看例2。

例2　　宮城野の露吹きむすぶ風の音に小萩がもとに思ひこそやれ

丰译：冷露凄风夜，深宫泪满襟。
　　　　遥怜荒渚上，小草太孤零。

殷译：夜风送冷露，深宫泪沾襟。
　　　　遥遥荒渚草，顿然倍孤零。　　（远方出版社1996年，下同）

这是桐壶天皇思念远在更衣娘家的幼子的和歌。大家可以发现殷译的文字与丰译的文字非常相似，这也许还不能充分证明殷译是对丰译的改写，但"深宫泪满襟"一句是丰子恺添加上去的内容，原文中并不存在，殷译改成了"深宫泪沾襟"，而原歌中的"风声"，丰译没有表现出来，殷译也没有。由此,只能认为殷译是对丰译的改写。再看划线部分,丰译中一个"怜"字,表达了天皇思念幼子的心情,殷译本却把被比作"荒渚草"的幼子译作主语了,全然没有了原歌中的意境。这种"误改"现象应该是译者不懂原文造成的。

除了和歌以外,其他类似的误改现象也比比皆是。原文有一段桐壶更衣去世以后,桐壶天皇想念故人,派人去她娘家看望的场面(例3)。

例3 野分だちて、にはかに肌寒き夕暮のほど、常よりも思し出づること多くて、<u>靫負命婦</u>といふを遣はす。

丰译:皇上追思往事,倍觉伤心,便派<u>韧负命妇</u>赴外家存问。

殷译:皇上忽然忆起昔日旧事,倍觉神伤,随派了<u>韧负和命妇</u>到外家存问小皇子音讯。

梁译:皇上忽然忆起昔日旧事,倍觉神伤,<u>随遣韧负和命妇</u>到外家探问小皇子。　　　　　　　　　　　　(云南人民出版社,2002年)

这一段译文中有不少问题,我们只看划线部分的翻译。在介绍作者紫式部称呼的由来时,我们已经讲过,日本古代女子在宫中的称呼是根据父亲或丈夫的官职来确定的。"命妇"是指五位以上的女官或官职在五位以上的人的妻子,"韧负"是卫门府的武官,所以"韧负命妇"应该是丈夫或者父亲担任武官的命妇。丰译本做了非常详细的注释,介绍这种独特的称呼的由来,但殷译和梁译都把"韧负命妇"翻译成"韧负"和"命妇",变成两个人了。他们连注释都没有读懂,尽管梁译本连注释都是一字不漏照搬了的。

从总体上说,殷译本是对丰译本的改写,而梁译本,又是在殷译本的基础上作的改写。至于夏译本,如上文所述,和歌是完全照搬丰译本的,叙述部分,大概是为了避免殷梁本那样误改的风险,除了把"母亲"改为"妈妈"那样简单的通俗处理外,没有大的动作。

一册本不仅价格便宜,也易于携带。也许正是抓住了读者的这一心理,殷、梁、夏译本才得以面世的。翻译像《源氏物语》那样的古典名著,在过去也只有钱稻孙、丰子恺那样的翻译家才敢问津的,而殷、梁、夏三位却是在日本文学界不曾闻名的人物,这三个译本很可能是出版社为了牟利"打造"出来的。

3. 叶渭渠《源氏物语图典》中的问题

3.1 关于作者紫式部

叶渭渠在导读当中是这样介绍紫式部的。

<blockquote>
给彰子讲解《日本书纪》和白居易的诗文,有机会显示才华,博得天皇和彰子的赏识,受到天皇赐给她一个"日本纪的御局"的美称,获得非常优厚的礼遇。　　(上海三联书店　2005年,下同)
</blockquote>

紫式部曾经给皇后彰子讲解过白居易的新乐府,这一点可以从作者的日记中得到确认,我们在上面也已经提到了。但至于讲解《日本书纪》,天皇赐给她"日本纪局"的美称,则纯属无中生有。产生这种误解的根源可能是《紫式部日记》中下面这段文字。

<blockquote>
内裏の上の、源氏の物語人に読ませたまひつつ聞こしめしけるに、「この人は<u>日本紀をこそ読みたるべけれ。まことに才あるべし</u>」とのたまはせけるを、ふと推しはかりに、「いみじうなむ才がある」と殿上人などに言ひ散らして、<u>日本紀の御局とぞつけたりける</u>、いとをかしくぞはべる。
</blockquote>

紫式部在这里描写了宫廷贵族仕女复杂的人际关系。说一条天皇听人朗读了《源氏物语》后,称赞作者说"此人一定读过《日本纪》。非常有才华"。谁知别的仕女妄加猜疑,跟殿上人散布说"那个人可自以为了不起了",还给起了一个"日本纪局"的外号,真让人哭笑不得。《日本纪》是包括《日本书纪》在内的日本史书的总称。在当时,读史书是男人们的事,而物语被看做是女人和孩子们的消遣读物。所以,天皇称源氏的作者一定读过史书,是对虚构的物语的最高评价。而其他仕女偶尔听到了这句话,就跟可以上殿面君的高官们大肆散布谣言,说紫式部自恃才高,给她起了那么个外号。与中国过去的太史令都是由男性担任一样,日本当时也是女子无才便是德的社会,所以"日本纪局"含有"女太史令"那样的讽刺与挖苦,绝不是什么美称。再说,原文中,天皇说话用的是敬语动词,而对散布谣言的仕女用的是普通动词,有一点古典日语基础的人就很难

造成这样的误读。

3.2 关于紫式部的文学理论

下面是有关紫式部的文学理论。叶渭渠这样写道：

> 紫式部在这里(叶文中指《蝴蝶》卷,实为《萤》卷)首先主张物语应该写真实,即使是虚构部分,也应该包括真实,……《源氏物语》正体现了紫式部的这种写实的"真实"文学观。它表现的内容以真实性为中心,如实地描绘了她所亲自接触到的宫廷生活的现实……

在这里译者运用了"真实""写实""真实性""如实""现实"这样一些看似相近的词语,但实际上是把"真实"与"现实""写实"等同起来了。作者在《萤》卷中借主人公之口提出了这样的观点：

> (物語)神世より世にあることを記しおきけるなり。日本紀などはかたそばぞかし。これら(物語)にこそ道々しくくはしきことはあらめ。
>
> (物语记载了从神代以来的人世上的事情,像《日本纪》这样的史书只记录了其中很少的一部分。物语中才有人世上的真实。)

作者认为史书虽然记录了一些历史纪事,但都是些很片面的东西,只有物语里面记载的才是真实的。这里就存在着"事实""现实""历史纪事"与"真实""虚构"这些概念上的问题。举一个比较通俗的例子,几年前有部电影叫做《红色恋人》,里面有张国荣扮演的中国共产党人靳替代怀孕的妻子秋秋去坐牢的情节。之后报纸上和很多学生都说这种情节的安排是不合理的,因为共产党的纪律是不允许这样做的。共产党的纪律不允许这样做,这可能是事实,但这未必是身处那种境地的每个共产党人的内心世界的真实体现,任何一个共产党人,都会去替代怀孕的妻子坐牢的,这才是真实的感情,而文学或艺术表达的正是这种真实性,即便故事是虚构的。紫式部在《源氏物语》里面主张的,也是这种真实性。事实未必等于真实,虚构的故事也未必不真实。叶渭渠的文字是文学理论上的误导。

3.3 对主题的误解

叶渭渠在导读中,还存在着对主题的重大误解。文章当中说：

紫式部是有着明显的模仿白居易《长恨歌》的目的意识的。她在《源氏物语》开卷就道出了这一讽喻的主题思想："这般(等)专宠,真(正)叫人吃惊！唐朝就因为有了这种事儿(此等事),弄得天下大乱。这消息(渐渐)传遍全国,民间怨声载道,认为此乃十分可忧之事,将来难免闯出杨贵妃那样的滔天大祸来呢……"

确实,《源氏物语》开篇就引用了《长恨歌》《长恨歌传》中的文字,写那些殿上人对天皇如此宠幸一名更衣都侧目而视,还举出杨贵妃的例子来,说将来日本也难免惹出安史之乱那样的事件来。但对于殿上人的这些言行,作者用了一个否定副词,说殿上人的这些言行委实多此一举。就像历史背景中介绍的那样,当时的天皇是没有实权的,天皇宠爱一个更衣,根本不可能导致安史之乱那样的变故,再说,更衣又没有像杨国忠那样的兄弟,她自己也没有像杨贵妃那样自恃恩宠而骄横跋扈,相反倒是遭到其他妃子们的迫害,积郁而死。更衣的形象与杨贵妃根本没有共同之处,引用杨贵妃的故事只是借用了唐明皇与杨贵妃的悲恋情节,相反,倒是通过更衣的屈死揭露了摄关政治制度下后宫生活的黑暗。所以说,所谓《源氏物语》中体现了讽喻主题的说法是完全站不住脚的。不仅《源氏物语》,在整个日本文学中,白居易的讽喻诗都没有得到正面的吸收。

其实,上面引用的这段文字,与丰译本非常的接近。如果把划线部分用括号内的字替代的话,就是丰译本的文字了,"这消息渐渐传遍全国……"一段只是将"渐渐"两个字去掉了。而且,这段文字是丰子恺误译的地方,与原文对照可以知道,这里应该是以更衣为主语的,也就是说,作者是站在同情更衣的立场上写这些话的。无疑,这又与所谓的讽喻主题相悖,也是抄袭丰译本的一个例证。

以上主要是导读中的主要错误,正文中情节上的混乱更是不胜枚举,很难想象从这样的一个译本中,读者能获得怎样的理解。从翻译学的角度来说,《源氏物语图典》与其他三个译本一样,都称不上译本,理应不可以出版发行的。只是《源氏物语图典》的出现比其他三个译本更加难以令人理解,那是因为译者还是日本文学界的权威人士。一个权威人士与上海三联书店"打造"名著译本,真正令人瞠目。同一读图书系中已出版的《伊势物语》《平家物语》也存在着同样性质的问题,在此就不例举了。

总体上来说,我国虽然有这么些译本,但在大陆,真正能称得上译本的,还只有丰子恺的《源氏物语》。只有一个译本并不是什么不光彩的事情,但那么多冒牌译本的存在确确实实是我们整个民族的耻辱。

六、林译本和丰译本的特色比较

林文月早年生活在上海的日本人租界,后随父母到台湾,从事日本文学研究,她开始翻译源氏也是因为研究的需要。所以,她的译本相对来说比较忠实于原文,注释也相当详尽。丰子恺,大家知道,他是个漫画家、散文家、翻译家,有着深厚的国学功底,读他的译文,就像是阅读明清的白话小说。

林译本与丰译本在许多方面都很不相同,但也存在着共同之处。比如对于原文讲故事式的叙述文体,二者不约而同都没有采纳,而代之以全能式的描述。从总体上说,不同点反映了大陆与台湾因为地理、文化上的隔绝而产生的不同区域性特征以及译者个人的不同文化修养,而相同点,恰好体现了中文表述以及大陆与台湾在伦理道德上的一致性。

关于林译本和丰译本的特点,我曾经作过详细的论述,这里只给大家介绍一个例子,从这一例子可以看出由于大陆和台湾在伦理道德上的一致性所造成的误译。

光源氏对藤壶的私情、夕雾对紫上的暗恋、柏木对三公主的邪恋,在《源氏物语》中都是用同一词汇「おほけなし」(ohokenashi)来形容的。藤壶是光源氏父亲桐壶天皇的妃子,光源氏与藤壶,属于继子与继母的关系。夕雾与紫上,也属于继子继母关系。只是夕雾是个厚道的男子,他在为紫上的美貌倾倒的同时,一直告诫自己不可以做不该做的事情。原作中是用「おほけなし」的否定形式来描述夕雾对紫上的这段感情纠葛的。至于柏木与三公主,关系就要简单得多。柏木是光源氏的内侄,三公主是光源氏的侄女,朱雀上皇的公主。朱雀上皇在出家前为他钟爱的三公主择婿,柏木曾是众多求婚者之一。在三公主与光源氏结婚后,柏木依然对她不能忘怀,致使发生私通事件。他对三公主的感情,作品也一直以「おほけなし」来形容。

关于「おほけなし」的词义,除了词典上"大胆""与身份不相称"这

一基本词义外,还暗含了对亲人的背信弃义这样一种语感。以上用法正好体现了光源氏对于桐壶天皇,夕雾、柏木对于光源氏的内疚心理。

然而,在林译本和丰译本中,上述三者有了各不相同的译文。在用来形容光源氏对藤壶的恋情时,林文月译作"不义私恋""逆伦私情",丰子恺译作"逆天背理""大逆不道",这四组词语一同体现了译者把光源氏的行为看作违背了君臣父子之礼的儒家伦理观。而夕雾对紫上的恋情,林文月译作"不轨的念头",丰子恺译作"非礼之念""越礼之心",与形容光源氏的词语相比,只表现了对继子继母乱伦关系的责难。至于柏木与三公主的私通,林文月译作"狂妄""非分""不知自量""不识抬举""坏念头""胆敢""太大胆"等,丰子恺也译作"荒唐""荒唐可耻""无法无天""分外""自不量力""狂妄",他们不约而同地抛弃了上述的伦理观,只根据「おほけなし」的基本含义作了字面上的翻译。也就是说,在翻译「おほけなし」这个词语时,译者以自身的伦理观,对三人不同的情节进行了"量刑",光源氏最重,因为他暗恋的是父皇的宠妃,夕雾次之,他们的行为都是儒家的伦理观所不容的。唯有柏木的"罪行"最轻,他只是不自量力地做了一件分外之事,对他,译者没有进行伦理上的谴责。

尽管林文月和丰子恺分别在台湾和大陆翻译了这部名著,但是都不约而同地体现了中国的传统文化,由此我们可以看出传统文化在接受外来文化时产生的制约力,有助于我们探讨文化误译所产生的根由。

(2006 年 7 月 18 日)

女娲神话的民俗研究

■ 王　娟

王娟,女,1963年生,北京大学中国语言文学系副教授。北京大学中文系博士,美国加州伯克利大学民俗学硕士,著有《民俗学概论》、《中国民俗文化》等书,发表《新形势下的新定位——关于民俗学的"民"与"俗"的新思考》、《校园民俗》、《中国古代的明器》等论文。主要研究方向为民俗学、民俗理论、民间信仰、民间节日、民间建筑和美术等。

神话是一种民俗事项,属于口头民俗范畴中的叙事民俗。民俗学对神话的定义完全不同于其他学科对神话的定义。我们对神话的研究因此也就完全有别于其他学科对神话的研究。大家原来可能重点关注的是什么是神话?神话的经典文本是什么样的?人们为什么要讲神话?神话现在还有没有?以后还会不会有?中国缺不缺神话等等。在民俗学领域,这些问题似乎根本就不是问题。

大家熟悉的中国神话大部分都来自《山海经》、《淮南子》等古代典籍。在大多数人心目中,神话是远古时代的产物。神话太古老了,主要表现为神话的内容带有很大的"随意性"、"偶然性"和"荒诞性"。我们不知道神话的逻辑性在哪儿,或者说神话根本就没有什么逻辑性,也没有什么特别合理的人物形象、人物关系、情节发展等因素。人们因此倾向于把神话看成是古代才有的一种特殊的文学类型。至于现在,大家一致的观点是产生神话的时代已经过去了,神话因为失去了其生成的环境,因而也就消失了。我们现在看到了神话,尤其是古代典籍中记录的很多神话内容,基本上讲,就是古代神话的"残余物"。但实际上这是一种错误的观点。作为一种民俗事项,神话在古代的时候存在,现在也存在,而且在漫长的历史发展过程中，神话从来就没有消失过。在以往的研究中，神话或者是一个文学范畴，或者是一个历史范畴，或者是一个哲学范畴，但是，现在看来，神话还是一个民俗学的范畴。本次讲座我们侧重如下两个方面：一是神话的非历史性；一是神话的非文学性和非文本性。同时，我还想介绍一下民俗研究中的现象研究和过程研究。

神话从民俗学的角度来说就是一种类型，与民间传说、民间故事、民谣、民歌、史诗、民居、民间服饰、民间饮食等民俗事项是并列的。我们对神话、故事、传说有一个总称，叫做"叙事民俗学"。所谓"叙事民俗学"就是它们都有叙事的成分在里面。这里我们至少要知道，神话、故事和传说是并列的关系。从这个意义上讲，如果神话与历史关系密切，那么，我们是否也可以说民间故事与历史关系密切？在我们的观念中，民间故事肯定不是历史，从小到大，我们听过了多少故事啊，有谁拿"狼外婆"的故事做过历史研究吗？有谁探讨过这个故事反映了哪种历史文化背景，反映了什么样的社会现实吗？没有。还有就是传说。传说中有一类可能被当作历史资料去看待，比如三皇五帝、帝王将相的传说常常被拿去跟历史作比较。但传说中有一大类是没人会去做历史研究的，例如鬼的传说，不会有人拿它作历史研究。再比如与禁忌有关的传说，诸如正月期间不能剪头发，否则会死舅舅之类的民间禁忌，也不会有人将其与历史研究联系起来。但是，大家从来就没有怀疑过，神话为什么是可以进行历史研究的？同样荒诞不羁的神话为什么就被确认是"披着荒诞外衣的历史"？

大家讲历史都要从远古时代开始讲起，从神话开始讲起。那为什么不从故事或传说开始讲起？从民俗学角度讲，神话、故事、传说是三种不同的类型，至少神话和故事产生于同一时代，或者说，从文化发生的角度看，神话诞生的同时，故事也就诞生了。神话和故事是一对概念。但是我们对它们的态度是不一样的。尽管神话看起来没有任何的逻辑性、合理性，但我们无疑倾向于把神话看成是含有某种真实性的历史资料，我们更愿意对它进行历史性的研究。实际上神话本身不是历史，跟历史也没多大关系，只是在我们的观念里，我们已经"假定"神话是"披着荒诞外衣"的历史，并由此派生出"神话"起源于古代，后来退化为"传说"，继而退化为"故事"的说法。我们的思维是线性的，我们将神话、传说、故事三者按先后顺序排列起来。按着这条线来理解，当然神话应该在最前面。但在民俗学看来，至少神话和故事是同时出现的，正如刚才已经说到的。如果说故事中没有什么历史的因素在里面，那么神话也亦然。就像我们在当代社会里，民间文学的内容不会被拿来做历史研究，我们也不会将民间文学与历史记录放在一起评价哪个更像历史，因为我们现在学科发展日趋完善，类别分野也日渐清楚了，所以概念上混淆的情况很少会发生了。

神话分为两大类：一类是创世神话，其主人公为"神"，创世神话的主要内容是关于宇宙的起源的，例如，人类的起源、日月星辰的起源、四季的起源、死亡的起源等等。还有一类是英雄神话。英雄神话的主人公一般都是半人半神的英雄，他们有神的"血统"，父母双方有一方是神，一方是人。比如简狄吞玄鸟卵之后怀孕生下了契，商的祖先。英雄神话的主要内容为文化的起源，如氏族起源神话、农业起源神话、治水英雄神话等等。那么神话的"非历史性"表现在哪些方面呢？

一、神话的非历史性

首先是神话的相似性：拿创世神话来说吧，有趣的是任何一个创世神话都不是某个民族所独有的。我们讲开天辟地的神话，说远古的时候宇宙就是一个混沌漆黑的大鸡蛋，有一天蜷缩在内的盘古苏醒了，发现四周鸿蒙一片，身边的空间太窄了，于是伸伸胳膊踢踢腿，蛋就裂开了。清的部分冉冉升起变成天空，浊的部分沉沉下降成为陆地。盘古的毛发四肢也就成为宇宙间的万物，像什么风云雷电、日月星辰、花草树木等。这是咱们中华民族的盘古神话。但是只要我们去翻翻世界各地开天辟地的创世神话，只要你看得多了就会发现，世界各地的人们创造世界的过程有着多么惊人的相似性，好像好多时候只不过是同一个故事更换了不同的主人公而已。再比如女娲抟土造人的神话，其实世界上很多民族都有类似的神话，即女神用泥捏出人来，然后吹口气，人就活了。我们无法研究这种神话最早是从哪里产生的，又是怎么开始流传的。在民俗研究过程中，接触的材料越多，人们往往就越迷惑。这也可以解释为什么民俗学可以成为一门独立的学科并散发着迷人的魅力。对于这种相似性，在民俗学中有不同的解释。有的学者主张"一源论"，就是神话先起源于某个地方再扩散到其他地方。有的学者坚持"多源论"的观点，认为神话是任何一

个地方的人都可以创造的,但由于各种各样的原因,大家讲出来的神话故事都非常相似。所以从这一点上讲,我想说,神话跟历史是没有关系的。

其次,英雄神话中存在着一种英雄模式。各个民族的英雄神话中的英雄从出生到死亡,几乎都会经历相似的人生过程。有学者作过总结,英雄神话中的英雄都有一个相似的"成长模式",他们的出生、成长,以至于死亡方式和途径都极其相似。例如,英雄的父母往往一个身份低下,一个身份高贵,一方出身皇室,而另一方则是奴隶、被放逐的人或者是逃难的人等等。或者一方是凡人,一方是神。此外英雄出生后会受到各种迫害,会有很多人看不起他,很多人想杀死他,但是英雄总也死不了。后来有一件事就会使他脱颖而出,比如一场竞争比赛之类的事情,使英雄娶到一位很有地位的女子,之后英雄就开始了他的英雄业绩。当他建立了一个国家或者完成了他的伟大业绩之后,常常很偶然英雄就死去了。比如印第安的一个阿斯迪瓦尔神话中,一个女人与神结婚生下了一个英雄,他的父亲送给他两样法宝——一个帽子和一双鞋。只要穿戴上它们,任何人都不会伤害他。于是他建功立业,做了很多伟大的事。可是到最后有一天他走到半山腰上突然陷进泥潭,此时他既没有穿那双鞋也没有戴那个帽子,于是就死在那里了。不同民族的英雄的经历太相似了,所以不能说它和历史有关系。

不仅不同民族和国家之间的神话有这种相似性,故事、传说,甚至民间游戏、民间歌谣、谚语等都有着惊人的相似性。这也是民俗研究的魅力之一,很难说哪种故事、游戏、谚语是哪个民族所独有的。因此我们很难把民俗与历史事件或人物联系起来。对于女娲神话中女娲造人、补天等行为,在很多其他民族的神话里都有类似的内容。但神话里到底有没有历史的因素呢?我对此绝不否认,也许神话中的人物具有历史上的某个人物的影子。只是一旦进入到神话的类型中,他就脱离了历史人物的角色,不再具备作为历史研究的条件了。我们知道历史研究都有自己的史料对象,从这一意义上讲,神话可以忽略不计,它的"模式化"或者说"程式化"的痕迹太重了。

西方一些学者,如斯蒂斯·汤普斯写过一本《民间文学母题索引》,提供了神话、故事和传说中的"母题"的分布范围。例如,"女神抟土造人"就是一个神话母题,在这个条目的下面,汤普森列出这个母题出现的国家和地区，由此我们可以发现，这一母题在世界各地都有出现。我们经常说神话是古人想象出来的，的确，古人对不可知、不明白的事情可以有很多的想象。而且人们的想象力是非常丰富的，但为什么想象的结果是世界各地的神话都那么的类似？这是我们想弄清楚但却到现在还没有弄清楚的事情。特别典型的就是"洪水神话"。我们讲到女娲和伏羲兄妹二人因为搭救了神人，后来神人告知说要发洪水了，并给了他们葫芦籽，说是三天后会结出大葫芦来，发洪水时他们就可以藏在里面。兄妹俩人依计行事，于是后来躲过一劫。洪水退后，女娲和伏羲发现世界上只剩他们二人了，这意味着要繁衍人类，二人就必须要结婚。开始两个人不愿意，后来就经过了各种各样的占验，在得到神的旨意后他们结合了，并繁衍了人类。有的学者作过统计，可以说百分之九十九的人群中都有洪水神话，其内容与前面讲的"伏羲女娲"造人的神话极其相似。洪水神话中最常见的占验情节就是兄妹二人围着大树，妹妹在前跑，哥哥在后追，追啊追，怎么也追不上，后来乌龟或者什么动物提醒哥哥说你不会倒着跑吗，于是哥哥就抓住了妹妹。这是一种占验，求神灵给一个暗示和允许。正因为神话太相似、太普遍了，所以我们说神话是"非历史"的。

　　我们现在经常把神话的产生放置在文化产生的初期阶段。我们知道，历史到了某一点就没有任何形式的记录了，但人们的好奇心和求知欲还驱动着我们非得想知道没有任何文字记载之前的那段历史，而太想知道的结果之一就是我们用神话来填充那一段空白。回顾起来，神话作为历史材料与进化论观点的出现有着密切的关系。人类学中的进化论学派主张重塑人类文化发展的历史。进化论思想的基础是假定认为人类文化有一个进化的过程，在此基础上，人们便把神话放置在人类有文字记载的历史之前。由于所谓的史前历史在人们心目中是文明程度比较低的，婚姻关系混乱，而神话中恰恰有很多这种乱婚的情节，因而人们自然而然地将神话放置在史前史的位置上。在确定了神话的这种历史地位之后，人们又反过来用神话与历史的这种"相似性"来证明将神话作为历史的合理性。其实这是一种悖论，我们不能主观地说神话就是出现于传说和故事之前，同样也不能主观地认为神话与历史有某种关系。神话有它自己的功能和价值，其他民俗事项不能替代它。它可以满足人们的特殊需要。从民俗学的角度来讲,神话是一种口述的文学形式,是听的而不是读的。

神话是神圣性的。神话通常只有在特定的场合或仪式上,在特定的时间由特定的受人们尊重的人来讲述。在我小时候,老人给我讲女娲造人的神话时的口吻和态度都是与讲其他故事笑话之类截然不同的。故事和笑话也是有时间性的,通常是在娱乐和闲暇时。而传说则通常是提醒人们某件事情,比如一些灵异传说。每种类型的开头方式不同,给人的印象也不同。神话中的人物是具有号召力的。其中的人物可以使全民族的人去顶礼膜拜。比如中国的女娲、伏羲、黄帝、炎帝等,到现在人们依然在膜拜他们。这是神话的一种社会功能,也使得神话一直存在而不会消失。但现在很多人觉得中国的神话缺乏神圣性,实际上中国神话一直没有占据非常神圣的地位。这与一个民族对于文化的选择有关。神话对我们来说不是一个文化的支柱,因而它在中国是零散的。

二、神话的非文本性和非文学性

下面我们讨论神话的非文学性和非文本性。我们倾向于将神话看做一种文学形式,认为它是古代人们的一种口头创作。其实神话不是一种创作。我们现在对女娲神话的研究离不开《山海经》、《淮南子》,因为它们是这些神话最早的文本。如果我们搜集到相似的神话,我们会认为其作者读过《山海经》或《淮南子》。相反,如果我们搜集到与其完全不一样的神话文本,我们会因为其与古籍中的文本有差异而认为其是错误的。我们都有一种倾向,就是将古代的这种神话文本当作标准文本。但是实际上神话不是一种文学创作,也不是以文字文本的形式流传和保存的。

为什么这么说呢?我们从一开始就知道神话是一个口头创作,它是以口耳相传的形式传递下来的。我去做田野调查的时候发现,很多少数民族根本就没有神话的书面文本。神话不是通过书面的形式传承下来的。但是另一方面,神话也可以被人用书面形式记录下来。比如说早期的人记录下来一个女娲神话的文本,我们称之为"异文"。这个异文能说明的问题只能是那个时代就有了女娲神话而已。但是这是标准文本吗?不可能,因为无法证明。如果不是以文字的形式传递的话,又怎么会有标准文本一说呢？再往后出现的另外一个文本，其内容也许比上一个文本更丰富一些，也许更简化一些。那我们的固有概念就会解释到后期内容更丰富的文本是人们加工的结果，更简单的文本则是神话退化的反映。但实际上不论是"加工"一说还是"退化"一说都是没有什么依据的，早期出现的又被记录下来的神话文本并不能涵盖神话的全部啊。所以在民俗学上，我们认为神话只有一个"框架"，或者说只是一个"概念"，是没有固定文本可言的。如果人们发现了一个新的文本，那只能说明那是女娲神话或信仰的"书面异文"。如果两千年前的文本和你现在看到的某个文本出现了差异，多数情况下我们是无法证明哪个在前、哪个在后的，因为人们在把口头传唱的神话以文本的形式记录下来的时候，在字句斟酌上是有选择的，并且也受到时间、场合和记录者自身水平的各方面限制。

正是因为神话不是以文本的形式保存下来的，所以我们没有办法指出哪一个是最标准的、最原初的文本。我们不能过分强调神话的"文学性"，它只是以口头的形式保存、延续下来，而不是一种文学创作。我们现在能并且以后永远都能搜集到它。就像我们现在的一种需要，在很多时间场合下我需要讲神话，这个时候神话就成为一个出发点，在不同交流的场合都会讲不同的神话。你说神话能终结吗？不可能的，这是由这种传递方式决定的。只要存在需要，神话就不会停止。从现阶段看，神话有神话要解决的问题，它的功能决定了如果科学不能解释所有的东西，神话就一定会继续存在。不仅是神话，传说、故事也一样。就像我们会说谚语、会讲笑话，这些都已经是我们生活中的一部分了，这种能力也是不可能凭空消退的。所以我们说神话不是一种文学创作。

我们知道，民俗的很多事项都具有"开放性"的特征，以神话为例，神话只有一个大概的框架，其内容会随着讲述环境、对象的不同而随时变化。我们可以随时随地地讲解神话，正面反面地理解神话，以适应自己的不同谈话场合。这不像《论语》、《孟子》等这些有着标准文本的东西，我们是绝对不能乱说乱讲和肆意曲解的。神话则因为没有标准固定的文本，所以也就不存在讲错讲对了，可以说只要达到了我们讲述神话的目的就可以了。

三、民俗研究中的现象研究和过程研究

什么叫"现象研究"呢？女娲是一种现象，我们可以把它称之为是一种文化现象。口头传述的神话只是这个文化现象的存在和表述的一种方式。我们知道，文化的产生、发展往往会集中在几个"核心点"上，所以我们不妨假定女娲就是中国文化中的一个"核心点"。女娲神话的流传范围特别广，全国很多地方有女娲庙、伏羲庙，就像人们也给治水的大禹在其所谓的出生地、死亡地、建功立业的地方修建了很多庙宇一样，以女娲作为核心的一种文化现象，它的表现方式是多种多样的，神话只是其中之一。

除此之外，女娲也是一种信仰，其基本内容是女神创造了世界。说到女神创造世界，这的确是一个相当普遍的话题。"创世神话"中的地球和人类，一种是由男神创造的，另一种是由女神创造的。按理说，女神创造世界的概率是50%，但实际上男神创世的概率要远远超过女神创世，这跟文化形态的表现形态有密切的关系。像有些文化倾向于为父系社会，突出的是男性的权利，那么表现出来的极有可能是男神创造了世界。比如，基督教神话里比较典型的就是男性的上帝创造了人类，上帝是先造出了亚当，然后取亚当的一根肋骨造了夏娃，也就是说女人是男人的附庸；而中国的女娲神话就决定了我们从心理接受层面更倾向于女神创造了人类。有人可能会说女娲神话的出现证明了中国早期经历过母系氏族社会阶段，其实这没有什么前后相继的因果关系。我说过了，女娲只是核心现象的一种表现方式，这只能说明我们民族认为人类是女性创造的。女神造人，或者说女性的这种创造能力在中国文化中是被认可的。所以早期神话中我们不缺少女性、女神的形象，到了传说、故事中也是如此。这些都是一贯而来的，不曾出现过变异或移位。

我们说女娲是一种现象，只要是现象就不只是以神话文本形式出现。这个核心点是综合的，其表现形式也是丰富多彩的，所以我们在进行女娲神话的研究时就不能只局限于搜集神话的口头和书面文本。在民间，与女娲相关的民俗事项实在是太多了，数都数不过来：书面文本的女娲神话可以看《山海经》、《淮南子》；图画文本的女娲信仰可以参考汉画像砖等

艺术形式；另外，民间的剪纸、刺绣、玩具里都不乏女娲造人的主题；还有民间的节日，女娲补天的日子叫"天穿节"。那怎么补天呢？说是每年到了三月的某日，家家户户都烙大饼然后扔在房顶上。民间的宗教信仰、祭祀活动中，女娲、伏羲庙前面从来没有断过香火。我们在民俗研究中不要忽视了除女娲文本研究以外的其他各种表现形式。当然，我们不是说在写女娲神话的文章时还要涉及到剪纸绘画等等艺术形式，但是我们在做研究时如果考虑到其他相关的表现形式，就会少些片面认识，少犯错误，从而对我们的结论有所帮助。

　　神话研究不仅仅是一种"现象研究"，此外它还是一种"过程研究"。我们在民俗学当中也倾向于对神话做过程研究。因为我们已经知道，神话文本本身不能说明什么问题。出现这样或那样的文本都可能与女娲神话有关系，但也有可能什么关系都没有。因为有的时候我们是为了讲神话而讲神话的，有的时候我们是为了交流和沟通而讲神话。一直到现在，很多地方的人们还在讲述女娲神话。女娲神话是在什么情况下被讲述的？为什么人们要讲女娲神话？女娲神话的功能是什么？女娲神话的讲述与传统节日、人生礼仪又有着什么关系？这些都是我们需要通过田野调查去获得，并作为女娲神话研究的基础的。神话的讲述过程应该是我们重点关注的。

　　我们现在经常提到要保护传统文化，相信大家对这些概念和口号都不陌生。那怎么叫做保护传统文化呢？我们就拿那四合院来说，是传统文化吧？是。那要是我们把四合院这个院子完完整整地保护下来，这就叫保护了传统文化了吗？民间剪纸是传统文化吧？也是。那我们把民间艺人剪下来的剪纸好好地放起来，这就叫保护了传统文化吗？也未必吧！就我个人来说，我现在更倾向于接受一个概念：传统就是一个过程。而且只有当这个过程已经彻底融入到人们的日常生活的点点滴滴中，神话传说等都成为人们信手拈来、出口成章的东西时，这才算真正地保护了传统。所以从这个意义上来讲，我认为我们每个人既是传统的传承者，又是传统的保护者和传播者。

　　此外，对神话的研究也是一种过程研究。文本不是神话的全部。我们现在说保护传统，而我认为传统就是一个过程。而你如果将传统运用到你的生活中去了，那你就是保护传统了。每一个人既是传统的传承者，又是传统的保护者,同时也是它的传播者。比如我们在日常生活中使用谚语,或者做一些游戏,或参与改编一些歌曲,或者流传一些灵异传说等等,这些民俗类型都是我们达到交流沟通目的的手段,同时也是我们生活积累的体现。再比如对传统建筑物的保护。如果我们把所有它周围的建筑都换成现代的,而仅仅是为了保留那个建筑而保留它,也不再流传关于它的故事,那么我们的保护也就没有意义了。现在我们越来越重视传统的保护,提倡所谓"回归传统",还分出了物质文化遗产和非物质文化遗产。实际上传统不依赖于任何的外在物质形态,它是一种观念。这种观念传递下来了,但是它的外形是永远在变的。我想如果有一天科学证明了宇宙和人类的起源,也许人们就不再讲女娲的神话了,但是科学不具备绝对的号召力。没有哪个科学家的理论或发现可以介入文化的领域,成为具有文化号召力的概念。而神话却可以。比如我们修建黄帝陵、炎帝陵。它可以作为文化的中心。科学和文化是两个完全不同的概念,科学是比较现实的,但是科学不能解决所有的文化问题。

每个人都是文化的载体,我们身上承载了很多文化的东西,然后我们通过与别人交流而传播了文化。而文化就是在我们交流的过程中被保存下来的。有时候某种现象消失了,并不代表它背后的传统也消失了,因为它还会回归。所以我们说,研究神话实际上是研究神话的传递过程,它如何从古代一直流传到现在,在这个传递过程中,它对于社会、对于人与人的交流的功能是什么?这些是我们研究神话所关注的问题。

现场答问

问:汉族为什么没有史诗?

答:没有史诗就不好吗?我们在比较时,要注意到文化只有差异,没有好坏。有一类文化以超自然的信仰为依托,它们就可能有一个神话体系,而中国一直以儒家思想为核心,强调的是人际关系、现实生活,不一定需要神话。我认为中华文化具有她独特的优越性。首先她持续时间最长,从古代到现在没有间断过。也许有的国家考古发现的建筑、陶器等物质方面的资料比我们早,但是不能说中国文化比它们晚。我们的古代建筑没有保存下来主要是因为我们的建筑大多是土木材料,不可能保存得很久远。其次,中国文化理性化的特点使其更注重史书、道德伦理的说教等等,因此不一定非要有史诗。文化之间不能做这种一一对应的比较,别的文化有的东西我们的文化不一定要有。

问: 女娲神话目前的流传情况如何?

答: 女娲神话最早出现在《山海经》,到现在女娲神话的分布范围非常广,比如河北涉县,有娲皇宫,山西洪洞县有女娲庙,山东济宁也有女娲庙。文化可以复苏,当一个地方的女娲庙重新修建起来之后就会吸引大批游客,同时带动女娲文化其他方面和表现形式的兴起。女娲神话在河北、河南、山西、陕西、山东、甘肃、宁夏以及湖南、湖北等地都保存到现在,很多地方还建有女娲庙。有人认为女娲神话是母系氏族社会的残余物。但我想通过今天的讲座告诉大家女娲神话不是残余物,它首先是一种民族信仰,一种文化现象,在对女娲神话的讲述过程中,女娲神话得以保存和流传。

(2007年5月17日)

纠纷的化解

——理论思考与经验研究

■刘世定

> 刘世定,男,出生于1951年。1979年进入中国社科院研究生院,1982年毕业,获经济学硕士学位。毕业后在中国社会科学院从事研究工作。1992年进入北大社会学人类学研究所,现为北大社会学系、社会学人类学研究所教授,北京大学中国社会与发展研究中心(教育部人文社会科学重点研究基地)副主任。近年主要从事经济社会学方面的研究和教学。
>
> 出版有《趋同行为与人口规模》、《占有、认知与人际关系》等著作,并发表多篇学术论文。

各位同学好!非常高兴能有机会来参加第四届社会学文化节的讲座。这个讲座实际上对我来说是一个考验,因为它不像有时候讲自己非常熟悉的东西那样轻松。这一次,我们的主题是和谐社会,非常明确地从这个角度来对以往的理论研究以及我们做过的经验研究的基本概貌做一个思考,对我来说还是刚刚开始。所以,我今天是做一项初步的,可以说是抛砖引玉的文献工作,以便在将来的研究当中,能够和大家有一个共商的基础。

1. 我们正步入充满纠纷和潜在纠纷的时代

今天我要讲的题目是"纠纷的化解——理论思考与经验研究"。这个题目是我决定来参加这个讲座的时候定的,当然很大程度上是为对应这次社会学文化节的主题,接下来我发现我给自己出了一个很大的题目。当从这样一个角度来思考问题的时候,我越来越感觉到这是一个时代性的问题。我们正处在一个充满纠纷的世界当中,如何来"化解"纠纷,这是一个时代性的问题。

　　为什么说纠纷的化解是一个时代性问题？世界上有许许多多的纠纷，这是任何时代共有的现象。纠纷可以有不同的解决方式，可以通过激烈的冲突来解决，也可以寻求化解。进入21世纪以后，今天的世界和以往的世界有什么不同？当我们面临冲突的时候，是要尽量寻求化解，还是要发生严重冲突？我不准备全面讨论这个问题，而只想特别指出两点：第一，全球范围的利益格局正在发生巨大的变化，原有的平衡被打破，新的稳定格局尚待形成，这种情况是有可能引发严重冲突的。第二，科学技术的发展既提供了巨大的生产力，也提供了巨大的破坏力，并使当代社会的各部分更加紧密地联系在一起。在这样的条件下，一旦出现严重的冲突，出现严重的社会不和谐，那么给社会带来的不良后果和危害性可能比以往任何一个时代都更严重。由此着眼，化解纠纷的重要性不难理解。

　　我们把眼光转向国内的日常生活。当前，我们国内的日常生活有两个基本特点：一是我们已经开始生活在市场经济基础上的社会，而市场经济基础上的社会是一个充满潜在纠纷的社会；二是社会转型仍在继续，尚未完成。转型也有转型带来的纠纷。如何更好地在充满纠纷的世界当中来化解纠纷，这是一个非常重大的任务。

　　我先讲第一点：市场经济基础上的社会是一个充满潜在纠纷的社会。

　　前些时候，我写了一篇关于费孝通先生的纪念文章，在写这篇文章时，我重读了他的《乡土中国》这部著作。我注意到，他对乡土社会和现代社会做了一个非常有见地的比较：传统的乡土社会可以说是一个静态的社会，变化很小，因此社会成员能够在熟悉的环境中"习"成礼俗、形成礼治秩序。这些东西都有时间沉淀下来，使人们可以根据以往的做法来懂得今天应该怎么做。这样，常常用不着政府来解决日常生活中的纠纷。许多的纠纷实际上都是通过传统的文化、礼俗等来解决，还有一些问题是通过乡绅、长老出面化解。

　　而现代社会，按费先生的理解，是一个动的、不断变化的社会。在这样一个社会中，纠纷的出现是经常性的，因此用原来的那一套方法来处理可能就会出现问题。新的社会，要在不断的变化中形成人与人关系的新的界定，实现利益的不断重新分配，这些都是引发纠纷的一些潜在因素。

在市场经济的基础上,可以看到两类纠纷形式:

一类是合约纠纷。在美国这样的所谓契约型社会或法治社会中,可以看到合约纠纷是非常多的。当我们把一个社会说成是契约社会的时候,它的另一面就是一个不断发生纠纷的社会。最简单的市场行为,实际上都是一次合约。而这个简单的合约意味着什么?从经济学角度看,它意味着价格的高低;从社会学角度看,每次合约都是权利和利益的重新界定,也意味着潜在纠纷的存在。

还有一类更深刻的纠纷,就是有关前交易权利公平性的纠纷。我们回过头来看一些古典的著作,比如说像亚当·斯密的著作。今天的经济学家从他的著作当中不断地提炼出来的思想是看不见的手,也就是怎么把各自追求自己利益的人们整合成一个有利于公益的社会——这是经济学家在亚当·斯密的《国富论》出版二百多年的过程当中所不断关注的主题,而我们也可以从他的著作中发现另外的内容。他在许多章节中提到过关于公平的问题,如公平税赋、公平的报酬、公平的价格等这样一些问题。在他的研究当中,公平性问题始终是他的一个主题词。这样一个主题词大量存在的背景是什么,意味着什么?直观地看,这意味着在交易中如何定价是合于人们认可规范的一个问题,为人们所普遍关心。但更深入地来讲,这还不是问题的全部。现在我们回过头来看,事实上在西方的市场社会当中,有关公平问题的讨论大量的不是在进入交易以后怎么样进行方面,而是在于进入交易之前你拥有的权利、你占有的资产,从特定的社会准则来看,它是不是合理。实际上主要的争议也在这里。也就是说,你拥有这么多的资产,我不拥有那么多资产,然后我们进入交易的时候,出现了有关公平的问题。这时,深刻的纠纷不在于我们互相议价是否公平,而在于我们以这样一种状态进入交易是不是公平。布坎南在《自由市场与国家》这部书中就讨论过这方面的问题。他指出,在市场经济中,人们占有资产的相对份额由选择、运气、出身和努力决定。他发现,在这几个因素中,很少有人认为运气是一个不公平因素,也很少有人把选择和努力程度影响收益看做是不公平的。那么什么是最引发人们的不公平感呢?就是在你进入交易之前,既不是得自自己的努力,也不是得自自己的能力,也不是由于运气,而是由于天生的社会地位给你带来的资产和条件。

这样就把问题的讨论集中到前交易权利公平性的问题中来。这也是一个引发重要纠纷的领域。虽然前交易权利公平性背后的纠纷并不是狭义的市场交易的纠纷,但是任何市场交易总是离不开前交易的权利分布状态的,前交易的权利分布状态影响着交易的结构和过程特征。所以在广义上,也可以把前交易权利分配存在的纠纷归入市场经济基础上的社会纠纷里面。

上面讲的是市场经济基础上的日常性纠纷。在中国人的日常生活中,还伴随着另一个重要的社会过程。中国社会今天正处在转型过程中,转型社会也是一个存在纠纷和潜在纠纷的社会。在这样一个社会当中,我们可以观察到社会纠纷有一些主要形式。

一个形式就是机会纠纷。这是在初始资源分配既定的前提下,如何转入新的社会形式、何时转入新的社会形式所发生的纠纷。比如说,人们今天谈论很多的一个问题是农村居民如何转入新的社会形态。农村居民在社会发生转型之前,他们集合在农村的公社、生产队里面,后来公社改成了乡,生产队改成了村。从法律上看,农村的土地是集体资产,农村居民是集体资产的所有者。在面临城市化的时候,面临土地增值的时候,农村居民怎样转变为城市居民,涉及到他们在土地上面的利益能不能得到,得到多少。我们看到,现在发生了大量的土地纠纷问题,就是如何转入新的社会形式的纠纷。怎样进入市场社会、城市社会,以什么的方式进入,是可以不同的。这样转入更好还是那样转入更好,以什么样的条件转入更好,是农村居民成为土地股持有者进入,还是成为单纯的打工者进入,结果会很不同,这也是引发种种社会纠纷的一个领域。土地升值了,出现了获得财富的机会,谁能够得到升值的利益,是农民得到,是开发商得到,还是政府得到,这里可以有进入新的社会形式时的各种条件的限制和规定。如何转,涉及到谁获得机会,获得怎样的机会,这是可能引发纠纷的,所以我们把它称作机会的纠纷。此外,谁先转、谁后转、何时转,也潜伏着机会纠纷。

社会转型中还有一种纠纷的形式可以称为资源价值再评价的纠纷。在传统社会里面,资源没有按照现在的方式来进入市场,也没有按照竞争性市场的方式来评价,传统体制对资源有传统的评价方式。进入社会转型过程后,在新的条件下,对资源的价值又有另外的评价方式。究竟怎么评价？在转型社会里，应该说是存在很大的困难的。在成熟的、比较发达的市场经济条件下，有成熟的土地市场，有成熟的资本市场，这些都可以作为资源进入市场的评价标准。但在社会转型过程中，在资源转入新的评价体系之前，人们并不知道新的社会究竟会给它怎样的评价，或者说有大量的人不知道。这不是因为人们无知，是因为没有这样一个社会机制存在。后来，这样的机制逐渐形成。由于各种各样的原因，资源会被再评价，这时的评价可能和人们当初的评价有很大的差距，因为人们当初对许多信息是不掌握的。当人们后来发现存在和原来不同的评价体系时，可能就会产生对资源再评价的纠纷。特别是当人们发现，当初的差别竟然引致后来发展变化的巨大差别时，就更容易质疑当初的评价。历史学家可能强调历史总应放到当时当地的条件下去理解，但这不一定是一般民众的思想方法。

我们今天经常在社会上听到关于"国有资产流失"的争论，就是这种资源再评价纠纷的例子。一方面有人认为，在市场化过程当中，在国有企业拍卖过程当中，有大量的资产流入到私人手里，就是说国有资产的拍卖价格低了，资产流失了。另一方面又有人说，如果原来经营不善的国有资产不卖，第一，它的价值不能体现，第二，越是把那些资产滞留在经营不善的国有企业里，它的价值就越低，所以这里没有什么国有资产流失的问题。现在我们不来评价哪一种观点是对的。客观地讲，我们在这里遇到一个社会转型过程中的问题，即资源再评价纠纷。所谓再评价纠纷，是指后来的评价和当初不同所产生的纠纷。再评价纠纷，是伴随社会转型产生的一个现象。

总之，在社会转型过程当中，存在着和一般市场经济社会不同的纠纷形式。中国社会今天的情况是两层因素都存在。有一部分是进入市场经济基础上的社会后产生的合约纠纷，前交易权利公平性的纠纷，这些纠纷不断产生。还有就是社会转型当中的机会纠纷，资源价值再评价的纠纷，以及其他的一些纠纷。它们交织在一起，构成今天中国社会充满纠纷和潜在纠纷的局面。

我们在观察社会纠纷时还看到，有一些纠纷是显性的，大家都能观察到，而有一些纠纷则是隐含的，一时显现不出来。比如说，今天关于改革以后发达起来的企业主在最初的积累过程中是否存在原罪的讨论，在上个世纪80年代乃至90年代私有企业刚开始发展的时候,没有多少人提这个问题,但恰恰是在发展了以后,反倒提出来了。这说明了什么?也就是说在当时这个纠纷是隐含的,今天回过头来看时才凸显出这样一个问题,因此一些隐含的纠纷转换成了显性的纠纷。这时人们开始质疑他们拥有资产的合理性,讨论在什么样的情况下他们拥有资产大家认为是公正的,在哪些条件下大家认为可能是不够公正的,他们最初积累的过程中是否存在着一些不公正的东西等等。我们在这儿也不去评价企业主们最初的积累究竟是公正还是不公正的。从这个现象中可以看到,社会上的纠纷,有一些显现出来了,还有一些没有显现出来,也就是说,我们观察到的纠纷比现实中存在的纠纷可能要少。这就更提醒我们注意,这个世界是一个充满纠纷和潜在纠纷的世界。

在今天的条件下,我们研究纠纷的化解,有非常重要的意义。一个时代会有一个时代的问题,我们社会学核心的问题也具有时代性。比如,社会学者常说,社会学的基本问题是社会何以可能,这个问题事实上接续了亚当·斯密的问题,即在各自追求各自利益的世界里,社会何以形成,何以不会因为各自追求各自的利益而分裂掉。我觉得这个问题是以人是非社会人为假定前提的,因为如果假定人是社会人,那么社会何以可能的问题在逻辑上就被取消了。我们在这里不深入讨论这个抽象的学理问题。这里只是指出,这个问题跟亚当·斯密提的"看不见的手"的问题实际上是一个问题的不同侧面,不同阐述。社会学者是把握核心问题,亚当·斯密是试图做出解答,虽然斯密思考这个问题的时候比社会学者提问时要早得多。我觉得这样一个问题是具有那个时代的特点的。在那个时代,原来的共同体不断地在分解、分化。在分化的基础上社会还能存在下去吗,这是那个时代的有意义的问题。

在今天的世界里,曾被社会学者提的这个基本问题的意义是不是还那么大?如果说仍旧有意义,是否还有新的基本问题存在?各自追求各自利益的人,他们在追求各自利益的过程中,有什么样的机制能够使社会整合起来,这个问题经过人们几百年的探索,我觉得已经有了一些答案。比如我们对市场机制的理解,对政府作用的理解。但也有一些东西我们没有处理得很好。在今天的时代,我们还要关注一些没有处理得非常好的问题。我们刚才说到,在一个充满纠纷和潜在纠纷的世界中,是如何化解纠纷的？这是一个时代的问题。提出这个问题时，我们假定的前提是人与人之间是相互关联的，相互关联才有纠纷，也才有合作，既有合作又有纠纷才可能化解。在学理上，这个问题隐含的假定事实上和社会何以可能的问题隐含的假定是有所不同的。今天，如何化解纠纷这个问题还没有处理得很好。而今天如果不能非常好地化解纠纷，那么可能引发的后果，比古典时代、比亚当·斯密时代、比没有现代发达的科学技术、人和人之间的关联没有今天这样密切，也没有我们今天所说的风险社会所面临的问题的时代，要严重得多。因此今天我们研究纠纷的化解，比以往时代具有更重要的意义。

下面我想从纠纷和纠纷化解的角度，对于以往的一些重要的理论做一个回顾，解析一下在这个问题上是怎么来看的，它们是否给我们提供了一个很好的工具。如果提供了，哪些是有益的；如果没有提供，我们应该怎么做。这是我们下面要做的第一个工作。

2. 无纠纷的理论模型世界

在从纠纷和纠纷化解这样一个角度看问题的时候，我们会看到以往的一些研究和一些重要的理论模型，可以被归入一个极端，这个极端可以叫做"无纠纷的理论模型世界"，即在这样的模型中刻画、描述的世界，是不存在纠纷的世界。

这里有两个有代表性的重要模型。一个是来自经济学的，就是我们通常所熟悉的"完全竞争模型"，这个模型可以说构成了主流经济学的核心，在主流经济学中，它作为一个基本的参照系，在讨论问题时经常被提出来。它甚至成为某些经济学家试图调整社会关系，改革经济规则时认为理想的一种状态。另外，在社会学当中，也存在着一个内在地把纠纷取掉的模型，可以把它叫做"高度社会化行为模型"。和前一个模型一样，这个模型离现实世界也有相当的距离，通常也是作为一个参照系存在的。下面我们就来具体地讨论一下，为什么说在这样两个最重要的理论模型当中，实际上已经把纠纷从当中取掉了。

首先，我们看来自经济学的"完全竞争模型"。在经济学的完全竞争模型中，它刻画了这样一个世界：当哪一个部门的利润比较高时，资源就可以没有阻碍地流向那个部门。在一个部门与另外一个部门之间，没有任何转移的障碍。而每一个决策者都充分的小,每一个人都是面对着既定的市场规则和既定的价格,每一个人都没有独立定价的能力,都是由所有人的力量把价格规定好了,他只是对价格起反应,他只是一个价格的接受者,而不是一个价格的制定者,也不是可以通过价格影响他人行为的主体。

从这个特点中我们看到,存在着一些基本假定。第一个假定是任何人都没有超出他人的市场影响力,实际上假设了一个资源占有高度平等的社会前提。第二个假定是对任何人来说价格也好合约也好(实际上价格也是一个合约),都是外生给定的,他不能单独地影响价格。如果他能够单独地影响价格的话,那么在经济学的分析里面他就有市场垄断力量。在完全竞争的模型中他是没有这个力量的。每个人都是价格的接受者,也就是说他不单独地参与合约的界定。在这种情况下面,每个人只是在面对一系列外部给定的约束下面,去规划自己最大利益收益的规划者,而不是预计他人行动而决定自己行动的博弈者(事实上,我们从经济学长期以来流行的,比如说完全竞争的厂商的最大利润模型可以看到,它是从数学中的规划理论里面借用过来的模型,是个规划模型,而不是博弈模型。最近这些年中,博弈论开始在经济学里面迅速扩展,开始摆脱"完全竞争模型"作为它最基本的理论模型的范式。但是在很长一段时间中,"完全竞争模型"构成经济学最核心的理论)。

在这样一些基本假定下,我们看到,"完全竞争模型"的世界是一个没有冲突的世界,没有纠纷的世界。它没有合约纠纷,因为合约和价格对它来说是外生给定的;它也没有前交易的权利的纠纷,每个人占有资产的高度平等,都可以很自由地从一个领域转到另一个领域。所以,这个模型是取消了纠纷,构想了一个完全和谐的世界。这个模型自然是和现实有很大差距的。当然,作为一个和现实比较的参照系,我们可以承认它的价值。但是特别要指出来,它对于我们今天研究纠纷和纠纷的化解来说,是存在很大的"乌托邦"性质的。我们在研究这类理论时对它的内在特性要有所认识。

另外一个就是来自社会学的"高度社会化行为模型"。我使用"高度社会化行为模型"这个概念,想描述的就是社会学家格拉诺维特批评传统社会学具有"过度社会化"特征时讲的那些东西。这个模型有这样的特点:首先,它假定社会结构当中每一个角色都有确定的行为规范。比如你是教师,教师有教师的行为规范;你是政府官员,政府官员有政府官员的行为规范;你是一个船长,船长有船长的行为规范。社会中各个角色的行为规范是完全确定的,非常明确的。这是第一个假定。第二个假定是,在这样一些明确的社会行为规范下面,所有的个人已经把行为规范高度地内化到他们的心智结构中。这就是说,当我站在讲台上时,我就很自然地按照一个老师应该怎么做的规范去做;一个船长在航行过程中很自然地按船长的规范去做,当船遇到危险时,他要最后一个逃生。第三个假定是,每个人在他特定的角色上面,都十分敏感于他人对这个角色的期待,就是说有非常强的社会约束制约着他的行为。我们设想在这样一些假定下面,我们只要知道这个人在特定社会结构中的角色,后面他会怎样行动,就已经是确定无疑的了。如果人们的行为规范是确定的,每一个人都是自然地按这样的规范来行动,每个人都知道其他人对自己所处的角色有什么样的要求而且会按这样去做,那么很显然,在这样一个社会中,实际上我们已经把纠纷存在的可能排除掉了。

这是来自社会学的一个模型,这个模型虽然与经济学的"完全竞争模型"非常不一样,但都有一个共同的特征:它们把内在的纠纷的可能性都通过它们的理论假定取消了。通过这样两个模型能够成为以往经济学和社会学的核心模型这样一个情况,我们也可以得到一点启示:以往的研究的主要关注点也许不在于纠纷和纠纷的化解,而是在于构造一个能够说服人们承认的美好世界。这可能是那个时代的任务,但却不是我今天所讲的问题的最好的理论概括。

3. 纠纷不可化解的理论模型世界

上面讲的是一个极端,在另外一个极端我们也可以看到一些模型,这些模型是站在把纠纷取消的模型的另外一端,它们是假设纠纷不可化解的一些理论模型。这样一些模型在我们的理论当中,也可以找到。我也分别举两个有代表性的例子,一个是来自经济学的,一个是来自社会学的。

来自经济学的有一个"非帕累托调整"的概念。这种"非帕累托调整"具有它基本的特征。在经济学里有一个很重要的评价性的概念叫

"帕累托最优"。帕累托是19世纪和20世纪之交那段时期的学者,他既是一个经济学家,也是一个社会学家。"帕累托最优"指的是这样一种状态:任何一种调整,某些人利益的增加必以另一些人利益的损失为代价。也就是说,在这种情况下,如果调整任何一方面的利益,都难免会有其他人受到损失。人们的利益格局达到这一点,就达到了帕累托最优,也就是说我们没有不使一些人受损的利益调整余地了。如果没有达到这一点,比如说某些人的利益还可以增加,但是另一些人的利益至少不会减少,在这种情况下可以进行的调整被称作"帕累托调整",也就是还没有达到"帕累托最优"点前的调整。以"帕累托最优"为标准,通常规范经济学把调整分为两类。一类叫"帕累托调整",这通常指达到"帕累托最优"之前的调整。但是一旦达到"帕累托最优"以后,如果再调整,一些人利益的增加就会导致另一些人利益的减少,这就是另一类调整,被称为"非帕累托调整"。这样一个理论的特点就是以"帕累托最优"为标准,把调整分成了截然的两部分。如果按博弈论的术语来说,这里存在的是零和博弈。在这样一个状态下面发生的纠纷是无法调解的,如果调解,就是一方有利,另一方受损,这是一个无调解余地的模型。

在社会学里面还有另外一个模型,我们可以把它叫做"对人际之间的差距高度敏感的互动模型"。社会学里面很强调人际的互动,在互动当中,表现出和传统经济学描述的行为有很大不同的行为。传统经济学通常是假定一个人获得的效用,只是来源于他自己占有的资源的状况,占有的资源越多,能够给自己带来的效用就越大,反之,效用就越少。但在社会学的"对人际之间差距高度敏感的互动模型"里面,它假定的是另外一种状况:他人资源占有状况会直接影响到个人的效用,也就是说他人状况的好坏会直接影响到一个人自己获得的满足感。举个例子来说,父母看着孩子成长,如果孩子状况好了,这时候父母自己掌握的资源并没有增多,但是他感觉到获得了更大的满足。再如我们通常讲的利他主义者,比如雷锋,把自己的储蓄拿来支援别人,自己占有的资源变少了,但看到别人的状况变好了以后,他会得到满足感。他人占有资源状况影响个人效用,这是互动模型的第一个特征。

这个互动模型的第二个特征是他人资源占有状况给个人带来的效用是负的。刚才讲的父母对待孩子,利他主义者对于受助者这些状况都是假定他人状况变好给自己带来的效用是正面的,就是他人活的越好我越高兴。但是也存在一种状况,就是他人的状况越好可能使自己的失落感越大,虽然自己占有的资源多了,但是如果他人状况比自己的还好,那么自己感到很失落,也就是他的效用减少了。在"对人际之间的差距高度敏感的互动模型"中,任何人都不愿意状况比自己差的人和自己的绝对差距减少,或者和自己的相对差距减少,也不愿意状况比自己好的人和自己的绝对差距和相对差距增大。在这样一种对人际差距高度敏感的假定下面,导致的结果是什么呢?结果是,纠纷是不能调解的。因为任何一种调解要么是改变了你们之间的绝对差距,要么是改变了相对差距。如果人际之间的攀比非常敏感,是不存在纠纷调解的余地的,一方的好转一定是另一方的恶化。

通常在政治学里面把政治行为者假定为权力最大化的行为者。在权力最大化的行为者之间,他们的互动模型实际上就不存在刚才讲的纠纷的化解。为什么呢?如果双方都是权力最大化的,那么一方权力增大必使另一方权力减少,绝对不存在双赢。在一个纯粹的权力最大化的模型下,也不存在纠纷化解的余地。当然,现实的政治过程不仅仅是一个追求权力最大化的过程,所以在政治过程中才存在某些双赢的可能性,否则就不存在。

这样我们看到,在把纠纷内在地完全取消的模型的另外一端,也存在着另外一些模型,在这些模型下面,是纯粹的冲突、纯粹的纠纷,但是没有纠纷的化解余地。这样的模型与我们所关注的纠纷的化解之间也是有差距的。但是如果说它有什么意义的话,我想作为一个极端的参照,它可以帮助我们思考的。

4. 纠纷—协调并存的理论模型

下面我想再介绍的一类模型,它们是介于刚才讲的这两者之间的一类模型,我们可以把它叫做"纠纷—协调并存"的理论模型。这类模型关注的世界比前两类模型更加复杂。在最近的研究中,越来越多的人把注意力放到两个传统模型之间的这样一个领域之中。

一个模型主要来自于经济学家(但是也不尽然),它被称为"协调博弈模型"。这类模型的主要研究者是诺贝尔经济学奖得主托马斯·谢林,他在20世纪60年代出版过一本名为《冲突的策略》的书。在书中他分析的是既存在纠纷与冲突又存在调解的可能性的领域。他的研究受到经济学家和社会学家两方面的关注。后来有人把这类模型叫做"协调博弈模型"。

举一个简单的例子。"性别战"就是一个协调博弈的例子。"性别战"设想了这样一种情形。一男一女是一对恋人,他们希望在一起共同参加一些活动,比如说一起去听歌剧,或者一起去看拳击比赛。对他们来说,两个人一起参加活动比他们各自参加自己的活动要给他们带来更多的快乐和收益。但是究竟是一起去听歌剧还是一起去看拳击是存在不同的可能性的,可能看拳击对男方的收益更大,听歌剧对女方的收益更大。是看拳击还是听歌剧两种可能性都存在,都比他们单独活动要好,但一起参加活动中,哪一种方式对谁更好,这之间是有差距的。所以在这个博弈里面既有协调性也有冲突性。协调性意味着存在着潜在合作剩余。合作剩余这个概念是什么意思呢?按我们通常的说法就是一加一大于二,大于二的那部分就是一个剩余,就是合作对大家都有额外的好处,这个叫"合作剩余"。没有这个合作剩余,各自就会去干各自的了。

除了存在合作剩余之外,这个博弈还有一个特点是存在着多个"均衡策略组合"。每个人都有两种策略,可以选择听歌剧,也可以选择看拳击。如果两人都选择看拳击,这是一个均衡,一旦选定,就没有人有单方离开的激励,因为共同活动总比各自单独行动要好。除了看拳击以外,两人都听歌剧也是一个均衡策略组合,一旦选择了听歌剧,任何一方都不会单独逃跑。存在着多个均衡组合,就是说这个博弈不只有唯一的解。而不同的均衡策略组合,又都相对有利于某些参与者,在刚才的例子当中,听歌剧更有利于女方,看拳击更有利于男方,所以冲突也存在。这就是"协调博弈模型"的基本特点。

在这里我们看到,这个博弈中既存在纠纷性,又存在着合作性。在现实生活当中会看到很多这样的例子。比如劳资关系,在利润和工资之间存在着很多均衡的可能性。这些均衡有的更有利于资方,有的更有利于劳动方,但都比关系破裂好。这里也存在着"协调博弈模型"。再如在一些国际合作谈判之中,如果双方完全断交,贸易、各方面往来都停止对双方都不利,但均衡在什么位置却是有不同可能性的。

总之,协调博弈模型是处在我们刚才讲的完全没有纠纷和完全不能调解那两类模型之间的一个模型。

还有一个模型,我们可以把它叫做"冲突—合法性"模型。这个模型主要来自于马克斯·韦伯关于冲突和合法性关系的讨论,在马克斯·韦伯来看,存在着社会的不平等,并不一定就会导致不可调解的社会冲突。而是否导致社会冲突,冲突到什么样的程度,取决于社会成员对不平等的合法性的认可程度。如果不平等的合法性完全被撤消了,这个时候社会就可能出现严重的冲突状态;如果合法性程度保持得比较高,这时社会可能不会出现高度冲突的状态。这里可以看到,合法性是一个重要的变量。

对这个模型,我们可以概括出一些基本的特征:第一,它是以不平等状态为前提的;第二,不平等不一定会引发冲突,是否有激烈冲突还要取决于不平等所具有的合法性,也就是说人们对不平等是否存在认可的社会规范;第三,合法性的程度影响着冲突的程度。

在这样一个模型中我们看到,纠纷是可化解还是不可化解,源于合法性的状态、程度。这个模型对我们在实践上的启示是,在纠纷的化解当中,合法性是一个非常关键的因素。合法性的程度又取决于人们已有的社会规范、社会认知乃至于有意识的合法性建设。这个模型也是介乎于上面讲到的无纠纷和纠纷不可化解那两类极端模型之间的。

还有一个模型是在经济社会学中大家比较熟悉的模型,就是"人际关系网络—信任"模型。格拉诺维特对它讲的比较多。比如一个剧院着火,如果是在不存在关系网络的陌生人之间,可能导致的结果就是大家争先恐后地向门口拥挤,最后可能谁都跑不掉,或者说有很多人跑不掉,互相践踏,造成悲剧。如果在场的是有关系网络的、相互信任的人,那么情况就可能是另外一个样子。比如一个家庭着火了,我们很少看到像剧院那样,大家蜂拥地堵在门口,谁也出不去,互相践踏这种场面。原因就在于在家庭内部已经形成了一个人际关系的网络,在这个网络当中,大家相互信任,大家知道在这个信任下可以有序地撤退。

在这个模型里面,我们看到它也有一些基本的假定。为什么在这种短期冲突下面,透过人际关系的作用,有可能会化解冲突?一个假定就是无限期的人际关系网络中存在无限期的责任义务关系。我们知道人和人之间构成一种人际关系网络后,这种关系能够对人们的行为产生影响。

这种关系究竟是什么性质呢？记得科尔曼有一个很好的比喻,他说这种关系就像债务一样,当对方提出某种请求时,就好像他是一个债主,而我有责任还这个人情债。但这个债务和一般的债务有所不同,一般的债务是有期限的,也就是我借了你的钱,什么时候还,大家是有合约的。但是在人际关系里面,没有明确的期限。在别人困难的时候提出请求来,你可能就要还。当然,也不一定别人提出请求来人人都会还,但是一个人如果总是不还,就会从这个关系网中退出,这种关系就破裂了。凡是维持在这里面的,都具有一种无限期的责任义务关系。它不是像一般的签一个协议,一手交钱一手交货。

这个模型中的第二个假定就是这种无限期的责任义务关系支撑着一种特殊的信任关系。由于有这种特殊的信任,在存在短期冲突和纠纷的场合,人际关系能够化解。比如做生意,合同到期了,任务不能完成,但这里面有长期的信任关系的话,相信他是可以偿还的,因此这种矛盾可以化解。

这个模型是第三个介于没有纠纷和纠纷不能化解之间的模型。

以上我们从纠纷化解的角度,对来自经济学、社会学的几个模型做了解析。当我们从纠纷和纠纷化解的角度来看时,我们发现在我们具有的以往的知识体系当中,大致存在这样三类模型。这三类模型对我们进一步研究问题是有帮助的,但我觉得还不能说已经给我们提供了非常理想的理论支持。在这个方面,还有许多工作要做。

5. 纠纷化解的机制研究

大家知道,社会学是一个非常关注经验研究的领域,如果回顾一下我们原来做过的工作、研究,那么可以看到在我们的研究中有一些内容是涉及到纠纷化解机制的。下面我想举一些例子,这些例子来自近年来北大社会学系教师的研究。这些研究并不都是直接地去面对纠纷和纠纷化解,有一些可能是,有一些可能不是,但是可能涉及到一些关于纠纷化解机制的问题。

第一个机制可以称为"情、理、法交互机制"。这项研究是王汉生教授领衔,从20世纪90年代中期开始和法国的一些学者合作进行的一项关于社会公正、社会公平、社会合理性的研究交流中提出来的。后来王汉生教授与法国高等社会科学研究院的伊萨贝尔教授共同主编了一本关于公平的研究的书,这本书中收入了一些中国学者和法国学者的研究。我也参加了其中的一些工作。在这本书的序言当中,王汉生教授和伊萨贝尔教授讨论了中国社会中面对纠纷存在时通行的行为准则究竟是什么样子的问题。在这里面,我们就能看到,"情、理、法"的交互作用的机制在中国社会中发挥的重要作用。这样的行为方式和法国社会中对公正和公平的理解是不一样的,但在解决现实的具体问题、解决纠纷和纠纷化解中同样有作用。

如果我们深入思考"情、理、法交互机制",可以看到其中存在一些基本的假定。

一个假定就是,在现实世界,在同样的情境下面,存在着不同性质的社会规范。比如说,"法"是一个国家规定的行为规范;"理"是民间社会中不成文的,但大家可以拿到台面上来加以论证的东西,比如你的道理是什么、我的道理是什么,你的行为准则是什么、我的行为准则是什么,这些是可以加以论述的;"情"构成了一种更为潜在的规范。"合情、合理、合法"这三个东西在同样的情境下面可以并存。就是说,在同样的情境下,从法律上来讲有一套规范;从道理上来讲也有一套规范;从人们一般的情感世界上来讲也有规范。这三个规范是可以存在于同一情境下面的。

另一个假定是,这些不同性质的社会规范之间存在着一些复杂的社会关系,可能是互补的,可能是替代的,可能是相容的,也可能是完全不相容的。最近在上演一个电视剧,我看了几集,感觉非常不舒服。剧中讲到,一个人的父亲老是虐待他的母亲,他母亲不堪忍受,就把他父亲毒死了。后来母亲改嫁了。事过十八年之后,儿子重新去验尸,发现父亲死于一种化学物质的过量服用,而这种化学物质是他母亲制作食品的时候常用的,并且他母亲知道过度使用会对身体有害。他母亲不懂法,他现在拥有法律知识,于是就不断地要伸张法律的正义,把他母亲告上法庭。这部电视剧是在宣传法制精神,选择了这样一个极具冲突的情节。我想,这里就有"情、理、法"之间的冲突。三者之间有时是相容的,有时则是不相容的。所以这里面有非常复杂的关系。

现实社会中出现了纠纷,这个纠纷能否化解,或者它被化解的好还是坏,是否被进一步强化,这要取决于不同性质的社会规范组合的状况。这是"情、理、法交互作用机制"中内含的第三个假定。如果社会规范组合得不好,有可能最后纠纷非但不能化解,还可能会更加严重。如果组合得好,有可能达到单纯的法律所不能达到的效果,通过法律也可以在情和理所不能及的方面,很好地解决纠纷。这里取决于三者相互作用的状态和在特定情境下的契合关系。

第二个在经验研究中涉及的机制可以称为"递推—转移机制"。这项研究是我做过的,主要是研究在一个有冲突或纠纷的状态下面,人们在由若干环节组成的过程中怎么通过他们对于公平、合理理念的互动最后达成问题的解决或暂时解决。

在这个机制的研究中,包括这样一些基本的假定:(1)人们是在对自身位置的有限无知条件下将实际利益与公平规范交织用于互动之中的;(2)现实中达成的策略均衡是现实的,但并不一定被所有当事者认为是公平合理的;(3)不被共同认可为公平的现实均衡,会将潜在纠纷推移到其他场合。

先谈第一个假定。在关于社会公平性、公正性的研究当中,有一个很重要的理论是由罗尔斯在《正义论》里提出来的。他有一个重要概念被称为"无知之幕",就是每个人都不知道自己现在处在社会中的什么位置和在这个位置下面实行进一步的措施以后,他自己将处在一个什么位置上面。在"无知之幕"下,每个人都不知道自己的出身、阶级、地位和未来自己可能得到的与他人不同的东西。罗尔斯认为,在这种情况下,大家才能达成一个对什么是公平的共同的认知。但现实的世界绝对不是在"无知之幕"下的。所以我假定,人们在有限无知之下行动。我们知道自己在什么位置,但知道的可能不完全,对于实行一项措施后自己未来的状况,我们知道一些但也知道得不完全。在这样一种状态下,既然多少知道自己的利益何在,就会维护自己的利益,就不会像罗尔斯所说在"无知之幕"下,实现一个对每个人都公平的机制。只有在"无知之幕"下才会选择一个对所有人都有好处的制度。在有限无知的状态下,人们知道自己的利益,会把自己的利益加上一个公平的架构,这个公平的架构和他的利益是协调的,但不是狭隘的一致。因为他要把这个公平的东西拿到桌面上来,并且希望说服别人遵守这样一个规范。这个过程中,我们会看到,一方面大家会拿出一个有利于自己的规范,把这个规范说成是公平的,试图以此说服别人;另一方面,他既然打了公平牌,也要准备别人打公平牌,并准备在打不赢的时候,接受别人提出的规范。如果他赤裸裸地拿利益说话,那么他以后就不要再试图用公平规范来说服别人。

比如在我做的有关农村调整土地的案例研究之中,调整农村的土地,有人讲应该按照劳动力来调整,这样可以更有效地促进生产的发展;有人讲应该按照人口来调整,因为这样最有利于每一个人的生存。这里面大家都在讲一个道理,但每一个道理是不一样的,也就是说都是在强调行为规范,但规范是不一样的。每一种规范,有利于拥有不同条件的人。

再谈第二个假定。在现实当中,在经验研究中可以看到,人们最后达成了一种妥协,也就是达成了一个策略的均衡,就是大家都同意用这个办法来处理了。但是现实中达成的那种策略的均衡或者说妥协虽然是现实的,但不一定被所有的当事人认为是公平合理的,因为它是在现实的社会力量的约束下面达成的。

在我的调查当中就看到这样的情况。我们的这个假定和主流经济学中的假定是不一样的,如主流经济学家们通常认为,交易的均衡就意味着大家一致赞同,一致赞同就是既有效率的又是公平的。但在现实当中可能还有其他的社会规范发挥作用。比如农民工的工资,由于大量农民工的潜在供给,所以农民工的工资可以被压得很低,出于现实的供求关系中的农民工也愿意按这样的工资来工作,但是他内心不一定就认为这样的工资水平是合理的、公平的、符合道德规范的。对他来说这是没有办法的,他不接受也得接受,否则没有工作。

在我们的研究中看到,并不是均衡的现实就被当事者认为是合理的,这里面还有其他的一些行为规范在起作用。这就涉及到第三个假定。当现实的均衡并不被认可为公平的时候,就会有一些不公平感积淀下来,这种不被共同认可为公平的现实的均衡,会把潜在的纠纷推移到其他的场合。也就是它有一种递推—转移的机制。

从这样一个机制来看,有的时候一个纠纷的化解,可能并不意味着纠纷完全的消除,而只是一种推移。在这个场合大家都认为是这样了,但把潜在的纠纷因素可能推到了下一个领域,推到了其他的领域去寻找它的平衡。比如说我们在土地调整过程中看到的,在研究方案的时候可能有人主张这样,有人主张那样,而且每一个人都有自己公平合理的主张,最后形成了一个方案,对这个方案有人是勉强地同意了。但从他的利益的角度来看,从他的公平理念的角度来看,他可能并不认为这是公平合理的,但是他同意了。因为他不同意也不行。不过,他可能在这个方案具体怎么落实,在实施过程当中,去寻找宣泄的渠道。如果实施有问题,他就会认为实施过程中是不公平的,这时他就把纠纷推移到下一个环节去了。哪怕这次从方案决定到实施过程好像都解决了,但他也可能把潜在的不公平感遗留到未来的可能的其他场合去寻找它的表达。

所以在纠纷化解里面有一些是暂时的递推和转移,在局部来看是一种化解,但是长期来看,它又是一种潜伏。这个是我们看到的第二种机制。

我注意到的第三种机制,我把它称为"去自我实现预言机制"。在这方面,给我印象最深刻的是马戎教授对民族关系中存在的一些纠纷和潜在纠纷进行的研究。在这个研究当中,马戎教授特别重视对于"民族"和"族群"概念的甄别,并认为这一工作有现实意义。这使我注意到纠纷和纠纷化解的一种机制。

在社会学中有一个概念叫"自我实现的预言"。所谓"自我实现的预言",是默顿在读了托马斯有关美国儿童的研究以后,从中提炼出来的概念。这个概念是说,当我们在社会中投入了一个理念,这个理念并没有正确地反映那个社会的现实,但是我们把它投入社会之后,这个理念影响了人们的预期、行为,而且这种行为最后化成一种群体性的行为。最后,一个错误的判断,一个错误的情景定义,可能会成为真实的。默顿所举的一个形象的例子是美国一家银行的挤兑。这家银行本来经营得很好,但是出现了谣言,说这个银行经营有问题,因此就有人开始提款,其他人看到有人忙于提款,就误以为这个银行经营得不好,于是大家都来提款,最后提款的结果就是这个银行真的经营不下去了。

这就是一个自我实现的预言的例子。最初关于银行经营状况的判断是错误的,但是这样一个错误的判断被扩散开以后,最后会成为一个现实的结果,这个结果甚至"证明"原来错误的判断是正确的。我们可以举房地产的例子,要是每天都说它有泡沫,而大家都信它是泡沫了,它就可能真成泡沫了,哪怕它的价格还是正常的。因为大家都觉得它是泡沫,就赶紧抛,赶紧卖,大家都卖它就真成泡沫了,价格就跌下来了。再举个例子,在消费领域中有些人预测,说今年流行色是黄色,于是现实中流行的真是黄色了。是不是"专家"预测准确呢?不是,"专家"用这个预言来影响人们的选择行为,让大家认为今年既然流行黄色,我就买黄色的,于是大家都买,于是它就真成了现实。其实这不是一个真正准确的预言,是一个自我实现的预言。

马戎教授在民族研究中注意到了,民族这个概念从西方传入进来以后,经过一系列作用,在投入到我们的社会现实中的时候很可能真的影响了族群的关系。按马戎教授的理解,族群和民族是两个概念。但是当我们把民族概念拿来说族群的时候,就可能导致用民族概念来影响族群行为,塑造族群行为,最后可能真的搞出了一些新的纠纷。从这个意义上来讲,具有自我实现预言的这样的一个效应。这里的假设是,自我实现预言可能引发一些原来并不存在的纠纷。因此,调整概念投放,形成"去自我实现预言机制",就会对纠纷的化解产生作用。

我们看到,马戎教授做的一些工作,比如去澄清民族概念和族群概念之间的差异,在民族学界引发了很多争论。有一种意见认为,你把我们56个民族搞成族群,那我们各种民族政策是不是就都会受到影响啊?这些问题都是很现实的。从这种现实性中,我们恰恰可以看到"自我实现预言"和"去自我实现机制"的作用。这是我从北大社会学系教师的研究中读出的与纠纷化解有关的第三个机制。

我还读到一个机制,是与技术相联系的。邱泽奇老师和他的学生们近年来做了一系列有关技术和组织关系的研究,他们主要研究信息技术和组织的互构。我注意到,他们的研究发现,有一些组织之中长期不能解决的纠纷,或者经常会引发纠纷的一些问题,通过信息技术的介入和采用以后,自然化解掉了。在这里,我们看到对这些现象进行的解释中存在的假定是这样的:

第一,某些纠纷的产生和不确定性有关。人们之间的某些纠纷是明确的利益上的冲突,而有一些则是和整个运行状况存在着不确定有关系。不确定性越强,产生纠纷的可能性越大。

第二,在不确定性的消除方面,存在两个重要因素。一个是我们确定一系列的制度,通过制度来降低不确定性。当然,我们界定制度和实施制度的能力是有限的,界定制度也好,实施制度也好,都会有成本。这些成本的存在使我们的制度不可能很完善。在消除不确定性方面,还有一个因素就是技术。有一些不确定性可以通过技术来消除。技术和制度在一定范围内具有替代性。

第三,某一些技术和制度的联合运用,具有使纠纷化解的作用。

上面是我介绍的北大社会学系老师的研究中涉及的纠纷化解的机制。

大家头脑当中可能有很多纠纷问题,肯定有很多大家关心的问题,我没有读到、想到、研究到。我觉得,社会学在面向现实的研究中,从纠纷和纠纷化解机制入手,是一个可行的和有潜力的方向。

我今天要做的讲演就是这些内容。概括地说,我是想从一个特定的角度,从纠纷化解这样一个在我看来具有时代意义的角度,把以往已经做过的工作做一个初步的梳理。梳理的结果使我感到,还有许多的工作需要做,我愿意和大家一起,在这方面贡献自己的力量。

谢谢大家!

(2007 年 3 月 21 日)

浅论哲学经典的解释问题
——以《庄子》的解释为例

■韩林合

> 韩林合,男,汉族,1965年1月出生于内蒙古赤峰,现任北京大学哲学系外国哲学教研室教授。主要研究领域:西方哲学(分析哲学,维特根斯坦哲学),老庄哲学,形而上学,心灵哲学,语言哲学。1982年9月—1992年6月,在北京大学哲学系和外国哲学研究所学习,先后获哲学学士、硕士、博士学位;1992年7月—1994年7月,在北京大学外国哲学研究所工作,任讲师;1994年8月—2005年7月,在北京大学外国哲学研究所和哲学系工作,任副教授;2005年8月—现在,在北京大学外国哲学研究所和哲学系工作,任教授。

今天我们要讲的是哲学经典的解释问题。在讲这个之前,我先讲一些预备性的话题。

首先,我们先来看一下哲学是什么?这个话题争论来争论去没有定论。什么叫哲学?不同的人有不同的说法。做了这么多年研究之后,我也有自己的理解,简言之就是:哲学是关于人生、社会、宇宙最根本的问题或者说最重要的问题的一些系统性的思考。不系统的话就不叫哲学。按照这个规定,我们看一下它和其他科学的区别。我们知道数学是非常系统的,甚至于是以一个公理系统的形式呈现的。逻辑学后来也公理化了。哲学在注重系统方面和数学、逻辑学是一致的,是理性构建的结果,但它们也有不同的方面。就关心的主题来看,哲学关心的是人生、社会、宇宙的最根本的问题,数学、逻辑这些形式科学是不关心这些问题的。我们知道科学除了形式科学即逻辑、数学以外,还有经验科学,它们处理有关物质世界和社会的问题,像物理、化学,还有经济科学、社会科学等等。哲学和经验科学的区别在于:经验科学是根据经验和实验建立起来的,哲学不是这样的,哲学是不能依赖于实验和观察的。哲学既是一般性的思考,同时又是系统性的思考,与形式科学像数学、逻辑,经验科学像物理、化学,都是有区别的。那么,我们接下来看一下经典。什么叫经典?我们给经典一个定义,经典就是某个学科最基本、最重要的文本,你要研究一个领域不可不读的文献,那么哲学经典,很简单了,就是记录哲学思考结果的经典文本。这里就哲学和经典的关系可以再说几句。关于哲学的思考大都会记录在文本之中,因此从这个意义上讲,哲学一般说来就是哲学经典,哲学就是由一系列哲学经典构成的理论体系或文体。实际上,我们做哲学研究的,包括学生和老师,绝大部分说来,都是在做哲学经典的解释工作,哲学首先是哲学经典。无论是什么经典,哲学经典更是如此,如果不加以解释,那么对我们每一个读者来说就是一堆物质符号串,它们没有什么意义。解释首先建立在理解的基础上,只有通过经典解释经典才成为经典,否则它就是一堆废纸。因而,解释对哲学经典来说,进而对哲学来说,都是一个本质方面,没有解释就谈不上经典。那么,我们看一下对哲学经典的解释。各个学科都有经典,但与哲学的经典不太一样,其他学科的经典似乎大都没有多种解释的可能性,至少这些可能性比较少。比如说一个物理学的经典文本,它的多种解释的可能性是存在的但比较小。但是哲学经典在这一方面恰恰相反,它的解释的可能性是很多甚至是无限多的,每一个时代的人在看以前时代的哲学经典的时候都会给出不同的解释,不同的人也会有不同的解释,因此哲学经典的解释的多重可能性对一个哲学经典来说也是其本质方面。

这就过渡到我们今天要讲的主题——哲学经典的解释问题。哲学经典需要解释,不解释它就是一堆废纸。在解释的时候又不能瞎解释,有一些基本的原则。我在以前的著作中曾经提到一些基本的原则,对哲学经典的解释来说一些比较重要的原则。第一个是完全性,我们面对一个经典文本,我们要把它当作一个整体来看待,我们不能至少从哲学意义上不能只关心其中的某些部分,这样一个经典文本是不可能得到完全解释的,这是我要强调的第一点。当然,仅有完全性还不行。为什么不够呢?对于一个经典文本,你关心它的每一个方面,阅读它的每一个方面,给它的每一个段落进行解释,但是如果你不把它放在一个系统中进行解释,这样一个完全性的处理是不够的,处理出来的东西就不是哲学,那么因此我们需要有一个系统性。除了完全性之外,我们要有系统性进行补充。把我们所关心的文本的尽可能多的段落放在一个有机的整体之中,以使它的每一个部分相互联系在一起,通过论证联系在一起,通过一些中间的环节形成一个系统,一个理论,就是把我们关心的段落进行解释之后放进这个理论之中,这就是系统性的要求。这个文本是解决什么问题的,是怎么解决的,它有什么论证,它的结论是什么,每一步都需要安插进这个系统理论之中。系统性的要求之外,我们又有进一步的要求,如果仅有系统,而这个系统之内充满了矛盾,那么,解释出来的东西也没有很大的用处。按照逻辑学的观点,矛盾命题蕴含所有命题。如果一个系统中有矛盾,哪怕只有一个矛盾,从你这个体系之中就可以推出任何东西,所以这个体系没有什么用处。因此,我们接下来的要求是一致性的要求。我们在解释一个文本的时候要尽可能做到前后一致。如果这个文本本身有矛盾,我们尽量要用创造性的解释把这个矛盾消解掉。最后,我们还有一个创新性的要求,就是无论从解释的角度,还是从思想创新的角度,都不能满足重复前人的结论和前人的工作。因为这样一个解释对哲学经典是没有价值的,因为你只是重复前人的东西,虽然重复的具体形式与前人有所不同,但从总体来说,甚至从细节来说,只是在一味地重复,那么这样的一个解释是没必要给出的,是对资源的一种浪费,也是对解释者生命的浪费。

上面讲到的这些原则都是哲学经典解释的最基本原则。除了这些之外还有其他的原则。对于一个哲学经典文本的解释,它的最低限度是要满足这些要求,一个完全性,一个是系统性,一个是一致性,还有一个创新性。由于我以前一直做西方哲学的研究,后来也做了一点中国哲学,这样一些要求一直都贯穿在我对一些哲学经典文本的解释之中。去年出版的一个解释结果是对庄子的解释(《虚己以游世——〈庄子〉哲学研究》,北京大学出版社 2006 年版),以前还做过一个维特根斯坦的《逻辑哲学论》的解释(《〈逻辑哲学论〉研究》,商务印书馆 2000 年版,2007 年修订版),基本上都是自觉地按照这些原则做的。在此,只是联系到我以前的研究工作,将其进一步展开论述一下。在这样的论述过程中,我会评论一下其他人的相关研究工作。首先我们来谈一下完全性的原则。对于西方的哲学经典来说这个原则是很容易满足的,为什么呢?因为西方哲学有一个特点,大部分西方哲学经典都是系统的和比较完整的。就是我们看到一本书,它有按照章节划分的一个清楚的结构,首先说明要处理什么问题,如何解决问题,得出什么结论。大部分西方哲学经典都有这样一个特点,当然也有例外,比如维特根斯坦的一些东西,就很难说满足这些要求,因为都是一些笔记。反观我们中国的一些哲学经典文本,如果我们承认中国有哲学的话,它呈现给我们的面目和西方哲学经典呈现给我们的面目就完全不一样。所谓的中国哲学经典,像《庄子》《老子》《孟子》《论语》,实际上大部分都是一些语录,如果比这好一些的,就是文学作品和文学作品的总汇。而且具体到《庄子》来说,这本书和乍一看来给研究者、读者留下的印象一样,是非常复杂的,是寓言呀、散文呀,文学性的文字呀,辩论性的文字杂凑在一起,它是一个非常庞杂、非常繁杂的文本。因此有些解释者认为,对于《庄子》来说,乃至对于所有中国哲学经典来说,都不应该按照西方哲学经典那样去解释,尤其不应该按照我们刚才所说的系统性原则去解释,甚至也不能把它作为一个完整的文本来看。好多解释《庄子》的学者认为内篇相对完整,有一个有机的体系,外杂篇就非常杂乱,因此他们根据文字学的结论,认为历史上庄子这个人只写了内篇,外杂篇是庄子弟子、庄子学派的一些人写的。我们学校毕业的刘笑敢博士是这种观点的代表。他现在在香港中文大学做教授,他有一本书《庄子哲学及演变》,1988年出的,就是他的博士毕业论文。里面有个核心的论证,对后来影响较大。首先,他认为中国语言文字发展有个规律,就是复合词在后、单词在前,然后我们看《庄子》这本书,我们就会发现,道德、性命、精神这三个复合词,只出现在外杂篇,没有出现在内篇,内篇只是出现了道、德、精、神、性、命这些单词。还有一个论点就是和庄子同时代即战国中期的其他著作均没有这些复合词出现,而到战国晚期的文本,包括荀子的文本,却出现了这些复合词。那么,他得出一个结论,就是历史上的庄子只写了内篇,没有写外杂篇。显然,即使假定刘笑敢的前提都是对的,那么也得不出他这个结论。我们得出来的结论是什么呢?就是庄子这个人没有写外杂篇,但是我们得不出庄子写了内篇这个结论。庄子的内外杂篇是非常复杂的,外杂篇提到复合词的章节是非常少的,最少的地方出现一次,最多的出现六七次,而且好多段落根本就没出现,所以也不能证明外杂篇都不是庄子写的。所以他这个论证,有逻辑问题。《庄子》非常杂,实际上即使内篇也是非常杂乱的,甚至于具体到某一篇也是非常杂乱的,许多段落之间没有有机联系,所以说如果按照它们这样一种情况来考虑,我们甚至都不能认为内篇构成了一个大致完整的系统。从这样一个角度看,刘笑敢等人的这样一种结论不足以说服我们只解释内篇,不解释外杂篇。

其次,我们来看一下系统性。《庄子》这本书作为一个整体,包括内外杂篇,它包含着不同的思想倾向,这是毫无疑问的。只要看过《庄子》这本书的人,就可以接受这样一个事实,就是《庄子》有一些段落的思想是不一样的,但是是不是不一样到这样一个程度,以至于我们必须把它分开来看,而不能给它一个系统的解释。我认为还没有达到这样一个程度。我认为,《庄子》这本书作为一个整体,我们是可以给出一个系统性的解释。这就是我要做的一个工作。我认为,这本书,像其他人所说的那样,关心的是人生问题,较少涉及社会问题。人生问题又有一个结构。人生问题就是人生的意义问题。人生的意义问题也可分为绝对自由问题、绝对安全问题、死亡问题、至福至乐至善至美也就是绝对价值问题。《庄子》认为,一个人作为一个个体存在于世界之中是没有任何意义的。为什么没有任何意义?我们在世界之中,一个充满偶然性、区别的世界之中,找不到自由的状态,绝对安全的状态,找不到至善至美的状态,找不到快乐的状态。我们每个人都是要死的,活了几十年都要死。怎样才能逃脱这样一个有限性的存在,达到无限的状态,那么这是他关心的几个问题。这些问题我依次梳理了一下,认为他是通过安命,进一步通过齐物,进一步通过心死来解决这些问题。如果一个人绝对地安命,无条件地接受一切,在我的论证体系之中,他就能够达到和整个世界同一的状态。那么,怎样达到同一的境界呢?它的进一步条件就是齐物,齐物就是要取消区别。作为一个个体的人所做出的所有的区分,在庄子看来,都是不真实的,都不是世界的本质,也不是人生的本来状态,都是违反人性的。那么,怎样取消这些区分?他的结论是要心死,简单说来就是我们理性的和感性的认识都要中止,达到一个心如死灰的状态,相应地形如槁木,达到这个状态后他就认为能够绝对地安命,能够绝对的安命就能达到与世界同一的状态。这个状态他又用另外一个词,就是用"道"来称谓。他的"道"有各种各样的解释,有的人认为有6种意思、7种意思或多种意思,而按照我的理解,它只有一种意思,就是指这个世界整体,进一步说来就是没有任何区分的世界整体的状态，就是他所说的"至一"状态。按照庄子的理解，我们这个世界的任何区分都是作为世界万物之一的有成心的人做出的，真实的状态是"至一"，没有任何区分。那么，怎样回到这样一种"道"，怎样达到与世界同一？我们只要做到了"心斋"，所有的人生问题就都获得了一劳永逸的解决。我就按照这样一个体系来整理他的段落，最后阐释他的境界到底是怎么回事。这要分几个方面：一个是绝对自由；一个是绝对安全；一个是至福至乐至善至美，绝对价值的状态；一个是永恒的状态，就是不死不生的状态。这样，他认为，所有的最重要的人生问题都得到了解决，于是最后就进入那么一个逍遥游的状态，这是他要强调的一个东西。

　　这样，看似非常杂乱的没有一个系统的相互矛盾的文本，我给了它一个系统的解释，并且在这样一个解释之中我们还要有一致性。如果这样一个解释之中含有矛盾，那么我认为这样一种解释没有什么大的价值，我要做的一个工作就是把《庄子》中看似矛盾的地方消解掉，但是有一些学者或者文学色彩比较浓的人认为庄子思想的特征就是矛盾，矛盾、内在矛盾是庄子哲学的根本特点。这样看来，这个一致性就不应该要求了，《庄子》本来就是矛盾的，这个矛盾也是不应该消除的。这样一种说法是不可接受的，认为一个思想体系内含有矛盾很正常，并且矛盾是这个思想体系的本质。我认为这些都是不知思想为何物的人的荒谬的断言。我认为《庄子》书中的大部分矛盾都是表面的，都是可以通过创新性的解释消解掉。我做的工作有很大一部分都是消解矛盾的工作。其中很重要的矛盾，我这里大概讲一下，就是方内与方外的矛盾。我们看到《庄子》书中一方面说安命，绝对的安命，要游于世俗之间，要"不遣是非以与世俗处"；另一方面他认为处于最佳状态的那个人，至人，游于世俗之外，游于方外。这样两种说法是矛盾的。一方面至人要游于世内，和世人共同相处，而且要无条件地和睦相处；另一方面，至人的状态是游于方外，游于世俗之外。那么，怎样消除这些矛盾呢？一些人认为矛盾是应该的，不能消解，我认为这种说法是不正确的。另外一些人认为这些矛盾是应该消解的。那么具体到这个矛盾到底怎样消解？几乎所有的在郭象之后的解释者都是通过这样一种方式来消解的，就是心灵和身体的二分，认为人是由身体和心灵两部分构成的，身体不能游于世外，只能游于世间，因为你必

须要吃东西，必须要喝水，必须要睡觉，不可能完全不与人来往，身体不能不游于世俗之间，但精神不一样，他们认为精神可以游于世外，精神是和身体完全不一样的东西，身体只能在世内，精神可以高扬在外，到不食人间烟火的地方。我认为这样一种解释是不可接受的，因为这种心身截然的二分不是中国哲学的特色，更不是庄子哲学的追求。这种心身截然的二分也不是一个正常人的状态。我的解释要联系到前面的系统性。当一个人绝对安命的时候，他就无条件地接受一切，那么他就不辨是非，那么这样的状态在庄子看来只有至人才能达到，因为只有至人才能心斋，才能齐物，才能安命，才能达到与道同体的状态。那么普通人呢，作为天地万物中的一个物件，有成心去分彼此、物我、不能安命。至人通过安命达到"至一"的状态，与道同体的状态，那么这种状态本身就是他说的方外、尘世之外、四海之外。但他的"外"并不意味着空间上的外，而是指一种比喻的意义。也就是说，至人的这种状态是一般人达不到的，这种状态终结了作为万物中一个物件的、芸芸众生争物我彼此的状态。对于至人的生活状态来说，他跟普通人是完全不一样的，但他达到这种状态不是通过心灵的高扬在外，而是通过无条件地接受一切。这种状态是不含任何区分的，是一种"至一"的状态，也可以说是一种乌有之乡，也可说游于世外。一般人没法达到他这种状态，因此从这个角度说，至人是游于方外。这就解释了《庄子》书中最大的矛盾，就是至人一方面游于方内而另一方面又游于方外的矛盾。《庄子》中还有其他几个重大的矛盾，我都通过重新解释化解掉这些矛盾，这个是一致性的要求。

最后我们来看一下创新性的要求。如果大家对《庄子》的解释史有一个比较全面的了解的话，那么就会发现从郭象以后，《庄子》解释这个领域在主要方面是没有新东西的。为什么呢？因为大家都在重复同样一个主题，即他关心的是精神自由，追求的是精神自由，心身二分的状态，一直到现在我们看到的绝大多数的《庄子》的解释都是在重复这样一个论调。事实上这在郭象那里就有了。郭象说："圣人身虽在庙堂之上，心无异于山林之中"。这是上述论调的最初出处。大家都在津津有味地重复这样的论调，认为这是唯一的、可以接受的解释。这个说法在我看来是不正确的、不可理解的解释，没有意义。精神自由根本不用你追求，每个人都有精神自由。我们不要把精神自由混同于言论自由，言论自由在有些时候是要受到控制的,但这个精神自由很容易达到,转念之间就达到了。所谓精神自由若按照某些人的解释,就是胡思乱想、天马行空,即使在监牢里头也可以想象着自己享受着皇帝的待遇,就是这样的一种状态,按照一些人的一种形象的说法,就是心灵在思想的国度里遨游。我不知道这是什么意思,它没有任何意义。因此,这不仅不是对《庄子》的忠实解释,甚至于都不是有意义的解释。但这个解释被大家奉若至宝,被当作对《庄子》文本的最好的解释。我认为这是错误的。一些人在津津有味地重复它,这就违反了我的创新性原则。如果你只是满足于重复这个解释是不应该的,应该追求新的解释,更不要说这是一个错误的解释,这是一个方面。当然我们不否认这个自由是庄子追求的一个重要的方面,但自由不是纯粹的精神自由,精神自由严格说来是没有意义的,他追求的是一种自由的人生状态。什么样的人生状态呢?就是不受制于外物的人生状态,说得更极端一点,就是绝对绝待的一种状态,就是"独"的一种状态。他说的"独与天地精神往来"、"独往独来"就是这样一个意思。他认为"道"或者"至一",就是世界本来的那个状态,就是"独"的状态。他对"独"的说法就是"绝对绝待"。"绝对绝待"和我们现在所说的意思有点不一样。"对"就是我们生活在世界的状态,作为一个物件,都是和另外一个物件相对而存在。我站在这里,我和桌子相对;我和你说话,我和你相对,等等。"绝对"就是把这个"对"弃绝掉,"绝"在这里的意思就是弃绝掉、扬弃掉,然后我生活在一个没有"对"的状态,就是"独"的状态。那么世间万物谁生活在这样一个状态中呢? 就是世间万物整体,进一步说就是"道"。把这个"对"绝掉之后我们就可以把这个"待"绝掉。为什么呢? 这个"待"就是"有待"、"相互依赖",要相互依赖就必须至少有两样东西。相对才能依赖,这就叫做"对待",如果你把这个"对"去掉了,达到一种状态就是"绝对绝待",就是他所说的绝对自由。这个自由绝对不是精神自由,而是一种自由的人生状态,就是成为道或与道同体的状态。绝对自由也是绝对安全的,精神自由仅仅是自由的一个方面,而且这个自由是一个整体的人的状态。这是我的一个解释。一味地满足于重复一个解释相对于西方哲学是很不正常的现象,我们要追求新的解释。谈到创新,大家都会说解释各种经典,哲学经典尤其如此,都要注意一个忠实性的问题,而不是创新,好像评价一个解释好坏的最大标准就是忠实。有一个问

题是什么叫忠实？相对于一个文本，忠实的意义是什么？是忠实于哪个意义，是忠实于作者要在文本中表达的那个意义，还是忠实于作者实际上在文本中表达的那个意义？作者要表达出来的那个意义不一定能够表达出来，至少不能完全地表达出来。尤其是《庄子》，它的最重要方面是不可说的，是说不出来的，所以从这个意义上讲，从最佳的人生状态来说，作者的意义并没有完全表达在这个文本之中。因此，作者的真实的意图和字面的意义是有距离的，这是一层距离。另外，我们假定文本完全表达了作者的意思，我们作为解释者是不是就能原原本本地把握这个意义，这个意义是否能够真的固定在文本之中，我们要怀疑。即使假定庄子在写这本书的时候完完全全地表达了他这个意思，到今天两千多年过去了，古代汉语和现代汉语的语言结构大不相同了，它的一些词的意义无从得知，句法结构有时也不甚清楚，思想观念、时代都变了。如果一个人跳出来说他的解释是忠实于庄子的，他的解释是对庄子本真意图的解释，那么我认为这个人的思想有点混乱、有问题。文本的真正意义经过两千年的流失，我们已经很难把握，更遑论把握作者的真实意图。因此，完全的、充分的忠实性是不可能达到的，像《庄子》这样的文本则更不可能。另外，我还有一个观点，假定《庄子》的作者，我们假定他写了《庄子》的大部分内容至少是内篇，那么我不认为他会像我想象的、解释的那样思想那么清晰、那么明确。这是不可能的，我们现代人经过两千多年来的进化和积累，特别是经过系统的逻辑和数学训练之后，所解释出来的东西怎么可能是以前人的那个东西呢？不可能完全是。他当时的那个思想状态，或许智力水平远远超过我们，但从思维的严密性、概念的清晰性来说，都远远不如现代人，甚至我们可以断定，庄子写这部书时根本就没有一个清晰的思想线索，根本没有真实的意图，如果有真实的意图，那么它有可能也是混乱的、模模糊糊的，以寓言、散文的形式写在那里，现代人则企图给它一个系统的、哲学性的解释。所以，关于创新和忠实的关系，我认为现代人不要徒劳地追求忠实，而应该积极追求创新。这个文本的价值就在于，通过不断的解释，它的可能的意义不断地显现。我们要自觉地用这个文本作为思想的材料而不是作为思想的产品，来构建我们的思想。

谈到忠实的时候，我说绝对忠实是不可能的。但历史上一再有人自诩或夸奖别人达到了这种状态。晋人吕安（竹林七贤之一）夸奖向秀说：

浅论哲学经典的解释问题

"向秀做庄子注,我们看了之后,就感到好像是庄周不死一样。"有人评价宋人林希逸的《庄子注》时说,他这本书写得非常好,好像他把庄子从坟里挖出来,使其复活了一样。这是一个极端没有意义的说法,但后人一再重复这样的吹嘘之词。这个说法按照我们的思路是胡扯,是一派胡言。我们知道,历史上还有儒家的人以儒解庄,佛家的人以佛解庄,禅宗的人以禅解庄,好像解来解去都是以《庄子》之外的东西来解庄。有人认为,这个不对呀,我们应当确立这样一种信念,就是以庄解庄,就是用庄子本人来解庄子。我认为这种想法是有问题的。在一种意义上,我们可以理解,可以接受它。这个意义就是把《庄子》看做一个整体,看在一个地方出现的词是不是在另一个地方有解释,一个句子是不是在另外一个地方有解释,也就是把《庄子》看做一个完整的文本互相参证、互相解释。解释者实际上都在不自觉地按照这个进行解释。但是,有一些人不是这样理解"以庄解庄"的,他们的意思是以庄子本人的思想解庄,不是以儒解庄,以禅解庄,但问题是这样理解的"以庄解庄"这个说法假定了一个前提,就是我们已经通过其他方式知道了庄子的思想,并用它来解释《庄子》。但庄子就写了这本书,而且这本书也不全是他写的。所以在这个意义上,"以庄解庄"和上面那些说法如出一辙,是不可能达到的一种状态。

我还要说一点,不仅是离我们时间、空间、背景都很远的庄子的文本这么难以解释,就是离我们很近的甚至同时代的人理解起来也是很困难的。我做维特根斯坦的研究,他写的《逻辑哲学论》在1918年完成。写作过程中他受到了弗雷格思想和罗素思想的影响非常大,他在许多地方就是发挥和深化二者的思想。那么,应该说弗雷格和罗素是最有资格正确地理解《逻辑哲学论》的人。但是恰恰相反,维特根斯坦在和他们的通信中一再地说他们误解了他的思想,说弗雷格"一个字儿不懂"。弗雷格那么一个大逻辑学家,维特根斯坦的这本书的许多思想就是发挥、阐述、批评他的,可他却认为弗雷格什么也不懂。他是罗素的学生,受罗素影响很大,但他认为罗素也一样不能理解他。他在1919年写给罗素的一封信中说:"我已经写了《逻辑哲学论》这本书,这本书包括我过去6年的工作,我认为在这本书中已经最后解决了我们的问题,这听起来不免有些狂妄。我是1919年8月完成它的,两个月后便当了俘虏,我现在这部书稿希望能寄一份给你,但它太长且没有安全的方式寄给你,不经解释你不会理解它,因为它是以很短的评论形式给出的,这就是说没人能理解它,尽管我相信它是清楚明白的,像水晶一般。"解释的困境在那么近的师徒之间也会发生,更何况离我们2500多年,历史的、时代的背景差别都很大的《庄子》呢?一些人说自己或夸耀别人给出了完全忠实的解释,在我看来都是不知解释为何物,进一步讲就是不知思想为何物。

以上就是我今天要讲的基本内容。哲学经典需要解释,哲学经典的生命力就在于解释,而且,古今哲学家所做的大部分工作就是解释。有些人纯粹就是在解释中阐述自己的思想,思想的发展过程,实际上就是思想文本的不断的解释的过程。离原来的文本越来越远,最后新的思想便诞生了。解释有一些基本原则,我以《庄子》为例解释了一下,实际上,我也可以以维特根斯坦的《逻辑哲学论》为例进行解释,因为这些基本原则是我在解释《逻辑哲学论》时就已经遵循的,在解释《庄子》时候更充分发挥了这样一些想法。特别是系统性的考量,《庄子》那么庞杂的文本,我们给它一个系统的并尽可能一致的解释,这在某些人看来是不可能也是不应该的。我认为,不是不应该,而是应该;不是不可能,而是大有可能。我们一再重复别人的,且自认为忠实的解释,并且一味阻止别人进行新的解释,这是一种错误的态度。每一个哲学经典文本都有若干多可能的解释,我们根据不同的理解、不同的训练,本着创新的精神,尽量完全地、系统地、一致地去解释它们,这就是哲学的生命所在。

(2006年10月12日)

传统文化与新农村建设

■ 雷 原

雷原,1967年出生于陕西。西安交通大学经济学博士,北京大学历史学系博士后,研究员。现任北京大学人才研究中心常务副主任,西安交通大学兼职博士生导师,甘肃党校兼职教授,中国西部调查研究工作委员会常务副主任,兼任国家行政教育学院经济研究中心副主任,北京大学人才研究中心书画人才研究会艺术总监。主要研究领域:人才学、三农问题、中国传统文化。著有《农村土地承包制研究》、《中国人的管理智慧》。曾发表论文数十篇,现致力于组织编写东方管理丛书,即将出版的专著有《中国人的圣经——〈论语〉新编》、《〈人物志〉与现代人才学》、《中小学生历史文化课外读本》。

主持人: 各位同学晚上好!欢迎来到乡土中国学会讲座现场,今天我们有幸请到北京大学人才研究中心常务副主任雷原老师为我们做一个传统文化与新农村建设的讲座,他对中国传统文化以及新农村建设的研究有非常高的造诣,下面我们就用热烈的掌声欢迎雷老师为我们带来今天的演讲!

雷老师: 今天我们要从中国的传统文化角度来谈谈新农村建设的问题。

一、如何认识我们的传统文化

为什么要从传统文化角度来谈新农村建设呢?我们知道,任何一个事物的发展都离不开历史传统对它的影响,新农村建设问题同样也不能离开我们的历史传统。

《周易》的核心思想就是"时中",也就是"与时偕行",用今天的时髦话就是"与时俱进"。所谓"时"就是天时,是一种大的历史背景以及由此可能会有的一种趋势、一种潮流,顺应了这种天时和潮流就会促进历史的进步。因此,我们今天来谈传统文化和新农村建设,就必须依靠今天的大背景,顺应今天的大潮流,与今天之天时相适应。而要想做到与时俱进,就必须站在今天全球化的高度来看待中国的传统文化,来看待农村的治理和发展问题。不然的话,我们就会犯不应该犯的错误,加大人类文明进程的探索成本。

今天的世界有一个什么样的发展趋势与发展潮流呢?要回答这个问题,就必须了解人类今天所面临的困境与矛盾。我们知道,伴随科学技术的迅猛发展,人类创造了历史上从来没有过的物质财富,科学与理性成了世界的主宰意识,从某种意义上说,工业化与城市化是这一历史时期的主要特征。但是人类也深刻感受到了极端科学主义、极度工业化与城市化给人类带来的无穷的灾害,如生态环境的恶化已经到了惊人的地步,人的内心与身体的矛盾冲突超过了自身的承受力,人与人之间的紧张关系也到了无以复加的地步,加上军事竞赛更加白热化,人类已经走向了一条自我毁灭的道路。也正是因为处在这样的困境当中,我们正在探寻一种新的生活方式、新的思维与理念,也就是说在寻求一种新的文化来面对这些挑战,从而使人类走向和谐持续的发展道路。

美国人民在里根时期就开始借助老子天人合一的思想来指导美国的发展,美国也因此调整产业结构,将一些对环境污染大的产业让渡给发展中国家,以求美国的可持续发展。但是世界是一个整体,任何一种以邻为壑的做法,都只能是短见的,也只能在一个短时期内解决一些局部问题。英国历史学家汤因比说,高度发达的科学技术已经为人类制造了一个强大的随时有可能爆炸的核武器弹药库,同时,人类在意识上还存在着不同的营垒,一旦冲突爆发,就会威胁整个人类的生存。汤因比还说,唯有寻求中国文化的精髓——和谐,才能使人类获得一个可持续的发展。科学技术的发展为人类创造了一个严密的系统,从系统学而言,越严密的系统其稳定性越差,系统的严密性与不稳定性使恐怖主义活动成为可能。因此,和谐应该成为21世纪的基本精神,从哲学角度来讲就是天人合一,这种思想在中国历史上一直占据着主导地位。

我们知道，人类早期的文明形态大体可以分为农耕文明、渔民文明以及游牧文明三种形态，这些文明形态的产生主要是依赖于自然环境以及由此形成的生产方式。在不同的生产方式下自然会形成不同的意识、理念和传统，从而表现为一种文化精神。这种文化精神对人的影响超过了人类在文明之初时自然因素对人的影响，也就是说，在文明之初，人类受自然环境的影响巨大，而在文明形成之后，文化对人的影响就会超过自然环境对人的影响。不同的生产方式形成不同的文明形态，而不同的文明形态理念自然有很大的差别。

牧民、渔民的生活方式是崇尚扩张、风险以及与自然搏斗，后来演化为一种商业文化，这种商业文化的起因是内部自然条件不足，因此要向外寻求发展。面对一望无际的草原、波涛汹涌的江海，必须要敢于冒险和尝试，才会得到肥美的牛羊和鱼虾。这种文化促进了我们今天公认的"收益与风险对等"命题的形成，它代表了强烈的征服欲、强烈的与自然的"对立感"，在人与人之间也多有敌我之划分、阶级的划分。

而农耕文明则不同，由于自然环境好，不需要向外寻求发展，只要耕种好自己的几亩地，一家就可衣食无忧。人们在长期的劳动实践中发现，只要风调雨顺和勤劳耕作，就会获得丰收，这就产生了与自然和谐的观念。这种文化崇尚土地，崇尚劳动，认为土地是财富之母，劳动是财富之父，劳动与收益是对等的。

此外，农业生产与工业生产的不同之处在于农业生产是一种人的劳动与自然的造化共同作用的结果，任何一种动植物的生产、生长过程，首先是一个自然造化的过程，必须"与时俱进"，季节不到，生长期不够，再辛勤、再有想法都无济于事，必须遵循自然规律，以一定的季节、时间为限才能完成。从这个意义上讲，农业生产带来的财富在一定时间内是有限度的，而每个人对这种以粮食为基础的物质享受也是有限度的，如果超过这个度，人就会以牺牲更多的东西为代价。比如说，我们一顿饭不可能吃太多东西，否则就违背了吃饭的意义反而会危害健康，吃的半饱或者八成饱是最好的。居住也是如此，如果房子太大，阴气就会加重。植物的生长也是如此。凡事都有一个性、一个度、一个时，古人有"欲速则不达"和"揠苗助长"之说。人的成长也像农业生产，什么年龄段做什么，什么年龄段有什么心理，什么年龄段有什么样的发育成熟度，都是有一个定数

的,人是不能超越的。所以《中庸》上讲,"天命之谓性,率性之谓道,修道之谓教",意思是说,人都有一个性,都有一个规律,顺此性遵循此规律,就是道,顺着此道就是教。因此,人的生长是不能按照商业、工业思维进行的。然而,人类往往在与自然斗争中获得了一点成功,发现了一些规律,就胆大妄为起来,尤其是一些极端科学主义者,按照工业文明的逻辑,企图用工业实验室来完成对人的生产,如克隆技术在今天就遭受到了道德的挑战。

我不完全反对现在的转基因和温室产品,这些工业化思维下的产品确实提高了生产效率,极大地丰富了人类的物质财富。但是,对于转基因和温室产品是否具有在天人合一环境下生长出来的农作物一样的特质,我表示怀疑。现在有人怀疑中医的有效性,是因为人类在很大程度上已经破坏了中医的基础——药材,人为生产的药材是否仍然具备像李时珍《本草纲目》里讲的那些药性就不得而知了,不过中医里的养生思想、医病原理、针灸方法仍然是很多自认为是科学家的人物难以望其项背的。

人类对科学的认识是一个过程,需要不断地纠正和完善,在我们对事物的认识还不充分的情况下,用一种没有完全认识清楚的标准来判断什么是科学、什么是伪科学,这显然是肤浅的、幼稚的,也是偏激的,更是不负责任的。

过去的西方人认为人类文明的进步必须由农业文明进入商业文明,现在也有些西方人认为,商业文明还会过渡到农业文明。但是在中国人看来,人类文明永远要仰赖农业为基础,因此,人类永远脱离不了农业文明的境界,只有在农业文明的根本上附带一些工业,附带一些商业,这是可行的。

中华文明的基础是一种农业文化,现在我们要用全球化的视野、人类的胸怀、兼容并包的精神对传统文化进行梳理才能使其具有现实意义。

子曰:"非其鬼而祭之,谄也。"《论语·为政篇》录用孔子这句话作为结尾,其寓意是深远的。从字面上讲,这句话就是要祭祀自己的祖先。祖宗崇拜是中国人的基本信仰,祖先替代了西方上帝的地位,比如在中国政府收回香港主权的文告上,以"上无愧于列祖列宗,下对得起万代子孙"来宣示其庄严与神圣,足以说明问题。如果由此进一步引申的话,崇拜祖宗、信奉祖宗就是要不断继承自己民族的文化传统,使自己的民族文化价值得以发扬光大。这样做一方面可以使自己的民族在这一文化精神感召下形成强大的凝聚力,另一方面也使自己的子孙后代沿着祖先的事业,站在祖先的肩膀上得以进一步发展。孔子自信自己的使命就是传承中国文化,他说:"天之未丧斯文也,匡人其如予何!"①

除此之外,孔子还提出了"述而不作"的文化传承原则。"述而不作"是在继承传统的基础上根据时代的要求有所损益,有所创新。中国文化的传承是有利于西方,也有益于整个人类的。许倬云先生认为,②古希腊神话代表的历史观念是一代克服一代,如宙斯神要击败他的父亲,他的父亲必须击败他的祖父。而中国的时间观念是延续的,即过去、现在和未来是无法分割的。后来的历史也证明了中国文化的传承确实不同于西方。钱穆先生认为,③所谓文化就是一个国家民族的"生命"。如果一个国家民族没有了文化,那就等于没有了生命,因此,凡所谓文化,必定有一段时间上的绵延精神。仅就其绵延的时间之长而言,目前只有两种文化:一是中国,一是欧洲。其他文化如巴比伦、埃及等只是在某一时间内曾经飞黄腾达过,但不久即消失,犹如是昙花一现。而就欧洲的文化历史与中国相比,好像是两种赛跑,中国是一个人在长时间长距离地赛跑,欧洲则像一种接力跑,一面旗从一个人手里依次传到了另一个人手里。那面旗先是由希腊人传递给罗马人,再由罗马人传递给北方蛮族,现在则在拉丁、条顿民族手里。所以,中国文化与欧洲文化相比有两处不同:第一,就时间绵延上讲,中国由一个人自始至终老在做长距离的赛跑,而欧洲则是由多人接力跑。第二,就空间而言,欧洲文化起始于希腊雅典后,向四周扩散,衰败后又被罗马替代,其文化中心也一直在不断转移,到了近代则分散在巴黎、伦敦、柏林等地,这种文化是很容易中断的;而中国文化是系统的一个整体,自身没有地域性的差别。中国文化能有如此的结果,虽然与孔子的"述而不作"、"三年无改于父之道,可谓孝矣"与"非其鬼而祭之,谄也"的思想有关,但与中国传统文化的价值精髓更是密不可分。那么中国传统文化的精髓究竟在哪里呢?

---

① 《论语·子罕篇》。
② 许倬云:《中国文化与世界文化》,广西师范大学出版社 2006 年版,第 210 页。
③ 钱穆:《中国文化史导论》修订本,商务印书馆 2005 年版,第 235 页。

如果要对中国文化进行划分,那么先秦时期为第一期,秦以后至唐为第二期,唐以下至晚清为第三期,晚清至今正处于第四期。

先秦时期是中国文化的奠基期,也是中国文化的根本,这一时期基本上构建了中国文化的框架。我们常说根深则叶茂,源远而流长,中国文化在先秦时期就已经基本形成了一个以孔子文化为中心的多元文化并存的综合体系,以后的文化都是以此为根本并根据时代需要加以发挥和具体化而已,或者是对先秦文化理想的实现与探索。以文化经典为例,中国历代所奉为经典的东西大多是先秦时期产生的,如《周易》、《论语》、《孟子》、《老子》、《孙子》、《韩非子》、《春秋》、《尚书》,还有医学圣典《黄帝内经》等等,后来的文化基本上是对这些经典的解读与发挥而已。"求木之长者,必固其根本",中国文化的根本在先秦时期已奠定,并且非常牢固。也正是因为如此,中国文化正如钱穆先生所比喻是一个人在跑,而不像西方文化是一个接力赛。

那么中国先秦文化的精髓到底是什么呢?它何以支撑着中国几千年的历史呢?

在我看来,第一是崇尚"仁道"。

所谓仁道就是关于人与人之间的关系,孔子提出"己所不欲,勿施于人","己欲立而立人,己欲达而达人","和而不同",以及"以德报德,以直报怨"。在这些原则下由近及远,由人及物,由人及天、及鬼神是合乎人性的现实路径,从而形成了修身、齐家、治国、平天下的仁政与王道的政治理想。在以后的历史长河中我们发现,中国即使在强盛时期也不像西方那样疯狂地掠夺殖民地,中国奉行的都是怀柔远方,攻心为上的政策,在治理上有"甸服、候服、绥服、要服、荒服"即五服之制,根据归附地的具体情况采取了各自都愿意接受的统治方式,重在让人服,尤其是心服。这一仁道、王道的思想在全球化、恐怖主义与霸权主义泛滥的今天更具有现实意义,人类的和谐不能依靠霸权主义。

第二,天下为公与无为而治。

天下为公与无为而治的核心指的是:天下是天下人的天下,不是一人之天下,天下要让每个人都能各得其所,顺性去发展。《中庸》上讲,"天命之谓性,率性之谓道,修道之谓教"。从周朝的封建制度至秦汉以后的郡县制来看,虽说皇帝是权力至尊,但统治天下者乃是一批平民社会的读书人或者立有军功的人,汉朝时采取的察举制就是从二十万人中选拔一名读书人,至隋唐以后采用了科举制,所以在中国历史上有"朝为田舍郎,暮登天子堂"之说,也因此中国的社会阶级不分明,平民化倾向日益增强。在县以下还采取了绅士政治,即皇权不下县,县以下由一批被百姓认可的读书人治理,这些也都是先秦人的天下为公与无为而治思想的体现。只是至宋以后社会控制加强,提出了"曲为之制,事为之防"的祖制。县以下的单一绅士政治也变为保甲制与绅士制并行,至后来变为纯粹的保甲制,其他方面也都发生了相应的变化,从而日益背离天下为公与无为而治的精神,由盛而衰,而僵化。

第三,天人合一与和而不同。

《周易大传》提出"太和"的观念,《象传》说"乾道变化,各正性命,保合太和,乃利贞",太和就是指天地万物并存并育的境况。《中庸》还说:"万物并育而不相害,道并行而不相悖。"这也正是天人合一思想的体现,这与西方天人二分的思想以及由此产生的斗争哲学是绝然不同的。

第四,天下大同的理想。

中国自古即以修身、齐家、治国、平天下为理想。《中庸》上说:"天之所覆,地之所载,日月所照,霜露所坠,舟车所至,人力所通,凡有血气,莫不尊亲。"在秦朝统一之前,当时的人们的观念里认为中国就是一个天下了,在这个世界里,文化已臻于大同。"天下太平"、"世界大同"一直是中国人追求的理想,因此中国历史上的士人所奉行的大多都是国际主义的思想,也就是所谓的世界主义,而很少有狭隘的国家观和民族观。孔子的先祖是商朝之后的宋国贵族,后来逃往鲁国,孔子的一生中从来没有灭周、复商的念头。钱穆先生说,孔子并不曾对宋国或鲁国特别的忠心,他没有狭隘的社会阶级观念,只想行道于天下。孔子实在是一个人类主义者、世界主义者,这也正是中国人天下大同理想的缩影。我们试想全球化必然会走向一体化,而要解决人类的和谐、人类与自然的和谐问题还会再次像中国春秋战国时代一样,还要"定于一"的,而能"定于一"者一定是不嗜杀人者,奉行王道仁政者。孟子的理想在两千年前未能完全实现,却在今天有可能成为现实。

第五,自强不息与厚德载物的君子独立人格。

《周易》之乾之坤的象曰:天行健,君子以自强不息。地势坤,君子以厚德载物。

儒家重视"阳刚"的品德,孔子说:"刚毅木讷近仁"[1],刚毅即是具有坚定性,孔子弟子曾子说:"可以托六尺之孤,可以寄百里之命,临大节而不可夺也。君子人与?君子人也。[2] 临大节而不可夺,仍是刚毅的表现。也因此圣人在整理解释《周易》时将乾卦置于六十四卦之首,乾指天而方,天行即日月星辰之运行从不间断,故称之曰健,亦称之为刚毅。所谓"天行健,君子以自强不息",意思是人应效法天之运行不已,自强就是努力进取,积极向上。自强不息也有独立意志和独立人格之意,孔子肯定了人人都应有独立人格,他说:"三军可夺帅也,匹夫不可夺志也"[3]。

他还赞扬伯夷叔齐"不降其志,不辱其身"[4]。意思是要求人们要坚持独立的人格,并且为此不惜牺牲个人的生命,他说:"志士仁人,无求生以害仁,有杀身以成仁"[5]。

坚持自己的人格尊严,这是刚健自强的基本要求。与儒家重刚相反,老子"贵柔",老子提出"守柔日强","柔弱胜刚强"。孔子、老子二者合而为一,也正是天地之道德,所以老子也讲"人法地,地法天,天法道,道法自然",其实质就是天之道、地之德、天之健、地之厚两者合二为一即是阴阳相合,阴阳相合即是道。《周易》中有"一阴一阳之谓道",所以中国文化中既有刚健不息之进取精神,也有忍辱负重、与人为善的忍耐精神,正是这两种精神的统一,使中国文化更进取,更包容。

第六,中国文化的核心是中庸的思维方式。

中庸认为任何事物都是一个整体,内含有阴阳两端,在一个度的支配下,和谐于一体。阳中有阴,阴中有阳,不可绝然分开。独阴不生,独阳不存,阴阳还在相互转化之中,阴可变阳,阳可变阴。阴阳者进一步可以用五行来说明。五行更反映事物的多样性。但是不管怎样的五行即金水木火土基本关系还是相生相克,相生相克仍然可以用阴阳表示即相生为阳,相克为阴,并且相生相克有度,才能使事物和谐发展。人身体有病了就是

---

[1] 《论语·子路篇》。
[2] 《论语·泰伯篇》。
[3] 《论语·子罕篇》。
[4] 《论语·微子篇》。
[5] 《论语·卫灵公篇》。

人躯体中的五脏不协调了,相生与相克不平衡了。在身体中一般用木代表肝,火代表心脏,土代表脾胃,金代表肺,水代表肾。若木盛,火也会旺,生木者水开始休息,克木者因木盛而不能克制木,反被克,因此金此时反受限制处于因的状态。木盛之时与木直接参与相对者处于最糟糕的时候。若论身体,此时也需多注意脾胃,饮食一定要注意。

五行也对应着春夏秋冬四季。四季是循环变化的,这个道理也可以用五行之间的关系进行推演,简言之,五行多元力量的存在是维护天地秩序的根本。天地如此,人类也应如此。人类和谐的基础一定是世界力量的多极化,只有多极化的世界格局,联合国才会有相对稳定的宪章,否则就会产生霸权主义,而霸权主义必然会带来恐怖主义,使世界失去安宁。

以上这六条应该是中国传统文化的精髓,它们在几千年的历史长河中得以检验,也在几千年的历史上不断丰富和发展。从历史的角度看,就是中国文化中的这些精神使中国人实现了天下一家的理想,实现了修、齐、治、平的终极追求。在今天全球化的时代,在更大范围的天下视野中,我想仍然会使人类实现天下太平和世界大同的理想。天人合一思想可以帮助人类尽可能地实现人与自然的和谐、人自身的和谐。仁道思想可以解决人与人之间的不和谐,"己所不欲,勿施于人"既不是个人本位的利己主义,也非集体主义的利他观念。许倬云先生说:基督教文化本有强烈的个人主义文化基因,随着工业化社会演变,又加上了群体化的成分。印度文化重个人,伊斯兰教文化重教团,各趋一个极端,而唯有儒家文化由个人而天下,并且个人不会因为是群的一部分而丧失个体的自我。同时,仁道是以全仁为终极的目的,仁是人性的发扬,仁是人人各尽所能,各得其所。仁道是以人为本的,它不是说人是宇宙之本,而是说人是社会生活之本,"人与天在参"。人在天、地、人中占有三分天下有其一的地位,可见人的地位在儒家文化看来是可以参赞天地之化育的,地位是很高的。这一思想正好可以回答为什么当今人类因科技发展和工业生产而呈现的工具化和手段化的理性,而缺少目的性的关怀。

人类在异化,这一问题的严重性还在日益加剧。冯友兰先生说:基督教认为人都是罪人,所以其重在上帝或者在天,讲的是"天学";佛教则认为人类是苦难的,故重在鬼神,讲的都是人死后的事,这是"鬼学";中国文化讲的是"人学",着重是"人"。从这个意义上言,只有中国文化才能

使人走出被工具化的理性,从而成就人之所以为人的终极目标。

中国文化的"和而不同"精神正符合当前世界文化多元化发展的趋势。汤一介先生提出,在世界文化发展中出现了两股不同方向的文化潮流:某些西方国家的理论家从维护自身传统利益或传统习惯出发,仍然坚持"西方中心论"。与此同时,某些取得独立或复兴的民族,抱着珍视自身文化的情怀,形成一种返本寻根,固守本土文化的民族主义和回归传统的保守主义,甚至有些东方学者鉴于两个世纪以来西方文化对世界造成的灾难和自身曾受到的欺压,而提出文化上的"东方中心论"。如何使这两股相悖的潮流不致发展成大规模的对抗,并能消解冲突,这实在是当前我们面临的一大问题。另一方面我们也必须注意到,在西方国家与民族、东方国家与民族之间由于文化传统的不同也会引起纷争和冲突。如何使不同文化传统的民族、国家和地域能够在差别中得到共同发展,并相互吸收,形成在全球化时代的多元文化发展形势呢?"和而不同"的原则为人类提供了正面的价值资源。"和而不同"曾经在中国文化发展史上发挥过这样的作用,使儒、佛、道三家文化通过交往和对话,在不同中寻找交汇点,并在此基础上推动各自的发展。这个过程不是一方消灭一方,也不是一方同化一方,而是在承认"不同"基础上实现"和","和实生物,同则不济",从而使各自的文化都能得到发展。我想在现在的全球化时代,"和而不同"依然能帮助人类解决文化传统方面的差异,使人类更加和谐,更加美好。

二、古代农村社会及其治理

我们知道了中国传统文化的精髓,也知道了这种传统文化将对世界产生重大影响,那么这种传统文化对中国历史上的农村治理有哪些帮助,对我们今天的新农村建设又有哪些启示呢?

(一)农村的绅士政治

在古代,皇帝一方面要治理好社会,另一方面就是要加强皇权。要使皇权不受到任何力量的挑战,他首先把宰相的权力看成是自己最大的威胁,所以皇帝就千方百计地在利用宰相的同时,又在考虑削弱宰相的权力。

汉朝的时候设一个宰相,宰相有十三位秘书,皇帝只有五位秘书,宰相是政府的领袖。那个时候稍有变革的话,就是君主立宪制,因此,皇帝觉得一个宰相太危险。到唐朝时宰相就一分为三,有三个宰相,即中书省、尚书省、门下省。试想,在大学一个班里如果有一个班长和一个副班长,副班长的权力就很大。如果有三个副班长,这时候班长的权力就大了。

唐朝时宰相一分为三,到明朝的时候,朱元璋又废除了宰相制度。但是废除宰相之后,又觉得宰相的工作还得有人干,因为皇帝一个人忙不过来。于是就找一个秘书,这个秘书就是大学士——没有宰相的地位但有宰相的权力。到清朝的时候,觉得一个秘书也危险,权力过于集中,于是得要一个由若干人组成的班子,进行分权,这就是军机处,让一个秘书班子共同行使一个秘书的权力。由此我们可以看到,从某种意义上讲,中国的历史就是一个不断剥夺相权的历史。

其次,要加强皇权就要限制地方的权力。为了对地方势力进行限制,除了加强控制和监督以外,在农村问题上还有一个很好的制度,即皇权不下县的绅士政治。县长权力再大,领导的人再多,但是县长的权力不能取代基层地方的权力。中央任命干部只任命到县长,县长以下就不再任命干部了,县长也不能任命基层的地方领袖——绅士,这就是古代的地方自治。

地方自治主要体现在绅士政治方面。当时能成为绅士需要具备三个条件,第一个条件必须是读书人。那个时候的读书人读的都是《四书》、《五经》,都是修身齐家治国平天下的东西,学的都是管理学的内容,不是什么化学或物理之类的。古代人尚贤,认为读书人就知书达理。过去的读书人不简单,既要为人师表,还要知晓礼俗,有些还会治病,深通岐黄之术,还能挥笔成文,写状子、写对联,一手好书法。古代农村治理的重任就由这些绅士们承担着。第二个条件就是绅士必须能自己养活自己,保证自己经济独立,因为政府不发工资。第三个条件就是绅士必须赢得当地人的支持。要赢得当地人的支持,必须不断地为当地人服务,如兴办学务,设馆授徒,修建社学、义学,维修官学校舍、贡院,修撰地方志,还有教化、断案、调节、祭祖等。

此外，绅士还必须公正。村民之间为地界闹纠纷，必须找一个公正人来给他们裁决，这个公证人必须是一个大家信得过的人，比如甲农民找了一个A绅士，乙农民找了一个B绅士，那不行，他俩得找一个共同认可的C绅士。这时，C绅士作为中介人来调解他们的纠纷，裁决他们的地界，这样两家就和好了，就不再闹事了。时间久了，这个C绅士就会得到更多人的信任和拥护，成为当地真正的领袖。

这些地方领袖，县令不能对他们直接发号施令，朝廷的公文只能下达到县长那里，县长必须要把这个思想通过绅士传达给基层百姓。但是县长不能直接传达给绅士，还要通过一个叫"皂隶"的差役，这个皂隶又通过一个乡约，就是乡里面一个值班的人，然后乡约把这个公文转给绅士。绅士再召集大家开会，让大家对中央政府的文件充分发表意见，然后绅士再通过乡约、皂隶把这些意见反馈给县长，县长再按照程序向上反馈给皇帝。如果这个县长不能向上反馈，或者不愿意反馈，绅士可以利用同学、亲戚、朋友的关系，间接或直接地把意见转到皇帝身边的人，再由皇帝身边的人呈给皇帝。对绅士来讲，由于他不是县长任命的，他可以和县长直言相告，也可以和州长平等地交换意见，因为他是当地基层百姓的直接代表。也正因为这个制度，保证了基层百姓的民意与皇权之间信息的真正沟通。

宋朝之前古代农村的治理大都是这个绅士制度，这也是古代无为而治思想在农村治理方面的一个体现。农民自己治理自己，国家不需要财政支出，不用政府去考察干部，也难以腐败。宋朝以后发生了很大变化，这个很大的变化就是皇帝防内，就是防着内部，也就是奉行"事为之防，曲为之制"的理念。一切以防内为出发点，在农村就产生了保甲制度。保甲就是管地方治安的，这个保甲实际上就是县令指定的人物，必须服从县长的指挥。这样在农村就形成了两个并行的相对的体制，一个是绅士体制，一个是保甲体制。这时候如果县令霸道，这个保甲权力大，绅士的权威受到削弱。到了清朝末期，中央政府权威弱化，下面的官僚各自为政，不断地侵蚀绅权，严重者还对绅权的合法性提出挑战，要求绅权进行备案，如果不备案，视同违法。

而绅士们大都不屑到县长那里去备案，这样，地方上的土豪劣绅就来劲了，他们不为百姓做事，但却希望有横行乡里的权力，在传统绅士政治背景下,这些人没有用武之地,一旦到了朝代末期,各级政府为了扩大自己的权力,我行我素,胡乱订立制度,好绅士对此不屑一顾,坏人巴不得如此。对土豪劣绅来说,为大家服务的成本太高,不如就服务一个县长好了。这些人经常往县长那里跑,于是就成了当地县长认可的绅士,后来就叫土豪劣绅。他们不是老百姓认可的,而是县长指定的,也可以说保甲制完全替代了绅士制度。

另一方面,城市经济发展起来了,真正的绅士觉得在农村没有什么意思,有个保甲,还有个备案制度使得他们没有用武之地,于是这时候他们就到城里去。城里本来就发达,而且读书人有条件进城,不用做体力劳动,于是好的绅士就往城市里走,这就是绅士外流,绅士外流的结果是土豪劣绅开始横行乡里。为什么会这样?我们知道政治上有一个基本的原则,那就是权力的来源和权力服务的对象要保持一致。

比如我们在大学选班长,班长肯定是为同学们服务的,因为他是同学们选举出来的。如果班长是辅导员指定的,那可能就大不一样了。确切地讲,在古代很长的历史时期,绅士政治非常发达。费孝通先生说,传统中国事实上有着两种互不干扰的秩序中心。一个是官制领域,以国家权威为中心;而另一个就是地方的绅士权。国家总是通过地方权威,而不是企图取代他们治理地方社会。在地方基层社会,绅士权力真正发挥着实质性的作用。

(二) 古代绅士与家族教育

在中国古代社会,家国同构,家是国的基础,在农村,族权是政权的基础,治家是治国的一个实验场、一个基础,因此家族教育非常兴盛,很多地方至今还保留着家规、族训。为讲这个问题,我们以明清新城王氏家族教育为例。

山东新城王氏,今天的山东桓台王氏是明清时期最具代表性的科举望族。

1. 新城王氏的科举教育

科举取士,始自隋唐,至明清时期,已经成为封建王朝选拔官吏的主要途径,对百姓而言,也就是唯一的途径。因此一个家族的社会地位最重要的因素就是家族是否"累世簪缨"、"代有闻人"。因此王氏的教育战略也是以科举为中心,第四代王重光给家里订的家训中以"读书"与"道义"作为家族教育的基本准则。同时,家族教育由于初始经费的限制只向直系家族开放,家族鼎盛之后,开始向整个家族开放,甚至姻亲子孙也可以加入。为了科举之能力提高,兄弟之间还有分工,有科举前途者专攻读书做官,其他专门负责治生,以保证"盘餐壶浆之供,月无虚日"。一般而言,5—7岁入塾进行启蒙教育,主要是背诵诗歌等经典。

家族教育除对教师的选择非常严格外,还有一套完善的经典教育体系。

新城王氏的科举成功与其课程设置和教学质量密切相关,而科举望族之间的经验交流也是非常重要的。如王之垣就曾注意学习借鉴了其姻亲临邑邢氏成功的科举经验,改进了对子孙的科举训练程式。《乡园忆旧录》里也记载了这样一个故事:"王之垣曾经到一同年家,这一家科第极盛,科举教育非常成功,家族子弟从少年即学作文。王之垣就问主人,怎么才子都生到你家了呢?主人也如实回答,不是才情过人,唯一有效的办法就是严立课程!每天督率子孙读完经史,每人必须作文七篇,缺一不可,旷一日不可。王之垣如获至宝,回去后就用这个法子对其兄弟子侄强化训练。"

新城王氏不仅注重科举,还注重加强对后代的文化素质教育。中国自古就有诗书传家的传统,在一些世代贵胄的名门望族中,往往会由于累代家学的积淀,逐渐形成一种代表自己家族特色的家族文化。

明清时期,在一般科举望族起家初期,读书——中举——光大门第是其共同模式,力学是其基本特征。许多家族从科举前程考虑,往往禁止子弟在科举成功之前涉猎诗赋。但新城王氏鼎盛之后,鉴于科举压力的减轻和家族文化底蕴的日益积累,与一般家族对科举的功利性重视即执著于科举的"应试教育"渐渐有所不同,新城王氏家长对子弟涉猎诗文金石往往持理解甚至纵容的态度,家族教育重心渐渐转向对子弟文学、艺术等方面的素质教育,较好地处理了"诗文与贴括(科举)"的矛盾。

王渔洋在文化上的建树又远远超出"新城王氏"的其他成员。公元1657年,齐鲁名士聚会于济南大明湖,当时年仅24岁的王渔洋即以一组《秋柳》诗而一鸣惊人,名噪大江南北,"和者数百家"。随后在扬州五年的仕宦生涯中,他又赢得了诸多江南士子推崇,并得到明末清初文坛领袖钱谦益的肯定,有"与君代兴"之语,确立了王渔洋在诗坛的领袖地位。

清代新城王氏出了许多书法名家,又多工画者。同那些尚在为科举而汲汲于八股应试的家族相比,新城王氏子弟表现出了一种超越功利的宽广的文化视野。王家子弟在博取功名的同时,也具有一定从容、潇洒的文化气质。

新城王氏家族教育之所以成功,还在于能够与时俱进,顺应时势发生嬗变。治世用文,乱世用武,明代末年,内忧外患,烽烟四起,天下大乱,世家大族纷纷聚兵结寨以自保,武学得到新城王氏的空前重视,因而新城王氏家教有由文学向武学嬗变的趋势。据统计,自清顺治至道光年间,有武进士4名、武举人4名、武生员若干,其显赫者一至昭勇将军、一至守备。这种文武双途的发展,是新城王氏应对明末乱世的一个高明策略,正为其他科举望族所不备。

家训族规是中国封建社会中独有的一种文献形式或体裁,内容是家庭、家族中父祖等长辈教育子孙和族人如何居官、治家、读书、做人的劝勉训诫之辞,以及规范家人族众的思想行为的道德原则和注意事项。不同家族的家训族规有着不同的侧重点。

2. 新城王氏家法的基本内容

(1)敦宗睦族。新城王氏世代重视家族孝友敦睦。如第六代王象晋认为,"内睦者家道昌,外睦者人事济。""为人父止于慈。止之云者,或无过也。过于慈则溺爱不明,故多败子必也。有义方乎?义方主严?严过则伤恩,君子不忍。"

新城王氏不但重视父慈子孝,而且极重视兄友弟恭。新城王氏鼎盛时期时,王之垣也不忘对子孙敲响警钟:"当观孝北之风多敦于贫贱之族而衰于富贵之家。盖贫贱之族骨肉相爱之情真也。富贵之家势力争夺之私胜也。"

(2)重视女教。新城王氏极为重视闺门之教。一个家族妇女的素质往往反映了一个家族的文明程度。

中国古代宗族女子教育以德育为主体。所谓女教,其实也就是礼教,要求女子懂得男尊女卑之道,甘心屈居卑下地位,柔顺服从,遵守三从

(从父、从夫、从子)与四德(妇德、妇容、妇言、妇工)的道德准则。《白虎通·嫁娶》中也认为"妇人所以有师何？学事人之道也"，并主张"教女之道，犹甚于男"，重视女子教育，这只是父家长们为女子个体社会化做出的设计，让女子"顺男人之教而长其义理者也"。对于封闭在家庭宗族中的女子来说，在侍奉公婆、父母、舅姑，善待姑嫂、妯娌，教养子女以及主内持家方面所应具备的道德修养，更几乎构成了妇女伦理教育的全部内容。

教育目的决定教育内容，女子为学"可以修家政，可以和上下，可以睦姻戚"，因此，对女子的伦理教育惟以"四德之教为女学之本"。所谓四德之教，先秦即已推行。《周礼·天官·九嫔》云："九嫔掌妇学之法，以教九御，妇德、妇言、妇容、妇工。"东汉班昭《女诫》对四德作了颇为详尽的阐述："清闲贞静、守节整齐、行己有耻、动静有法，是谓妇德；择辞而说、不道恶语、时然后言、不厌于人，是谓妇言；专心纺织、不好嬉笑、洁齐酒食、以奉宾客，是谓妇工；盥洗尘秽、服饰鲜洁、沐浴以时、身不垢辱，是谓妇容。"

(3) 重视交友的选择。王重光的家训非常简单，只有四则，但是其意旨极为明确，就是训子举业，并指出一切行事交游皆以"读书"、"道义"为涉身立事的原则。重光又于家训后强调："右勉诸子揭诸座右以自警，体斯言则为孝子，不体斯言则为不孝子，勿忽勿忘。"这反映了当时新城王氏正处于发展起步阶段，一切以"力学"为基本特征的实际情况。"可止可足者，求利之心；不可止不可足者，进学之心。""少年不学，隳复隳；壮年不学，亏复亏；老年不学，衰复衰。一息不学谓之忘，一时不学谓之狂，一日不学谓之荒。或问：何为学？曰：瞬有存息有养，仁不可终食违；道不可须臾离；礼乐不可斯须去。""天下之事利害常相伴，有全利无稍害者惟书。不问贵贱贫富老少，观书一卷则有一卷之益，观书一日则有一日之益。"

(4) 重视对子弟处世、为官的训诫。为官方面的训诫主要有如下内容：如勤政为民，为官公清。"公子公孙作官，一切倍要谨慎检点，见上司处同寅，接待绅士皆然，稍有任性，便谓以门第傲人，时时事事须存此意。做官自己要手脚须正，持门第不得。日用节俭，可以成廉，而下人衣食，亦需照管，令其无缺。"

"春秋课农，须亲劝谕鼓舞之。游须减驺从，自备饮食，令民间不惊扰。"又再三叮嘱要做好官。如"皇上御书赐天下不过'清慎勤'三字。无暮夜枉法之金,清也;事事小心,不敢任性率意,慎也;早作夜思,事事不敢因循怠玩,勤也。畿辅之地,果为好官,声誉易起。如不努力作好官,亦易滋谤。勉之,勉之!"

"每日坐堂须早,退须用粥及姜汤御寒气。午堂亦需饭,然后出,惟不可多用酒。酒后比粮审刑,尤断断不可,慎慎之。""宴会当早赴早散,不可夜饮。"

"莅官之法,事来莫放,事去莫追,事多莫怕。为政之要曰公与清,治家之道曰俭与勤。事上之道,与其循之以法,不若奉之以礼;临下之法,与其循人之情不若平我之情。救荒不患无奇策,患无真心,真心即奇策也。七十而致仕,礼法有明文,何乃贪荣者,斯言如不闻。可怜八九十,齿堕双眸昏。"又载:"严于公门,宽于百姓;严于奸恶习,宽于良善;政之体也。"如做官强调要避讳:"与上司禀启,当先简点,勿犯讳。"

如为官要注意约束下人。王之垣在任湖广巡抚时,手下有个听差叫魏继武,因为机敏干练,很受他的赏识,时间长了不免请托生事,在外横行不法。有一次,岳州府有个经历(官职)嘱托不如意,遭受了他的严惩侮辱,惹恼了这位经历,禀告了江防道的长官张金事,被张金事传唤魏继武。魏到了官衙还非常狂妄,自称都察院承差,被张重打了二十大棒。王之垣知道后,又加责了二十大棒,将其革役。此事一时在湖北官场传为佳话。清人刘廷玑《在园杂志》也记载王渔洋重惩索贿门子之事:"有一次,刘廷玑拿着他的诗集《葛庄诗集》去拜访王渔洋,向王呈教。渔洋一见,极口称赏,主动提出愿意给他做序。一个月后,刘廷玑去王家取序,看门人谎称渔洋还未写完。恰好当时王渔洋以宫詹奉命到南海祭祀,便以为王渔洋公事繁忙,无暇顾及。不料渔洋早就完稿了,却被看门的家人之辈以为奇货可居,向刘廷玑索贿,刘愤愤而归。直到王渔洋从南海出差回来,刘见到渔洋,告知此事。渔洋大怒,怒诘家人,予以重惩。"此事一则反映之垣、渔洋心胸宏大,另外也透视出二人的清正官声、清肃家风。

(5)注意对子孙修身为善的训诫。如《年谱》中所记载的大量有关始祖王贵、二世祖王伍因积善兴家的传说,即可为此做最好的注脚。

一为六字经:曰忍,曰方便,曰守本分。一为九字经:勿欺心,勿妄想,守廉耻。又云:"夫人一日不知非则一日安于自是,日日知非日日改过,

273

则此身为义理再生之身,可以造命。"王之垣亦云:"凡为子孙计者,当戒以忿怒致争。忿怒致争,其初甚微,其祸甚大。"

(6)重视养生之道。王之垣和王象晋对养生的心得和提倡,其结果就是新城王氏多寿考之人。

(7)重视对子孙勤俭持家的训诫。"性淡泊,俭于自奉,遇窘者倾囊济之,至称贷以自给。"王士禄"家法恭谨,属守勿失,出则徒步,闾里长老不知内史贵人也"。

(8)重视家族利益和国家利益之间关系的处理。一是提倡移孝作忠。王象晋告诫在外为官的孙子要"实有忧国之心,莫徒有忧国之语。当为天下必不可少之人,莫做天下必不可常之事。以爱妻子之心事亲则无往不孝,以保富贵之心事君则无往不忠。忠孝不修,虽有他善,犹玉屑盈匣不可琢为硅璋,金丝满筐不可织为文绮"。二是注重完纳国税。"早完公家赋,早完私家逼"。三是戒兴讼。王之垣非常赞同古人对兴家保国戒讼息兵的看法:"善保家者戒兴讼,善保国者戒用兵。讼不可长,讼长,虽当家必弊;兵不可久,兵久虽大国必拙。"

3. 新城王氏家训教育的取材和形式

新城王氏家训族规主要有三种形式:一是必须遵守的硬性规定;二是应该遵守的劝戒;三是一些具有教化意义的训示。

用祖父格言、先贤之言、诗歌、楹联等形式对族人进行教化,其目的也同家训族规一样,对宗族成员进行道德规范,但比前两种形式更温和。如王家厅堂有一幅联:"绍祖宗一脉真传,克勤克俭;教子孙两行正路,惟耕惟读。"训诫子孙以勤俭为真传,耕读为正路。

家训族规的三种形式,第一种具有法规性质;第二种具有劝导作用;第三种具有教化作用。三种形式都为一种中心内容服务,即规范人的道德,约束人的行为,教化人的思想,以达到宗族兴旺发达的目的。

王氏对违犯家训族规族众都有一定的惩罚措施。一曰体罚。"课子图"上面记录家族崛起之时,上面诸小儿跪读的图象,以垂示后人,含义深刻。二曰经济惩罚。家法中体罚对象往往是家长对子侄辈施行,对宗族中有违反家法、胡作非为的,新城王氏明确规定采取经济上的处罚措施。三曰族谱除名。

家族教育是古代农村社会最重要的一种教育方式与途径,教育目的除了科举外,最重要的就是做人与做事。教育方法也以言传身教为多。

(三)中国古代的农地制度

要了解中国古代农村社会,必须对中国历史上的农地制度有一个清晰的了解。其实,在中国的历史上早就存在着私有财产制度,市场经济在中国很早就已经形成,这与欧洲的发展轨迹明显不同。

《周易·系辞》中有:"庖牺氏没,神农氏作⋯⋯日中为市,致天下之民,聚天下之货,交易而退,各得其所。"《史记》中还有"故物贱之征贵,贵之征贱,各勤其业,乐其事,若水之趋下,日夜无休时,不召而自来,不求而民出之。"不仅如此,司马迁还提出了一个基本的经济政策,即善者因之,其次利导之,意思是要求政府不要去干扰市场机制,让市场充分发挥作用。这些思想与无为而治的思想也是一脉相承的。严格地说,中国从战国开始就没有所谓的自然经济,正如赵冈、陈钟毅著的《中国经济制度史论》中说的"像欧洲中世纪那种落伍的封建庄园自然经济,中国两三千年前已然摆脱了"。

可以说中国古代的市场经济已经很发达了,虽然与现代的市场经济有区别,但其基本原则却是相同的。古代没有大机器,没有发达的交通以及交通工具,没有发达的货币制度、会计制度等等。先秦一贯的经济主张有两项。第一,强调并积极推行社会分工,如管仲所说"处士就闲燕,处工就官府,处商就市井,处农就田野"。士、农、工、商四种职业划分延续几千年至今为人们所延用。第二,强调并积极推行商工交换。孔子主张"因民之所利而利之",韩非子也重视人与人之间的自为而互惠的关系等等。

但是,在中国历史上制约经济发展的一个重要的因素就是人均土地的比率问题,严格一点讲就是人均耕地的问题。中国在12世纪以前人均耕地还不构成制约因素。12世纪以后,中国人均耕地情况恶化,人口压力成为一项无可抗拒的巨大制约,迫使地主们逐渐放弃自营农场而将土地出租。

中国的土地制度大致分以下几种。

1. 上古的井田制

历史上关于"井田制"的记载非常有限。井田制是一种土地公有制,"井"字古写为"㗉",即简写井字中间多一点,表示在井田制度下由八家共享一口井之意;其次,"井"也有井井有条之意。井田制后来又演变为授田制,即按照农民的耕作能力而授予田地。在古代地广人稀,采用授田制按农民平均耕作能力决定授田额,这样既不浪费土地,也不浪费人力。

2. 商鞅变法之后的土地私有制

商鞅变法:废井田,开阡陌,使私有土地合法化,私人正式取得了政府认可的土地所有权。自此以后,私有土地成为中国历史上最主要的土地所有权形式,只是这种土地私有制是以户为单元的,而非以个人为单元的。

这种制度一直延续到公元485年,北魏孝文帝颁行均田法,把全国的土地收归国有,然后授田给农民,田地分为桑田与露田几等。

桑田规定要种桑枣等多年生树木,周期很长,不宜转手,因此桑田为世业,属于私有范畴。露田是配授之田,等到一定年龄后要收回的。此外有宅地、麻田、土庄田。宅地也是世业属于不变的私人财产。麻田是麻布之土,男子10亩,妇女5亩,到一定年龄时都要交归。土庄田是赏赐之田,一旦赏赐业主有完整的处分权与使用权,亦属纯粹的私产。

唐宋时期也有很多庄园,但它不同于封建领主的领地,属于私有土地范畴。

土地私有制,土地的自由买卖,自秦汉以后已是公开而合法的。土地买卖或转移时,双方立有契券。隋唐之前,双方要立"丹书铁券"为约,或刻在石碑上,上面明确记载土地的卖方、买方、位置与四至、地价等。隋唐以后,将铁券与碑石演变为纸简上书写的买卖地契。

南宋以后,政府推行了土地财产登记制度,当时称之为鱼鳞册。凡是私有土地都要逐一登记编号,若发生交易也须重新登记,并核实与原来登记项目是否相符,并登记新业主之姓名。鱼鳞册制度之创立,是中国财产史上的一件大事,它使以后耕地统计数字的可信度大大提高,而且也减少了土地交易过程中的纠纷。土地的产权登记制度也是资产公开化,一旦该土地登记造册,就意味着资产是一种资本,可随时交易、抵押、典当等。

所谓土地抵押是农民在借贷时将其土地提供作为抵押品,土地产权不发生转移,也无须缴出土地使用权。至于典当则是借款人将土地使用权转给债权人,由其自由使用,债务人在按约清偿债务后,可收回土地。

可以说,在中国历史上关于土地的产权问题已经形成了一套完整的财产私有体系。这种私有土地已经不是个别的产权,而是由政府登记造册的公开合法的综合土地产权制度,并且围绕这一制度,金融业的发展促使了这些资产可以随时转化为一种资本,这些制度的建立为中国经济的发展提供了强大的动力。

作为对比的是,美国到19世纪末期才通过专门的法规,把资产综合起来进行规范化,使其能够方便地转化为资本,从而形成综合的所有权市场,为那时的美国经济迅速发展提供了动力。而日本在19世纪末期至20世纪40年代才把农民的所有权规范化,使之融入一套综合制度当中。

我们可以发现,中国在历史上之所以一直处于世界的领先地位,确实是因为有一套先进的制度体系存在。中国的土地私有制,自商鞅变法开始,一直成为中国历史上一种最主要的土地所有权形式,只是在公元485—780年这三百年期间,发生了一些变化,实行了均田制,使土地私有的范围有所裁减,但并未彻底改变土地私有制这一历史趋势。到唐德宗建元年(780年),杨炎创立两税法,均田制才荡然无存。

(四)中国古代农村的赋税制度

1. 自商鞅变法以来,中国历史上的税赋制度基本都是从当时的秦国制度承袭而来,杜佑《通典·食货典》说:"夏之贡,殷之助,周之籍,皆十取一,盖田地而税。秦则不然,舍地而税人。"从中可以看出,秦的租税是从"因地而税"到"舍地税人"的。

"舍地税人"原则的确立,其一是由于社会分工扩大的要求,除了农业之外,其他行业也兴盛起来,而所有财富的产业都离不开人,人是财富创造的最积极的因素;其次舍地税人也有减轻农业负担之意,使那些游食之民以及从事其他行业者都负担人口税。

秦时主要税种有三大类,即第一类田租、稿税。田租、稿税是按土地

征收的,当时税率"十一之税"。第二类户赋、口赋。户赋、口赋已完全与土地脱钩,当时每户赋六布即 660 钱,如果按每户以五口计算,每口平均约 120 余钱。秦代口赋也称为算钱。

此外,还有杂赋以及徭役。秦国徭役制度伴随秦国一统天下而范围空间之扩大,三十倍于古而"民毒苦之甚深",最后亡国。

2. 汉代的税收仍以人头税为主,秦代人口税称为口钱,约每人征收 120 钱。汉代征收算赋以及口钱,算赋是成人税,口钱是儿童(3—14 岁)税,算赋为军赋,"治库兵车马",归大司农主管;口赋归少府主管。汉代征收的田租税为三十税一,其征收办法是按照田亩与产量相结合的方式进行的,直到曹操颁行田租户调制废除名义上的三十税一比例,从轻定额收田租,正式完成了分成到定额租制的转变。

此外,汉朝还征收财产税即赀赋,税率约 1.2%,即家赀一万,纳税 120 钱。赀赋的征收对富豪起到了某种制约作用。

3. 限田与均田制度下的税赋。自秦废井田,开阡陌,建立土地私有制以来,极大地促进了生产的发展,但也导致土地分配不均问题的产生。历朝历代一直有学者提出土地国有化,然后再平均分配给农民耕种的主张,此种思潮发展到王莽时期达到极致。王莽推行均田,强令土地私有者缴出所有权给国家,当然引起强烈的反抗,结果是"农商失业,食货俱废,民人至涕泣于市道"。王莽自己也不得不承认失败,之后土地私有制又重新被肯定下来。虽然王莽失败了,王莽之后无人企图尝试土地收归国有的激烈方法,但限田的建议还是不断有人提出,并付诸实施。

西晋与两汉相比,农业资源条件有巨大变化,经过长期战乱,人口大幅度减少,土地大量荒芜,人口密度大为降低,因此当时最重要的问题是督促人力进行农业生产。因此,西晋司马炎订立了占田之法,并推出了一套有利于促进人力充分发挥的税赋制度。

以下用一例子来说明占田之法上的赋税制度。假定有一户人家,家中夫妇二人,还有一个 15 岁的儿子,一个 13 岁的女儿,问全家的田赋是多少?

按劳动能力言,西晋将人分为正丁男(成年男子)、正丁女(成年妇女)、次丁男、次丁女等;就生产能力而言,正丁男可占田 70 亩,正丁女可占田 50 亩。男子 16 岁即正丁,依法可拥有 70 亩,因此,该户人家的占田总额 = 70 亩 + 70 亩 + 50 亩 = 190 亩。

但是占田总额不等于课田总额,所谓课田就是要纳税的田亩数,西晋规定正丁男课田为 50 亩,丁女为 20 亩,次丁男为 25 亩,所以该户人家课田总额 = 50 + 20 + 25 = 95 亩。

按当时每亩 8 升的税率计算,田赋 = 95 亩 × 8 升 = 760 升 = 7 斛 6 斗。

此外,还有户调,户调是按户征收,按当时规定"丁男之户当输绢三匹,绵三斤,女及次丁男为户者半输"之规定,该户人家户调 = 绢 3 匹,棉 3 斤。

这种将占田与课田分开计算的制度鼓励了人们耕作劳动的积极性,促进了当时生产力的发展。

4. 唐朝的租庸调制及两税制

唐的租庸调制是建立在均田制之上的一种赋税制。均田制承北魏而来,所谓"租",是政府配给人民以耕种的田地,年老要缴还政府,租额为四十税一,较之汉代三十税一更为优惠。所谓"庸",即是役,是人民对国家的义务劳役,唐制每人每年服役二十天,较之汉代三十天又减轻了。"调"是一种土产贡输包括丝织品和麻织品等。

租庸调制正体现孟子所言的"粟米之征,布帛之征,力役之征三项目"。租,即粟米之征;庸者,力役之征;调者,布帛之征。

唐朝的租庸调制必须以完善的账籍制度为前提。账籍制,每岁一造册,三岁一造籍。"籍",即户籍,18 岁授田,逾 60 岁时须归还土地。如果账籍不能很好记录,年长者名字没有销去,孩子长大了不能添进去名字,授田就不能顺利进行。这种制度有一种计划经济的味道,必须有非常严格的管理与非常敬业的工作精神才行,否则,还没有到土地与人口矛盾激化的时候就会自行崩溃。

事实也确实如此,时至唐德宗建中元年,租庸调制已经搞不下去,杨炎提出了两税制,即分夏秋两季征税,故称两税,它的主要内容如下:

第一,重新统一税目,简化征管手续;第二,两税法是以资产为征税客体的,确立了"唯以资产为宗,不以丁身为本"的计税原则;第三,以"量出制入"作为确定两税征收总量的原则;第四,"赋役合一",即将田赋以及力役合而为一,后来的王安石变法,以及明代张居正一条鞭法中关于力役的变革内容,基本上也是与两税制一脉相承的。

5. 宋代以后的税赋制度

两税法将租庸调三项全部并入了田租,因此田租额增高了。本来两税法已包含了全部的赋税项目,但是一旦到朝代末期,政府不讲道理,重新将已经包含的内容重复加进来,这样使税赋更加严重,这也就是后来称为"黄宗羲定律"的现象。

在汉代,地方有自治组织,其首领有三老,三老之下有啬夫、游徼。三老管理教化,啬夫收田租,游徼管警察资赋,他们代表地方,协助政府。到了隋唐期间这一制度没有了,差役问题较为突出。到五代时,军人到一处,要地方出力役,出贡调,于是临时找地方的大户。找大户方便省事,但是大户办差上三年就被吃光,垮下去了,一家垮掉了再找一家,这样下去,地方上没有兴旺的大户。

王安石变法的内容之一就是解决此问题,与其择肥而噬,一家家破产,不如平均摊派,危害转轻。这就是王安石免役法,这个制度一直演绎到今天便不再有力役了。王安石的免役法还要人人出钱免役;明代一条鞭法,丁税归到田租里,便看不到丁役了;到清代中叶以后,又实行了摊丁入亩不再加赋之令,于是便不要丁册了,这样一来,变成了只有土地与政府发生关系,人口与政府没有直接关系了,这与后来中国人口的膨胀也有很大的关系。

三、新农村建设的若干思考

通过以上对中西方传统文化的对比研究,对世界文化潮流转向东方的趋势分析,以及对中国古代农村社会的治理进行的重新认识,从中我们得以借鉴,得以凭依来认真思考新农村的建设问题。我们的新农村建设既要根植于中国的历史传统,又不能局限于传统,既要着手于新农村建设和解决实际问题,还要着眼全局,放眼未来,胸怀天下。

中国有几千年的文化传统和农村治理实践,需要我们进行系统性的梳理并赋予时代的精神。历史是我们的一面镜子,认识历史便于我们更好地走向未来;凭依传统使我们脚下更踏实;面向世界,面向未来,使人们更加富有远见。

基于这样的考虑,我们对今天的新农村建设提出以下的建议:

(一)把新农村建设成为中国文化复兴的战略前沿

理由如下:1. 未来的文化是以农耕文化为基础的兼容商业文化、科学文化为一体的和谐的文化体系。2. 中国文化正是植根于农业文明基础上的,而这种文化基础在当今之中国农村较之城市更为浓厚,但是一定要站在全球化的高度,以中西合璧的精神,对我们的文化进行梳理改进。

(二)对新农村的建设不能仅仅以现代化、工业化、城镇化为唯一目标和模式

今日之世界已不同于往日之世界,工业化已经对人类的生存环境造成威胁,人类与自然的矛盾加深、人类自我身心的矛盾加深、人类的生活方式将会发生根本性的转变,我们对此要有充分的认识,要发挥好后发优势。

(三)在新农村建设中要充分调动社会的力量,尽可能减少政府的干预,依靠制度创新来促进治理

首先,对各类非政府组织进行管理的民政手续应该简化,可以考虑备案制,不用强行挂靠行政主管单位,否则它只会变为一个政府的附属机构,使得原有的民主理事会章程不能得以贯彻。另一方面,本来是依靠民间社会资金兴办的事情,又成为政府必须给予很多财政资金才能做的事情,加大财政负担,更容易滋长新的腐败,我们现在在扶贫过程中产生的一些腐败现象就属此列。

其次,降低民间创办各类学校的门槛。现在民间办学的手续过繁,门槛过高,模式化强,比如要求成立大学要实有土地200亩,建筑面积4万平方米,这些规定是社会办学很难达到的,实际效果是不鼓励社会办学,因此应该简化手续,降低门槛。此外,还可以让学校根据自身的办学特点颁发各类文凭,至于社会的认可度如何,关键在于他们自己的办学风格和精神以及影响力,不必由教育部审批,建立自由平等的公开竞争环境,向教学要效益而不是向关系要效益,鼓励教育创新、和而不同、兼容并包。我们现在的教育体制统得过严,在全球化的背景下极易受到国外办学理念的冲击,导致外国的教育垄断中国的教育市场,这样下去既不利于振兴

中国的教育事业,又不利于中华民族文化的推广与传播,倒帮了外国教育机构的忙。

在高考内容设置上应该积极加入传统文化的一些经典内容,如《论语》、《古文观止》、唐诗、宋词,只要高考有这些内容,各类学校马上会修改自己的课程体系。

在课程体系方面也没有必要搞全国统一的教材,教育部只负责高考的内容大纲即可,这样可以减少教育腐败,鼓励创新,让社会竞争把中小学校长锻炼成为教育家或是人才专家,否则这么大一个国家只能有教育部长一个教育家了。

与之配套的是,还应该鼓励非政府教育咨询、评价机构的发展,减少官僚与腐败,就像证券界的基金管理公司评级机构一样,由专职企业进行第三方评价,定期在报纸上公布评价结果,让公众进行监督,而不是由中国证监会代劳,这些评价机构的专业评价结果还可以为政府投资和监管提供依据。

(四)借鉴中国历史上的鱼鳞册制度,承认农村土地个人所有和家庭所有,并对其土地进行登记,逐渐建立综合的土地产权制度

这样做会有以下的意义:第一,把土地产权分给农民可以更好地保护耕地,让农民自己保护自己的耕地会比由国土资源部、国土资源局等官方保护更有效。因为历来的政策效率都是伴随时间的推移而效率递减的,只有把此权交给农民自己才是具有持续效率的。第二,减少土地管理部门和基层村委会的腐败。现在不少城郊村级选举中存在贿选行为,主要原因还是集体土地制度导致村长权力过大造成的。第三,在明确产权的同时还应注明耕地用途,进一步避免耕地流失。第四,土地个人所有和家庭所有制度的确立,会进一步减少房地产的投机,减少政府对土地市场的干预,稳定房价。第五,便于增加对农村的扶贫和投资,改变一切资源向大城市倾斜、向城市倾斜的局面。第六,缓解农民工像潮水般涌入城市的现象。第七,便于金融资本向农村输入,促进农村的各项事业如合作组织的发展,让农村的龙头企业带动农民向集约化方向转化,改善农村的公共设施建设。

（五）推进乡级直选的试点工作，促进地方的自治与民主建设

目前的村级自治存在以下的问题：

第一，人才匮乏，村里有知识的上大学进城了，会赚钱的也进城了，剩下来的人才极少，再加上农村与城市的二元结构使得农村对外来人才缺乏吸引力。第二，一个村子的财力有限，养太多的干部费用太高，农民难以支撑。第三，乡镇一级干部不是由直选而来，对行政村的干预过大，扰民严重。

因此建议在村级直选的基础上进行乡镇一级的直选试点，这样做有以下的意义：第一，一个乡镇比一个村庄人才要多，而乡镇一级是干部身份、非农户口，在二元结构的现实条件下对外来人才也有吸引力。第二，乡镇的财力较之一个村庄相对要有保证。第三，乡镇一级实行直选会进一步缓解县级行政的干涉力度，有利于生产力和生产关系的发展。乡镇一级的直选自治与中国历史上的绅士政治也是一脉相承的，符合文化传统，容易获得农民的广泛接受。第四，在考虑中央与地方的关系框架时，将省级作为中央的派出机构，加强中央政府的权力，县市二级作为地方组织，乡镇一级作为地方自治单位，如此会形成一个乡镇、县市、中央三级的行政体系，既减少了层级，增强了基层的活力，同时又加强了中央政府的权力。

（六）关于农村的医疗、养老、保险问题

现在中央已经免去一切农业税，随着这些问题的解决，农民收入会增加，农村的医疗、养老、保险问题也会逐步得到解决。但这里还有一个问题，就是农村的医疗到底是依靠西医还是中医呢？从目前来看，西医只是在解决急症方面有效，而且收费较高，不能解决农民的保健问题，因此我建议在农村推广中医疗法，中医在农村基层更容易获得普遍接受。

（七）农村环保问题

在中国，只有农村的环保问题解决了，整个中国的生态环境才会有保证。因此，必须提高农民的生态意识，土地是他们自己的了，把自己的家

园建设好了,生存条件才能改善,个人收入才能进一步提高。比如土鸡蛋的价值要高于其他鸡蛋的价格,家养的猪肉价要高于工业化养的猪,这样,农村的生态问题才会真正进入良性轨道。当然,所有这些离不了传统文化复兴,离不了土地制度的变革,离不了农村的治理的改善,更离不了农民收入的提高。总之,离不了新农村建设。

以上是本人关于新农村建设问题的一些思考,愿与大家一起分享,希望批评指正。谢谢大家!

(2007年5月19日)

我为什么写科幻

■ 韩 松

> 韩松,男,1968年8月生,生于重庆。科幻作家。1984—1991年就读于武汉大学英文系、新闻系,获文学学士学位及法学硕士学位。1991年进入新华社,历任对外部记者、主任,《瞭望东方》杂志副主编。
>
> 韩松的作品极富文学情趣,结构精巧,内蕴深远,可谓独树一帜,有多篇作品获奖。1988年、1990年获中国科幻银河奖,1991年获世界华人科幻艺术奖,1995年获中国科幻文艺奖。其大部分短篇收录在《宇宙墓碑》中。代表作有《宇宙墓碑》、《2066之西行漫记》等。

今天我很高兴来北大与同学们交流科幻。我不是一个善于言辞的人,但我觉得我还是应该到北大来。

我为什么写科幻应该说是和北大有关系的。我在新华社做记者的时候,有一项任务就是报道北京大学等大学的。

我觉得北大其实也是一个很科幻的地方。我当记者的时候晚上到北大,就觉得有一些诡异。

不过那时候我很喜欢北大的诡异气氛。喜欢晚上一个人走在未名湖畔,幻想湖里到底有些什么。

我有几篇科幻跟北大有关,如《劫》、《柔术》和《脱母运动》。

从北大感受中国科幻母题就像一个女人登雪山,最后掉入了深谷,队友都离开了。她想着一个强壮的雪人过来了……

但其实也很怕来北大。

因为我只听说过民主与科学,没听说过民主与科幻。

假如北大是民主与科幻的,中国又该是什么样子的?

……

科幻首先是文学,其次才是科学。

我们生活中的"科学"太多了。

我想到了哈贝马斯的批判。

"科学技术这种全新的意识形态能成功地使广大人民群众非政治化,再滋生明哲保身主义。丧失了政治意识的人民群众只因这一社会崇尚技术统治论,发展科学技术,产生足够数量的物质财富,就加以认可。"

很多现实中的非人性,非人权,都是以科学为幌子的。它们没有考虑人的感受。比如修巨型水库和大坝,也有非人性的一些方面。它让那么多人背井离乡,在中国农民的传统观念中,乡土观念是最为重要的。离开了祖祖辈辈生活的地方,来到一个陌生的环境,那痛苦是其他人无法理解的。

我的选择就是最近写了这样一些科幻:《看的恐惧》、《地铁惊变》、《天堂里没有地下铁》、《乘客与创造者》。我的这些科幻小说都是发生在局部的隔离的空间,写在这些独立的空间里发生的事情。

有的同学可能要问,为什么不选择宇宙飞船、地外行星、时间机器、平行世界为背景?我要说的是这样的话其实更容易,可能这样写出来还更像科幻小说一点。但我觉得这样写不能表现出我们日常生活中的慌张感。我觉得生活中的科幻给人的冲击更强烈。

我也希望北大同学写出中国的好的科幻小说。写出中国的像乔治·奥威尔的《1984》,同时,也写出像阿西莫夫、田中芳树、卫斯里一样的优秀的科幻,这类科幻在中国还真不多见。

中国科幻文学的现状是什么呢?

科幻文学在最近两年中表现得相当不景气,很多人对科幻文学的未来发展都心生迷茫。面对这种状况,一些人说是奇幻文学的冲击,一些人说是商品社会的负效应,还有人认为是时代文化环境的变迁所致。但我觉得,相对于中国这样一个有着五千年历史的古老文明来说,相对于这样一个缺乏面向未来态度的社会来说,相对于这样一个迷信盛于科学的国度来说,科幻在最近一些年中的表现,还是勇气可嘉的,像王晋康、刘慈欣、何宏伟、星河等人的一些作品,出现了新的创造,也有大把的人气,创造了比较好的市场反响。只是科幻这样一种文学类型,在一个后现代社会中的命运究竟会如何？它会不会还没有在中国取得长足发展，就要走向灭亡？这的确是一个很有趣的话题。如果真是不景气，这可能不仅仅是奇幻、商品社会的冲击能解释的。

科幻作品的销售量在逐年下滑，出版社不再接待科幻投稿，刊物的发行量在低水平徘徊，网络上的科幻讨论不再如往昔那么兴盛……所有这些都显示出，中国的科幻文学的确正在走下坡路。如果不讨论数量而讨论质量，当前的科幻作家和作品，能获得大众认可的并不太多。此前，叶永烈、谭楷、郭建中都曾经分析过科幻跟中国社会发展的关系，认为有一些社会推动力存在。但是，最近几年，科学出现过很多给人印象深刻的突破，国际基因组计划、神舟号的成功、环境保护运动的深入展开，国家也加大对科技的奖励和对自主创新的肯定，但为什么科幻这个直接能够得到影响的文学品类，仍然没有起色呢？我认为，衰落的根源在于这类作品已经远离了它曾经与时代之间具有的那种紧密关系。

似乎大多数人都倾向于认为现代科幻处于不太乐观的境地。或许，与前辈作品相比，科幻文学的创作观念有了新的突破，但是就其读者接受范围和社会影响而言，已经不能与当年同日而语。虽然这是整个文学在当代社会都面临的一个问题，但是与其他文学门类所取得的成就对比而言，科幻文学的差距还是很明显的。就像科幻作家吴岩所说，目前科技界新突破接连不断，但是与此有着密切联系的科幻文学创作却没有在这个时代取得令人瞩目的成绩。

从中国科幻内部的环境看，与20世纪80年代相比要好一些，比如，不可能有这么多的科幻迷，这么多的科幻组织，甚至现在还有了科幻的研究专业，在主流的文学报刊上有了一些科幻的讨论。但从大的方面看，中国科幻一直都不景气，能在全社会引起广泛反响的原创科幻小说可以说历来极少。除了中国的政治、经济和文化环境的特殊性外，这可能还在于科幻是一个特别的文学门类，属性上看是通俗小说，但在中国的传统上，它的地位是排在言情、武侠和侦探之后的，中国缺乏科学的传统。另外，科幻与科技成就毕竟不是一回事，不一定科技突破多、社会重视科学，科幻就正比例上升。但我同意中国科幻正在疏离与时代的关系，因为其他种类的通俗小说，在取得广泛的社会影响时，常常都会突破自身的文类界限，而触动时代最敏感的神经，从而进入人们的心灵深处。这方面，中国科幻还比较孤芳自赏或者说比较封闭狭隘,题材和写作有的还比较幼稚。

有一种看法是,科幻已经基本上走完了自己的历史旅程。这要从该文类的产生和发展谈起。科学技术并非一个社会生活的悠久主题,恰恰相反,它是一定时间内产生的阶段性主题。在从西方封建社会过渡到资本主义的旅途中,当科技发展逐渐影响到人的生活,科学技术所带去的变化能在一代人的生活中突出地体现时,科幻得以产生。一些文化先行者感受到了这种科学和未来对现实的双重入侵,开始了科幻的撰写。他们是朦胧地开始写作的。在大约一百年的时间里,他们不太清楚自己干了些什么。法国科幻学家 Klein 曾经说,科幻就是民主时期一些暧昧的作品逐渐发展的结果。渐渐地,现代科学和它所带来的变幻中的未来越来越嵌入个人生活,嵌入社会发展,于是,科幻开始大行其道。中国就是从这个时期开始接受科幻的。那是一百年前的事情。那个时候,科学和未来对中国人来讲,和刚从封建社会进入资本主义时代的西方具有同样的价值。人们讴歌德先生和赛先生,歌颂有着无限未来的"少年中国"。然而,又过了一百年,今天的科学和未来已经超越了现实,跑到了时代的前面。克隆技术、三维图像、无线通讯、基因组破译、纳米技术、航天……当科技的进步铺天盖地而来的时候,未来成为我们目不暇接的暴力的时候,人类对此已经麻木并无能为力。作家也不再能有天才的敏感。科幻于是便接近了死亡。科幻不是因为奇幻的风行而衰落的。奇幻和科幻的美学完全不同。奇幻是想象文学,而科幻是现实主义文学。它太现实了,跟现实的关系太紧密了。

虽然我认为近年来的科幻创作也不太令人满意,经常会疑惑它在现代科技社会的出路,但是还是对它寄予希望的,或许很多时候也是给自己的安慰。

另外,我想到的一个问题是,如果"科幻文学的历程即将结束"这一论断成立,那么之前我们极力提倡科幻创作中的人文质素(或说软科幻的一些质素)是否在现在看来是预示了这个结束的到来?我一直认为,这些质素是科幻文学的拓展之路,但是如果过分强调它,是否也意味着消弭科幻文学自身的文体属性?

对这个问题我也曾苦恼过。这些年来,科幻的确已经缺少了题材上的创新,许多作者是在前人创造的那些世界中变换花样。很多新作品包括欧美的新作品已不再能令人产生以前那样的神往,这些似乎都在印证科幻的时代正在过去。科幻或许真的可能只是科技时代初期的产物?一旦科技烂熟之后,科幻便将退场?不过,这种想法,在我这里是矛盾着的。我常常又觉得科幻至少在未来几代人的时间内还是有生命力的,因为科技发展带来的审美愉悦毕竟还没有终结,自然界的奥秘远未被穷尽,科技对社会的双刃剑影响还没有全部呈现,人类和宇宙的命运都还是巨大的谜团,另外,关键的是,人类的想象力还只是被开掘了很少一点点。再加上一个很现实的因素:中国还没有真正完成工业化,远没有实现科技的现代化,因此,相对于发达国家,在科技蒙昧时代的中国,科幻从理论上讲还会有继续发展的潜能。另外,我倒觉得科学技术可能业已成为任何一个现代社会的恒久和中心主题。不过,科幻必须不断开拓新的写法,包括尝试所谓的"人文科幻"(但严格来讲,我并不认为科幻有什么人文和非人文之分,而且过分强调人文科幻是有害的)。我的观点是,科幻还应该更奇诡一些,更迷乱一些,更陌生化一些,更出人意料一些,更有技术含量一些,更会讲故事一些,更有思想性和社会性一些,这样,就还会不断吸引新的读者。既然报纸和诗歌都没有如预言那样在新媒介时代消失,科幻也很难消失。但它一般来讲不会是非常大众的——主要是作为小说形式的科幻。

其实所谓科幻的消失,是指这种文学形式的消失。是指它的主要创作范式——那种把科学和未来入侵现实时,将交接处的战争(或者说是"现代化的过程")作为叙事主体的创作方式的消失;是指以"认知和疏离"(这是Suvin对科幻的经典定义)作为主要宰制的故事结构方式的消失。但与科学相关的文学却不会因为科幻的消失而消失,不但如此,可能还会大大地加强。因为科学已经成为了我们这个社会生活中的不可分割的一部分。由于最近几年科技发展的加速,在西方,科幻小说的行销量不如下面的两类作品更大。一个是科学惊悚作品。这类小说将科学和未来侵入现实的速度无限加快。《侏罗纪公园》的作者迈克尔·克莱顿的高科技惊悚小说、《昏迷》的作者罗宾·库克的医学惊悚小说、《追踪红色十月号》的作者汤姆·克兰西的军事惊悚小说都曾大行其道。这些作品的阅读感受是让人紧张得无法喘气,觉得科技已经堵住了你的鼻子和眼,让你无法呼吸。然后,在人们无法承受这种高速科技进步之时,第二类文学——奇幻文学登上舞台,《哈里·波特》的扫帚满天飞舞。奇幻文学的作者相信,再那么追踪科学,研判未来发展,对我们的身心都是一种摧残。不如回到没有科学的时代去放松自己。从这个角度看,奇幻文学其实就是一种"掩耳盗铃"的文学,是一种让人两耳不闻窗外事的"逃避文学"。《达·芬奇密码》也是掩耳盗铃。想象一个秘密团体拯救世界,想象古代先哲能拯救世界,纯属枉然。当然,这类作品在当今社会具有相当积极的疗伤性质,这一点不容否认。可见奇幻类文学的发展,其实反映着科学高速变化的现实。遗憾的是,科技是一个无法停止的永动机。它自己就在不断进化行走。人们需要预警,需要了解。但是,经典的科幻模式又不能再用,因为作者不能产生有价值的愿景,这使科幻重新复兴的希望渺茫。"人文科幻"也只能是作者的一种愿望。我非常喜欢《红色海洋》的结尾。一种新的、清丽的、类似中国明朝盛世的未来将重新出现。但在这之前,美国宇航局的专家Vinge(也是个科幻作家)他计算出人类知识增长的速度将超越心理加工的局限。于是,由于紧张和焦虑,人类的心灵将大范围地崩溃。我们这一代人将全部灭亡。郑和还没有再下西洋,我们已经葬身红色海洋。我想说的是,科幻作家将写些什么,如何写,已经是一个必须面对的严峻现实了。

  这也符合科幻自己一贯宣扬的危机意识。但我认为科幻的实际创作不应太悲观,至少在看得见的时间内还可以乐观。这方面我更愿意主观一些,认为它取决于人的因素,我喜欢它就一片光明,不管别人怎么去看去想。若说到今后创作者该怎么转型,我倒是最希望大家今后多求诸于己,把功名心放下。另外,我倒不觉得经典的科幻模式不能再用,而是今后怎么用的问题,把它用在什么语境下,用在什么样的文化背景下。王晋康、刘慈欣、何宏伟、星河等人的一些作品受到欢迎,可能就是因为在这方面有所尝试,但是,还是初步的。再就是,需要把什么是科幻的争论搁置一边,去发掘传统科幻与外界相交叉的模糊地带,一些新的题材可能就藏在那里。像《安德的游戏》,首先是一个题材问题,而它里面并没有太多经典科幻的高技术、硬科学。当然,一切取决于还会有多少读者喜欢科幻。科幻作家很大程度上不能左右这个。科幻的魅力减弱,一个原因可能是未来的景象包括科技发展的前景,在这一百年里,已被反复地预言得很清晰了,这中间也包括科幻作家的功劳,读者现在翻来覆去已看不到太新的东西了。也就是说,未来变成了历史。所以,如果科幻作家还能做些什么来促进科幻创作的转轨的话,那即是一方面应从历史小说中寻找灵感,从"过去"里面重新找到疏离或陌生化;另一方面,就是继续探求想象力的极限,努力拼接出一些还未曾被人描述过的"未来",或者发掘出一些被我们忽视了的"未来",在新的创世中,创造出新的对现实的入侵。科幻是宿命,还是自由的呢?我仍然趋向于后者。

关于目前科幻创作的实绩,我觉得,很多人都在兢兢业业地埋头工作,是真正喜欢这个才去做。在质量上,以一批新生代为代表,比起上世纪几个时期来,达到了一个新的水平。一是继承,经典科幻的一些好的东西,没有抛弃。二是发展,包括以前少有终极关怀,但现在有了。写人和宇宙的终极,有宗教感。三是复杂性。写人和物的复杂性,不仅仅是概念。四是科学内核方面,技术性方面,比起以前更加精致。五是多元化的内容和手法。六是对社会的关注加强了,而不仅仅是科学带来的奇迹,批判性也加强了。七是科幻的研究开辟了一个崭新的天地。从这些角度看,科幻是在进步的。但这种实绩仍不令人满意,一个是新生代之后的一代接不上来。一些作家已经活跃了十几年,但目前没有取代他们的,仍然是几个人风头最强,没有大批的群体和跟进效应。这很遗憾。另一个是很多题材仍在重复西方人甚至我们自己做过的。三是没有能够出现引起社会广泛关注的科幻小说,比如童恩正的《珊瑚岛上的死光》那样的。所以有忧患。

下面我来介绍一下我自己及我怎么写科幻的,写的过程中遇到什么困惑。

我写科幻快30年了。

我的故乡是很科幻的一座城市——重庆。不明飞行物有时会光临重庆。据说是外星人想来统治中国,先从重庆开始。有人拍了照片作证。

我的第一部科幻主题的文章是在我小学的时候写的。那时候重庆举办了一个少年儿童科幻征文比赛。我就参加了。我的第一部科幻是写在一个陨石坑旁,未来的人们在边上观看,看到了很多很多飞船的残骸等等。大概是这么一个主题。老师看了以后,觉得这个主题太可怕了,太阴森了。然后就改了主题,写了一个熊猫,名字叫云云,它上了月球。当时还不知道有神舟,就写它在月球上探险。我记得当时的这篇科幻写的事特别的艰难,我想我就不适合写这种科幻。当时也没有获奖。

我想到了江晓原,中国的科学史学者,上海交大的,他就说过西方科幻与中国科幻不同,西方的科幻一般是比较悲观的。而中国的科幻是很快乐,很光明的那种。

比如,我们看欧美科幻电影中的未来世界清一色都是黯淡和悲惨的。比如地球以后会被外星人占领。

而大多数中国人对未来普遍抱着幼稚的乐观。

参加过这次科幻征文比赛,我还是有收获的。我开始看一些外国的科幻。那时家人给我一个储钱罐。我只要一有自己的钱就会去买一些科幻来读。最早影响我的一些科幻作品有阿西莫夫的《我,机器人》、威尔斯的《世界大战》,和一部记不起名字的关于特异功能的美国科幻。此外还有《魔鬼三角与UFO》,我很喜欢其中的一个关于海洋的故事《鲨舟》。我后来写《红色海洋》就和我那时受了这个故事的影响有关。另外,我也还记得《科学画报》上一篇记不清名字的苏联短篇科幻。

这些是1983年以前的事。1983年以后,中国的科幻作品也多了起来。我记得有童恩正的《雪山魔笛》和《珊瑚岛上的死光》,叶永烈的一些故事,郑文光的《飞向人马座》。

那时,读多了科幻后,我开始朝思暮想与外星人会面,会面的主要目的是学习隐身术,这样就可以人不知鬼不觉地去做坏事。

科幻的所有主题就是用正义掩饰邪恶。

比如一篇我早期的科幻练笔《我的祖国不做梦》。其中有一段文字是这样的,"唤醒一个梦游者是非常困难的,因为他的机体已被强大的欲望完全控制住了。梦游者的整个身心只集中在一件事情上——就是实现他的那个欲望。这一欲望是独立的,与他的日常生活不存在任何联系。但是,小纪想,他亲眼看到的却是,这种强烈的欲望不正与中国人的日常生活发生着十分紧密的联系吗?"

这篇文章写的是整个中国十三亿人都被一种技术控制,通过梦游来增加我们国家的GDP产量。因为人们在有的时候潜能会被激发出来,他们可以攀岩,可以做危险的事情,而且不会出错。后来被美国发现了,美国很害怕中国的GDP,联邦调查局就派了一群人来解救,但是没有成功。我的主题一般是比较悲观的。

我正式写科幻到今年恰好20年。1986年是一个非常科幻的年代，美国的航天飞机升空又坠毁，发生了切尔诺贝利核泄漏事故，以及中国提出的"863"计划，第一批人在北京一家研究所接触到了互联网。

我发表的第一篇科幻作品写于武汉大学。我写科幻的地方在山顶一座像庙一样的地方。武大也是一个很科幻的地方。

我较早期的科幻作品有关于中国的主题的《第一句话》，讲的是中国航天员登月后讲的第一句话。

有成人科幻《青春的跌宕》，讲的是一个社会中的人都不会变老，人一生都是年轻人。而这个社会由唯一一个老人控制。年轻人时间久了就不愿意了，他们要变老，于是掀起了一场反抗的运动。这实际上是一个成人的话题。

有关新闻工作者的《超越现实》，讲的是一个记者与外星人的关系。

关于宇宙人世的轮回《天道》，讲的是人类发现了一艘宇宙飞船，最后发现宇宙其实是一个轮回。

我1988年写了《宇宙墓碑》。写的是未来的人类死了之后就把自己埋葬在外星球上面，在上面修了很多很多的坟墓，但是突然间这些墓碑都消失了。这之后发生了很多故事。

这部作品获得世界华人科幻作品一等奖。

当时是这样的，我把这篇作品投给《科学文艺》，但是当时未能达到他们的发表要求。

在1991年于成都—卧龙召开的世界科幻协会年会上，《科学文艺》就把这部作品推给我了。正好当时会上有个台湾人叫吕应钟，是飞碟研究教父，在科幻界很有名。我就在会上把作品交给他想让他给指点指点。他就把它带到台湾去了，参加了这个比赛，获了一等奖。

我仍然要感谢《科学文艺》，它当初就指点我说些科幻要联系生活，这一直到现在对我写科幻都很有用。

获奖后我也毕业了，就到了新华社。

有人曾问我，"你怎么把记者这种实际的工作与科幻写作结合在一起的？它们发生冲突时怎么办？"

其实我工作的地方也很科幻。这还和毛主席有关，毛主席曾经说过"新华社要把地球管起来！"我当时就在想怎么样才能把地球管起来，想来想去,只有超人才能把地球管起来。正巧的是,当时新华社社长,也是你们北大毕业生,就叫郭超人。在他的领导下,我写过很多好的科幻作品,他去世后,我的科幻也越写越差。

在新华社工作有一个好处,就是可以乘不同交通工具去到一些很科幻的地方。而科幻的灵感正来自现实。

诡异、恐怖和神秘主义是科幻的永恒主题。

现实的世界是难以理解的。

小时候,父亲告诉我,做过的梦会成为现实。奶奶去世前我就做过有预感性的梦。

两个我经常思考的问题是"我在宇宙中是什么?""世界是真实的吗?"

我觉得,星空是一个最吸引人的主题。与其说宇宙是诡异的,不如说它是别扭的。宇宙不应该是超自然的,否则科幻就失效了。

宇宙的复杂性只能用长篇来表达,但写科幻长篇是一种折磨。我的一本书叫《2066年之西行漫记》,至今没有拿到稿费。约稿的那家出版社说不想出版了。另一家出版社的编辑说,你预言美国毁灭是什么意思?最后那家出版社说,要等所有的书都卖完了才给稿费。

《红色海洋》这本书出得也颇费周折。一开始约稿的那家出版社说不想出版了。我没有放弃,断断续续地写了六年。非常幸运的是,我遇到了上海科普出版社李重民先生,最后才发表出来。仗义的李重民先生,是一位打过群架的著名翻译家和编辑。

我写了大约一百多篇(部)科幻作品。我的大部分作品都无法发表和出版。所以我对自己的评价是:我是一个比较失败的科幻写手。

我写科幻有三点感受:

第一,写科幻不容易。

第二,命运掌握在别人手里。

第三,要做好自娱自乐的准备。

我也给想写科幻的同学三点建议:

第一,写自己真正想写的。

第二,写读者真正想读的。

第三,写市场上真正能卖钱的。

现在我回到开篇：回答我为何写科幻。
第一，不为钱，中国科幻作家都很穷。
第二，不为官，胡思乱想的人难升官。
第三，不为名，文坛不认写科幻的人。
第四，不为乐，比这有兴趣的事多了。
那是不是为了到北大来做讲座呢？
科幻不是世界上的普遍现象，
科幻近于宗教。
也许没法解释为什么？
科幻作家是谁？
他们是外星人的使者？是选民？下地狱者？
如你有答案，请告诉我。
谢谢大家！

（2007年1月12日）

中国医药学——伟大的宝库

■ 杨志勋

> 杨志勋,我国著名软科学专家,教授,北京市政府顾问,北京世纪杨氏新药管疗法研究所所长。他在中西医沟通、中医和现代科学对话方面,有独到的见解,曾长期从事国家和国企层面的战略研究,有丰富的社会经历和开阔的视野,多次在北京、香港等地面向企业家讲述"中医与企业发展战略",引起热烈反响。杨教授既有丰富的人生经历,也有正统的家学渊源,而且他近年来在中医的普及上做了很多尝试,在引导孩子和成人学习中医上有比较丰富的经验,颇有成效。

主持人:

首先我们非常荣幸请到杨老师来给我们做讲座,请大家以热烈的掌声欢迎杨老师。大家在中医学社学医也学习了好长时间了,相信对大多数同学来说在医理上有一定的收获,但是治病能力或者其他方面可能就要差一点。下面我们听杨老师来给我们介绍。

杨老师:

各位同学,各位老师,晚上好。我非常感谢你们能够到这儿来,跟我一起分享咱们祖国博大精深的中医药知识,从中医思维观角度一起探究中国医药学这一伟大的宝库。

那么,在讲问题以前,我要先了解一下:你们都已经学了几年了?学了四年吧?——已经差不多学了四年了?可能你们的理论功底比我还强。我没上过中医药大学,是老天给了我一个机会,因为我的父母都曾是上海的名中医。我父亲曾经被患者誉为"一贴灵",譬如说你们如果咳嗽咳得厉害,他一副药,就能治好,马上就不咳嗽。我是在这样的家庭成长起来的，我的"正业"不是医学。在上个世纪80年代到90年代，如果你们去国家科委打听一下，或者是去国家专门的经济研究机构，那儿的人可能多少都认识我。我在70年代初起步于系统工程的研究和实践，80年代曾有幸成为国家科技改革与发展研究专家组的主要成员，90年代是国家能源战略的主要参与者，21世纪前后，我有机会在国家层面上参与若干国家大企业发展战略的研究，这就是我的经历。我还当了十来年国家科技进步奖软科学组的评委。我的知识背景就是这样的。在这个所谓"仕途"的过程当中，因为家庭的影响，给人看病成为我的业余爱好。我这样一直给患者看病到现在，也有三十多年的时间。我在首都儿科研究所出过几年的专家门诊，参加国家中医药战略的制定，曾经也是一个核心组的成员。这也是命运安排，反正不管我到哪个领域，只要尽心尽职工作，最后就就会被大家承认的。我就这么个经历，可以说大杂烩，十年换一次。

我目前把主要精力都放在中医药的普及工作上。我以个人能力办了一个儿童国医启蒙班。这起源于一个偶然的机会，我萌发出一个想法，然后就办了一个为四岁半到七岁小孩开设的国医启蒙班。

我们办的国医启蒙班至今已有一年多，结果是我们培养出来的孩子的素质，比我预想的要好。现在一些孩子已经能够——按我跟他们的说法就是——"小不啦"地看点病。首先必须背口诀，而这口诀是我自己编的。五个字一句，一共6 000字。一年下来他们都背得非常好，而且开始会用。我还办了一个"成人中医入门"班，跟我学中医的人当中最大的年龄76岁。

今天非常有幸能有这个机会踏入国家最高的综合性大学的学府——北大。我非常高兴，想把几十年跟父母学习中医的经历和大家分享。但是话说回来，我这是一孔之见，大家还是应该跟着我们学术界的名医、教授学习。我本身是力学专业的研究生，今年都65了，现在我的主课就两字，叫"修炼"，所以我办的所有班都和金钱没关系，因为一跟金钱发生关系，问题就复杂化了。我到这个年龄，什么也不缺，就缺修炼。

大家满怀兴趣来听我的课，我也可以给大家一个希望，正如我给儿童国医启蒙班的家长一样。在儿童六年级毕业的时候，给他们每一个家庭培养出一个保健员。但对于在座诸位，我估计不需要像他们经过那么长时间,我保守的想法是,如果你现在是大学一年级,跟着我的思路走,那么大概到大三的时候,你们应该会做些诊断,而且还能够进行简单的治疗。为什么我敢夸下这个海口呢?是因为我父母发明的新药管疗法正是目前国内领先的新型内病外治法。我父母在2003年都去世了,我现在成了这个国家级项目的主持人。我愿意把这个方法,全部传授给大家,这样你们就会看些病治些病了,但不见得非去当职业医生。我的目的是让大家不仅有理性的认识,还要真的会看病,真的给家里的亲人解决问题。比如说家里的一个人,患了十种病。有糖尿病,有高血压,又有心脏病;再来点颈椎病,再来点胃病,再来点多发性的脑血栓,腔系梗塞……对于单一专科的大夫难度很大,很为难。但是我要告诉大家——能治!因为对于我们现在自己创办的诊所而言,对来看病的病人,风趣地说,就是大医院不喝的剩汤。患者与大医院缘分结了,就到我们这儿来治。我会教给大家,只要你们愿意学。这是我对大家的希望。但前提是大家不要今天学明天就扔了,那样永远都学不会。

一个好大夫的基本功首先不在开方子上,而是在手上。譬如来的一个病人说:"哎呀,我头疼得厉害,难受得要命。"如果你手上没有功夫,那自然就只能说:"你先歇一会儿,把手伸出来。"人家头疼得要命你还让他把手伸出来,你的本事就该是先让他的头暂时不疼,然后再给他治病。手上的功夫如果很行的话,你在病人心目当中的威信就树立起来了。病人就会认为你能用手就给他解除痛苦,那么开药,肯定治得好他的病。其实这也是误区,手上立竿见影,服药未必就都能达到。如果你们有自己动手的愿望的话,在每次课的最后,我告诉你们一点实用小窍门,能立竿见影。——这也是我们学医的目的。如果我《脉经》背得很好,《内经》也背得很好,《伤寒论》也背得很好,回家的时候,你的父母说:"你在北大都学中医了,给我看看,怎么回事啊?"你说:"不行,我还得找我们讲课的老师,看他有什么办法。"那不就等于白学了吗?学中医学的目的是培养你的实际动手能力,而不只是知识的传授。我办儿童国医启蒙班和成人中医入门班的宗旨就是让他们每个人都学会看病。目前在北京市,有数千个家庭与我保持经常的联系。他们有病经常给我打电话,然后我就告诉他们怎么治。我希望我们能够由此相互认识,我也愿意为北大的中医学社尽我微薄的一点力量,尽管社会上比我高明的大夫有的是。

中国医药学——伟大的宝库

对今天讲课的主题,大家不要抱很大的希望。今天讲课的主题是我对学中医的认识。我从1969年开始跟我父母学中医到现在已经38年。这个过程当中,加上我刚才跟大家介绍的在政府部门的背景,我对中医是怎么认识的——主要讲这个问题。最后肯定会给大家一个小小的礼物。中医的博大精深最后要有落脚之地——我们说"千里之行,始于足下"。你们回去就会得到中医药给你们的恩惠。从今天开始,咱们要就中医的基本道理进行沟通。这是今天我讲课的目的,后面展现的就是我的意图。

我想说一下,讲课过程中,我最希望互动。我一个人讲你们听,那什么意思都没有。你们可能有的听了下午的课已经精力不好,想打瞌睡,我看到你这样可能我也会打瞌睡。所以要互动,而互动当中最好能形成物理学所说的"共振"。思考共振效果是最好的。我在哪里讲课都最反对老师一个人说,同学们都记,记完了老师夹着本子就走。那不叫教课,教课是互动的过程。

我对中医的认识基本可以概括为几句话。

第一,中医学博大精深,来源于民间。我认为,中医药知识之所以博大精深,不是因为它来自于实验室,也不是因为来自于高等学府,而是因为来自于五千年广大老百姓的实践。广大民众在实践当中,付出了很高的代价,最后形成实践性很强的中医学。这是我的一个基本观点。

从神农尝百草,到李时珍为了发现药而中毒,这些故事表明历代名医对中医药的贡献有多大。传说华佗非常神,因为华佗有好多的医药贡献,比如说中药有黄精,是非常好的药,黄精和当归在一块,补血的功能就翻番。但这味药不是华佗发明的,是老百姓告诉他的。一般我把医者分成三类,即名医、明医、民医。一个是名医,一个是民医,有什么区别呢?要是听过我课的孩子在,他们会马上回答我:名医是民医,百姓心中医。所有历史上的名医都是百姓心中的医生。好多人包括李时珍也当过御医。但是他当御医的目的是看书,因为宫廷图书馆的书太多了,他就是因为这个目的去的。最后书看完了,深知宫廷险恶,灾难也不知道哪天降落,于是赶快逃出来。我们今天学中医药,一定要记住:百姓的心中医才最伟大。你们家里如果有御医的话,听了可能不高兴,可你想,实践是检验真理的唯一标准,他原来的水平很高,一旦他只为某几个人服务,他的视野不就小了?就不可能研究大量的从实践中冒出来的医学问题了,是吧?

我认为博大精深在民间,是取之不尽的,用之不竭的。民间经常流传的好多偏方到了名医手上用途就大了。偏方偏方,为什么叫"偏",其实是提醒我们,个性化程度太大,不能乱用。另外据我的理解,历史上只有正统的才叫正,民间的即使能治好病也是偏的。其实这是不对的,有效的就是科学的。解放初期,有同志为中医药是不是科学争论不休,据说最后把朱德老总请去,朱老总说:"我也不懂中医,但我明白一条道理:只要能看好病,就是科学的。"

第二,中医在所有的学科里面是一门做人与做事统一的学科。学中医离开做人做事的道理就没用。中医特别强调:做事先做人,学医先学道。我编的口诀中第一句让孩子背的,就是这句。历史上所有医术高明、为人尊敬的大夫,为什么都有神话般的传说?因为他们医术高明,医德高尚,被认为不是一般的人,而被神化。比如李时珍,就有有关他出生的神话传说。故事说李时珍的父亲打鱼时,开始没打到鱼,第四网拉上来,一看,里面是块石头。是石头,他很生气:"这石头我跟你没有什么仇,干吗跟我捣乱?"这时玉石说话了:"恭喜你,你家今天要喜得贵子,那可是贵人。他来到你家,你家就时来运转了。你继续撒网,就会有鱼了。"于是他又撒了网,一下子鱼满仓,于是回去了。回到家,又是杀鸡,又是杀鱼,又是做饭,好不开心。李时珍的父亲很累,想睡。他早上五点多就起床,哪能不疲劳?睡着了就开始做梦,梦见东方的云彩里有只小鹿,嘴里含着灵芝草。祥云到了,他一下子就被惊醒了。惊醒后一听,小房子那边,李时珍"哇哇"降生了。老百姓为什么要编这个故事呢?那是因为他在老百姓心目中至高无上。想有高深的技术,就必须要有高尚的而且为人楷模的表率,即高尚的医德。我的诊所挂着我认为是医学上大家的像,每天到诊所的第一件事就是看着他们的像,问自己,如果这些人,比如说孙思邈,还活着的话,能认我做徒弟吗?这样一来,看病就不会夸海口了。因为心里觉得如果夸海口,老天会惩罚的。这是医德与医理的统一。

第三,中医药不是一门简单的技术,它来自于中国文化,并以它为基础。学医不是简单地学会开方,不可能因为今天背汤头歌诀,明天就能开处方。其实这些都只是小术——小技巧,就像街上经常看到的算命。而算命不是易经的本意,学中医也一样,应学本意。

最后一条,中医能够增强你触类旁通的能力。如果学好了中医,学别的课都会很"灵"的。这是我真实的体会。从科技、经济、系统工程,一直到现在的生命科学,我都涉足过,我体会是相通的。科学发展迅速,将来还不知道会出现什么科学门类,而学好中医将对我们学习其他知识帮助极大。即使你是卖菜的也能学会中医,而且中医学好了,菜肯定也卖得好。为什么?中医讲健康即平常,平常即平和。心平则气和,和气则生财。所以说是相通的!如果你看世界看到有相通的地方,那你也就学好了。我曾给香港的中资企业搞财务的讲了一课,向他们提议从事企业财务的要学习中医。开始他们觉得不可理解,认为我说的话经不起推敲。可我说,中医的配伍理论里面,不就是经济学里玩弄的资产重组理论吗?你们都知道中医当中脾胃很重要,而企业里面最重要的是什么?不是投资,而是企业本身的消化能力。中国在科技上为什么老是要去仿照外国,是因为企业的消化能力太差。两者是不是相通的?包括在教育学里也是一样的。教育学里面有一条——也是现在教育没解决的问题——中医早就提到的,叫扶正不留邪,祛邪不伤正。你们将来都要长大,有的人可能会当老师。爷爷奶奶带着孩子,往往是扶正又留邪,惯了好多坏毛病;父母自己带出来的孩子,又往往是祛邪又伤正。这就是中医和教育学的相通之处。中医在临床上最关键的问题也是教育学所面临的最大问题。如果我们做思想工作,不也是这个问题吗?我的意思是,如果想成为某个学科的大家,学中医是一条捷径。我干了这么多年,最后就是"千里之行,始于足下",必须把手上的功夫练出来。手上的功夫是能解决实际问题的。我记得那是90年代末,国家科委让我负责吉林省吉林市老工业基地改造的研究工作。省里招待我们吃饭不让走,结果坏了,外面下雪了,回不了北京。后来在机场碰到个胆囊炎发作的人。机场就广播,把大夫都召到那里去。大夫都去了,一看,简单,是胆囊炎急性发作。但是因为当时已经半夜12点多,机场没药。因为没药,大夫也没办法,把患者放下自己走了。后来我过去给他看一看,因为别的大夫都走了,所以他对我的能力感到怀疑。而我就凭手,5分钟就让他不疼了。虽说手上功夫重要,但也不要迷信,药该吃的还要吃。

在日常求医中,怎么鉴别取舍呢?如果学好中医药了,你就知道怎么选大夫了。会选大夫,也会看方子,知道方子开得对不对。而且中医药能教你如何把握风险。办企业肯定都知道风险,炒股票肯定也有风险。事实上在医疗上,第一位的也是风险问题。不会识别风险就坏了。让庸医宰得你够呛,最后病是越治越多。而钱也没少花,医院也没少去。最后大夫却说:"你回家养病去吧,我治不了了。"我说的是真实的例子。今后在我讲课的过程中,我会讲些临床当中,有关病人的真实例子。中医靠的高科技,不是工业高科技。大家一定要记住,离道越近的,方法就越简单,看起来就越土;离道越远的,方法就越复杂。

第一就是为什么学中医,我不想说太多。我想说的一个问题是即使你什么都没有学,也必须要学中医学,因为它将陪伴你一生。到我这个年龄,都无所谓啦。什么竞争,成名……那叫什么?叫谋生,你靠专业谋生,老板给你钱,不管是在国企还是在别的什么地方都一样,很难顾全你的健康,健康要由自己解决。所以有些可以学也可以不学,但学完中医后大家会明白,中医将伴随你一生。你们年轻时可以说"不学"。但将来成家,关于孩子的问题将非常需要中医知识的帮助。培养优秀的孩子是不是要从"种子"和"土壤"抓起?怀孕当中是不是有综合生态环境问题?什么时候生将决定孩子将来一生的健康,比如我帮助过一个孩子,虽然给他用过药,但还是冷得要命。就是因为落地时正值是冬至,而且是半夜12点,所以吃什么药都弥补不了自然环境的影响。我出诊时碰到一个小孩,家长说:"我的孩子火气太大,老好不了。"我说:"什么时候生的?""六月份。""什么时辰生的?""大中午。"我说:"你怀他时肯定有问题。"家长说:"那时没辣椒吃很难受。"大家想想,六月大中午,加上辣椒,孩子火气能不大吗?但是如果你们不学中医的话,不知道自然气候对孩子的影响,能生出"优质产品"吗?孩子浑身是病,你挣多少钱也不够孩子花的。我出诊时经常碰到这样的情况:家里很有钱,孩子三天两天的有病。我说:"这是因为稀里糊涂地把孩子给生了。"年轻的大学生是不是该懂点中医呀?中医是科学,知道什么时候什么状态要孩子最好。这都在中医里。是不是很有意思?中医跟每个人都有关系。

古人学医是为了完善人格,是为了尽孝。父母上手术台,给钱就完了,能叫尽孝吗?我给幼儿师范的学生讲课的时候正值"十一"放假前。我说:"十一回家,我送你们一个礼物:怎么治落枕。"正巧,有个孩子回去,奶奶落枕了。他就给她治了,治完他奶奶就说:"送你上学校看来没白花钱,你能给我治落枕了。"所以他尽孝了。否则父母脖子不能动了,这样走来走去，子女是不是也干瞪眼？赶紧送医院吧，然后有的再碰上不会治落枕的，给你头扳来扳去，如果扳不好怎么办？这是真实的事。如果你会呢？很简单，给他一点穴，一转，就完了。这些东西以后我都会教你们的，这样你们回去是不是都能尽孝了?!"你看北大出来的多优秀，还会看病。"我说的就是这个意思。要对周围人好一点，人家有困难就帮一帮。

第二个我要讲的中心问题最重要，就是中医学学什么？我把几十年对中医学的理解，一孔之见吧，与大家分享，一起来讨论。我认为作为中医入门，大体要了解八个问题。今天当然不会展开讲，即使讲也讲不清楚，每一个都挺复杂的。学中医基本要解决两个问题。第一是要形成中医的思维观。形成的系统观就是思维观。为什么要望闻问切？望闻问切给的信息是不是都是发散的？有了思维观之后就会聚焦发散的信息。思维观第一解决的就是聚焦的问题。在座的如果有学文学的，那就相当于要当大作家的在农村体验完生活后的立题。写小说第一要解决命题的问题。中医思维观首先是解决命题。其次，中医思维观是研究破题。怎么破？学中医，不管学多少，学什么，全部加在一块就是数学术语中的集合，也就是"西格玛"。中医的"西格玛"等于多少？不管学多少，"西格马"最后就等于中医思维观。要力求形成思维观。为什么有些同学学到本科毕业还是不行，到最后不会看病，就是因为思维观没建立起来。如果学中医，同时又学西医，作为学生思维观一般是很难形成的。为什么呢？因为它们不一样。学解剖、生化，又学内经、方剂学，最后是不是大杂烩？两种思维观完全不一样，还怎么看病？一个讲形态，另一个讲功能，完全不一样。

第三个问题是理性的思维观如何转化为个性化的思维模式。学了那么多医理，最后要形成理性的思维观。比如，这个人肾阳虚，有好多表现，依我看，这就叫理性的思维观。但是中医的最大特点是个性化。个性化的概念就像你们光华学院研究跨国公司一样。为什么跨国公司能占到世界市场的75%？不是因为跨国公司的理念新，而是因为跨国公司的理念，到每个国家都本土化了。本土化才是跨国公司的竞争力。即使你医理讲得再好，如果到了个性化的时候思维建立不起来，就看不到实际的病因。所以学中医其实就是两个问题——理性化的思维观和个性化的图示,这是我的理解。

所以学医就是学这个。我把思维观和个性化图示概括成八条:第一条叫做百岁未衰界。其实《黄帝内经》讨论的第一位不是疾病,而是健康对疾病的认知,也是为了更好地实现健康。《内经》第一篇最重要,为什么?任何一个系统之所以存在,就是因为系统的价值观。为什么要推出这个系统?价值是什么?就像北大讨论最多的可能是人生观一样,学中医也要研究其价值观。唐太宗召见孙思邈的时候,唐太宗算算孙思邈也近半百了。后来一看孙思邈,却仍然像青少年的肤色容貌。这时候他才感觉到,"活"是很大的一门学问。这也被作为历史奇迹看待。学《内经》最基本的问题是什么?怎么解释百岁未衰界?佛学中有界,现实的人也应有界,如果是,又怎么到那个境界里去呢?这是个最基本的问题。我把这个放在第一位,就是为了告诉大家,要健康就得找中医。这不是因为中医是中国的国粹,我才这么说。去年"五一"的时候,我有缘见到美国癌症基金会替代医学主任,我们谈了5个多钟头,他是纯老外,不是华人。他说,为什么美国现在急于搞替代医学?他认为传统西医药已经走到尽头,而且他们在美国做过测试,向他们样本里的大夫征求意见,说如果你的亲人得了癌症,会化疗吗?结果都不选择化疗。原因很简单:化不化疗的成功率都是15%。病医药模式是目前的医疗体制模式的核心。人一有病就得上医院,而上医院看病就得以吃药为标志,这就叫病医药模式。病医药模式和中医提到的"百岁未衰"是不是一回事呢?我经常接触病人,有的病人开始问题不大,但到后来是越来越糟糕。有一个空军家属,得了10多种病,都是用西医"对症治疗"的方法。"对症治疗"对不对呢?我认为应该是对的。因为你出现什么病症就给你什么药,而且药经过小老鼠"点过头",这也是对的。但是她每天早晨就要花一个多钟头吃十来种药,所以她来找我的时候没别的意思,就是让我帮她减药,提高生活质量。经过内病外治的中医新药管疗法,几个月治疗后,得知她最后只吃降压药,虽然他的血压已经降下来了,但怕意外还是保留降压药。通过这个例子,我想说的是中医和西医坚持的是两个不同的思维模式,中医追求健康,而西医是以医病为出发点。有的可能会对此感到疑惑,进入现代医学阶段的西医应该说比传统西医有进步,表现在哪里呢?我认为是细胞层面上的系统论。在细胞层面上,既研究细胞,又研究细胞存在的环境以及环境对细胞的影响,但是只停留在细胞层面上。记得你们北大的听众问我:西医和中医怎么区别?我说,区别西医和中医很简单,中医像国家领导人的思维,西医就像一个校长的思维。他们考虑的时空不一样,追求的目标也不一样,所有的学校都好了不等于教育事业总体上变好了,所有的企业都好了不等于国家经济就一定好。反过来,如果国家领导人非常优秀,只是企业不好,整个国家是不是还是不好?其实两者联系紧密,不可分离。尽管我热爱中医,但很欣赏西医理论上很精彩的理念如内稳定理论。所以学医的时候,我非常关注现代医学的新进展。对进展的评价要落实到为病人着想上,不要只为谁高谁低而争论不休。只要病人好了,医生的天职也就完成了。

第二条是中医的"是医非医"说。这跟现代医学不一样。举例来说,过去我学院里的一位曾在某部机关做思想政治工作的老太太,有一天悄悄跟我说:"我是搞思想政治工作的,能学中医吗?"我说:"太能学中医了!你做了这么多年的思想政治工作,应该对人的心理很有了解。而中医里最重要的内邪都来自于情志。如果你能把遇到的各种情志提升到方法论的高度,就可能进入中医。"现在的统计资料表明,53%的疾病就像《内经》里面一开始说的——都是因为生活不规律,饮食、劳作和心态出现问题。记得有次讲课的时候,曾拿卖菜的打比方,认为卖菜的学中医可以达到平和的心态。俗话说和气生财,如果不平和,跟别人争价争了半天得到的几块钱还不够因乱了情志而引起的看病钱呢?所以说核心是平和。事实上,中医最重要的核心思想,就是气血平和。"气血不平和,百病由此生。"所有的病,都是由于气血不平和引起的。而要做到气血平和其实只要记住一条:"健康人就是平常人。"觉得自己不平常时,我们就开始变得不健康了。这都是《内经》里面的原意。

第三条叫"调为不治宗"。看病最后是为了不再看病。"调为不治宗",也就是说治是为了不治。中医历来讲调理。如果病是越看越多,药是越吃越多,那说明医疗思路是错的。如果说病看到后来不用看了,只要回去好好修养,好好锻炼,注意饮食,那就对了。记得家父曾告诉我:"一副好的中药如果对路,三到五剂必有效。"三到五剂没有效,说明方子有问题。不能让人吃中药吃了一两年,到头来还得吃。总之,中医的目标是健康,治的目的是为了不治。

第四条,中医最大的特点是其天地人的时空观。中医历来把人的健康问题放在天地人的时空里去琢磨。就像我的一个病人,是国家队队员,打篮球打得非常好。她告诉我说:"我应该到气象台去工作。"因为如果明天天气有变化,她今天肯定能知道。这就是天地人的时空观的一个例子。现在为什么有心理压力的人那么多?年轻的学生为什么在青春期时毛病这么多?是不是都和社会有关系?好多孩子的病为什么和我们电视台有关系呢?因为电视节目中有相当一部分在误导孩子。原来什么都不懂的孩子,因为看电视,不需教授讲课,就都明白,最后好多问题就都出来了。中医里,包括阴阳五行,气候变化,人和自然界的关系,五脏和自然界的关系,其实讲的都是天地人时空观。以前我碰到个病人,经过调理,开始挺好的,过两天又不舒服了,于是来找我。我问怎么不舒服了,一号脉,就说:"你准在家里生气了。"她不承认,最后,她女儿说就是生气了。这不就是人际关系问题在起作用吗?所以学中医要解决时空观问题。这和现代医学是不一样的。

第五条叫"中和圆通魂",与佛儒道相对应。佛学讲中,儒学讲和,道家讲圆,中医讲通。这既代表中华文化,又是中医的灵魂。所以学中医既不是一个简单的方法,也不是一个简单的处方,要学成中医就须学好中华文化。而且作为灵魂,存在于一开始讲的"做事和做人的统一"。做人要有魂,灵魂出窍人就完了。做人的事,就要有做人的魂,而魂,就是中国的文化。实际上"中和圆通"我认为就一个字,"理"。"理"是什么呢?就是中医关于过之与不及的哲学思想。佛学提倡无我,要是自己太执著,什么都想着自己,他不是过之,就是不及。儒学的和也是关于过之与不及的问题,太极的圆是解决过之与不及的问题。中医从根本上说也是关于过之与不及的问题。所以我对儿童国医启蒙班的家长们说,别要求孩子都背得那么好,如果我的课讲完后,他一辈子就只记住了过之与不及是最重要的人生问题,那么他也会成为大人才的。这从根本上,从哲理上为他成为大家奠定基础。民营企业之所以兴衰得这么快,就是因为企业家开始创业时,往往是夹着尾巴做人的。一旦做大了以后心态就变了,以为没有做不成的事。这是不是心态就过了?过了的结果企业决策就出轨了。佛道儒加上中医就是四学,核心就是一个"理",教我们处理问题要恰到好处,既不要过之,也不要不及。中医医疗最基本的为什么叫"调",就是解决过之与不及的问题。中医中的"扶正不留邪"和"去邪不伤正"归根结底是解决过之与不及的问题。

　　整个中医的体系与框架中的第六条，叫"道理法术体"。也就是说魂应该落实到体。为什么这里没说理法与方药，理法与方药说得非常好，提出了一个内治法的辨证施治，但是中医不仅仅是内治法。记得一个学生给我写关于她心中的中医药的文章："我小时候对中医的认识就是一把草药加一个砂锅。母亲慢慢悠悠地在火上熬。熬完了一看是黑漆漆粘糊糊的，一闻是又酸又臭。我掉头就跑，满屋子乱窜。母亲像老鹰抓小鸡一样，把我抓住了，说：'你有病就得吃了！'良药苦口利于心'嘛！'"她说："无奈，我捏着鼻子把药给喝完了。母亲从口袋里拿出一块小糖，给我甜嘴。"这是她小时候对中医的认识。但这并不代表中医药的全部。中医药既有内治，又有外治；既有药——所谓的物药，也有法药，注重人心的调理。我深有体会，以前因为兼职太多，有时头疼得厉害，戴个帽子，量血压是70/88毫米汞柱。压差太小，难受得要命。我找父亲开药，吃了以后也没有多大效果。后来一个朋友让我到他所在的医院去做了CT，我去了，主任也看了，结果是没病，只不过是太累了，休息一下也就好了。可我当时工作忙，没法休息。最后朋友把我介绍给一个打太极拳相当棒的大师，跟她学打太极拳。没办法，只有这条路可走，我就天天早上出来打太极拳，每天打一个小时。打了半年，血压就恢复正常了。所以对中医的理解，不要像有的报纸上登的那样，开几副药就好了。其实，那是误导。中医治是为了不治，最后是自我治疗。中医最可贵的地方也就在此。要改变对中医的理解，上面说的是"道理法术"。道是阴阳五行，理是医理，比如刚才讲的"百病始于血"，营养不好导致血不好，血不好了病就来了。还有句话叫"百病源于气"，血不好是因为气不顺，这讲的都是医理。还有痰为百病之源，讲的还是医理。而法就是我们在解决人的问题时必须遵循的应有规则。这规则有大法，有细则。术就是具体的途径和手段，像内治法与外治法，吃汤药与不吃汤药，用手治疗与不用手治疗，针治与灸治。大家一般都对术感兴趣。强调道理法术体，就是说学中医一定要从道上进去，不要简单地从术上进去。从术上进去知道的越多只会越糊涂，越不敢用。就像现在的营养学一样，给你介绍这么多营养配方，最后你还是弄不清楚，到吃的时候还是不知道吃什么好。这就是因为没有从道上进。道的第一块是文化,第二块是文化在生命体里表现出来的道。因为有道存在,所以阴阳五行不管有没有人类,都始终存在。道不是专门为人而存在的。道理法术体是大家觉得比较难学的。为什么好多人觉得中医不太好学?就是因为中医是解决非线性问题的,是非线性的方法论。平时讲的对症治疗,其实就是数学里的一元一次方程。因为坐标系里就一条直线,y就跟着x成直线比例变化,这叫对症治疗。想想病是不是简单的对症治疗呢?就说头疼吧,头疼怎么治?对症治疗?吃止痛片?吃完是不是挺好?骨头疼了,牙疼了,也吃点止痛片,完了以后是不是紧接着还疼?这就像数学里的一元一次方程。所以数学学得好的,中医也会学得非常好,因为中医是个非线性问题。我遇到过一件非常有意思的事,有个女孩,看上去不到20岁,进药店买药。售货员问她:"买什么药?""治便秘的。"那售货员也有意思:"治便秘?我们这有好几种,价格不等。"女孩就说:"给我说说价钱。""有19元多的,有30多元的,还有20多元的,你买哪一种?"小姑娘说:"就买19元多的。"她拿了就走了。我也不好意思去捣乱人家的生意,就过去看看。哟,19块多的是治老人的。而30多元的才是治女同志的。女同志有时便秘是由血亏引起的。便秘有四种情况,我这里顺便说一下。有因为老人阴虚内热,津液亏损,肠子蠕动很差因而干燥引起的便秘。有因为动了大手术,经常出汗、气虚引起的便秘。有女性由于血虚而肠子变得干燥引起的便秘。还有因为内寒大引起的便秘。要是不学医不就坏了,他说给你四种你就给他按价格选。因为钱少就买便宜的,小姑娘吃老年人的便秘药。学中医是不是有用?越学是不是越明白?不要误导自己。比如我开方让你们去见习。我说必须要炒白术,而你到药店时被告知"没有炒白术,只有白术"。你可能会想不一样,不可以代替。可是你要不懂呢?"那行,反正都叫白术,管它炒不炒。"但是两者的功力不一样。我给一位中国音乐学院的教授治咳嗽。我说三副药下去可能就差不多好了。一个礼拜后她又来找我:"什么差不多,吃了7天还是没好。"我说:"怎么吃的?""抓完药就放在药店煮,下班再拿来喝。"我说:"错了,还是自己拿回家熬去吧。"煮药是有技巧的,有的要先下,有的要后下,而药店不可能做到这一点,只会像大锅饭一样都给你扔到窝里煮。记得北京最早有熬药机的时候,熬药机是从韩国进口的。我的朋友也是中医界的老前辈,他让我去看他,说现在有熬制药的设备。我说：这回方便了，药有地方熬了。他告诉我："我不爱在那儿熬，还是回家熬去吧。"熬药是很重要的环节，应该特别重视。中医是条功能链，像企业一样，一个环节出了问题，就前功尽弃了。后来我再开三副药，让她回家自己熬。结果，她严格按我说的做，三副药下去病就好了。中医是非常严格的一门科学，是马虎不得的。比如医生本来让你饭前吃，而你因为时间不够，饭后吃，最后效果不好能怪谁？这一连串的疗效，实际就是个非线性问题。事实上中医把生命看成是蛋生鸡和鸡生蛋的问题。讨论这个问题时，因果关系是变的，是个复杂的因果环，所以才会出现中医讲的预防。我们经常碰到这问题，比如我说他的肝可能不舒服。他说刚检查完，指标正常。在这里，别混淆两个不同的概念：西医讲形态，而中医讲功能，功能就像数学上的矢量，而西医的指标是标量，是代数值。一个矢量在全球360度的球体里边，每一个投影是不是就是一组指标？就是一组代数值？这个时代你可以看到，西医如果继续现有的思路，检测形态的标量会变得越来越多。仪器不是就越来越多吗？老百姓是不是越到最后就越看不起病了？这是个发展的思路。有的指标，正如他们告诉我的，像什么量子指标，现在已经有3600多项了。他说给我免费测一测，绝对是进步。但是表面上无穷尽的代数值实际上是有穷尽的，因为一代人只能逼近，不可能达到无穷。有穷尽的代数值的合成只能越来越接近于真理，但是不等于真理。也就是再合成，结果也不会等于阴阳。而阴阳却有这种功能，是一个矢量概念。所以我认为，中医是矢量科学，西医是标量科学。不要标量对了就万事大吉，标量不达标就如临大敌、心事重重。我们处理中医对生命的态度，就是要处理复杂的系统问题。咱们看病看到后来，会越来越明白的。比如，我看过一个病人，是个离退休干部，身上有11种病，要吃13种西药。最后治到没法治的地步，什么都得往鼻子里边灌，生活质量太差。你们都学了四年中医，所以想请教大家，如果要你们处理这样的病人，该怎么办？

观众1：先治标，后治本。

杨老师：怎么治标呢？

观众1：解决他的急症。

杨老师：怎么解决？你们学了这么久，我想看你们思维观建立起来没有。他没有什么急症，人活着，每天都这样，只是肚子越来越大。医院也想过办法,肠胃蠕动的药也吃了,但是就是解决不了。

观众2:泻下去。

杨老师:泻下去?吐?这同学很老实,说的也非常对。中医里有一条:不管多复杂的病,都得先解决他的胃气问题。病再多也得先解决胃气问题。《内经》里有句话大家可能都能背出来,就是不知道怎么用:"有胃气者生,无胃气者死。"活人和将死者的区别就是有无胃气。他是不是已经快不行了?是不是应该让他先有胃气?这句话不就用上了?临床上就这么用。别只想病,得先让他有气。生命在于运动,运动是什么?是气的运动。气都不动了,他还会有生命?就得这么考虑。学医理,是为了以后有个思维观。思维观是什么?破题的时候,你的角度、立足点、切入点,就是你的思维观。我看过一个局长,52岁,还年轻,起码还能再干一段时间。他不行了,喝酒喝的,酒精肝,最后躺在医院接受抢救。这人人缘很好,但是我想他缺乏医学知识。所以当了两年局长,谁给他敬酒他都喝,最后得酒精肝,住院了。我去的时候,他身上9处插管了,仪器屏幕显示,心脏在跳,呼吸也没停止。然后我一摸脉,就知道没有胃气了——你们记住,这就是应用。如果有人让你看这个人还能不能活,你首先关心的应该是有没有胃气,而不是有没有癌症。西医检查一项指标,化验,然后再得出代数值。但代数值转化不成胃气,胃气是手上就能摸到有没有的,一摸已经没了,还能活吗?可是我不能扫人家的兴。人家都在抢救,而且确实呼吸机在动,心脏在跳,其实都是机器在运作,人早就没了。我也不好说,也就说再看看吧。只能这么说,我能说什么?事实上没几天,医院也不抢救了,因为抢救无效,人也走了。后来我跟他朋友说,那时候就已经走了,他说:"你不早说。"我说那时他家属肯定不答应,谁让亲人那么快走?哪怕机器维持毕竟也是他家的人。这就说明胃气的重要性。胃气观点把非线性的复杂问题简单化了吧。学中医是要把复杂问题简单化。简单化在生命的纲上。胃气代表一个人的生命和健康。不健康的人和将死的人的区别在有无胃气上。中医不仅本身是非线性的复杂问题,而且指导怎么处理非线性问题,也就是简单化处理在纲上。这是我要讲的第七条,即非线性方论。

观众3:我学的这个东西,在国外现在流行的说法是环境科学,而在国内,像中科院的戴老师就做这块。我不知道你说的中医要从纲入手是什么意思。纲是什么？你为什么说这是纲？

杨老师：问得非常好。我在中医界说非线性问题的时间不长，因为大家现在都在学系统论。从生命存亡角度讲中医的纲就是决定生死的胃气。就这个意义上讲，中医的养生就一条：把胃气保住。抓住了胃气就抓住了生命的根本。如果胃气没了，再抢救也没用。对癌症病人来说第一位的不是去治癌症，而是首先把他的命保住。而保住命关键在于保住胃气。保住了胃气也就赢得了时间。这是我粗浅的理解，我一般都关心涉及到生命本质问题的最重要的点。

观众3：但是怎么抓胃气，其实在这点上我觉得西医和中医不是矛盾的。而问题在于，中医怎么看胃气，什么是胃气？你可以望闻问切，看他脉象和脉兆。这跟西医没有任何差别，西医是看你心跳次数，只不过中医里有指标。

杨老师：中医特别讲究心率问题。每分钟72次是人的健康心率。快了是热象的表征，慢了就是寒象的表征。

最后一个问题，中医整个框架的最后一点就是心气食药功。心是第一位的，所以要调心；第二是要调气；第三是药食同源，即能用食时别用药，强调两者的同根性。在效果上部分食物可以代替药发挥作用，所以实践的时候能用食时别用药，但不能因为药食同源而片面追求以食代药。以上八方面就是我对中医思维观的理解。

怎么学中医呢？我觉得初学的人，一方面应从学习中华文化入手，另一方面应从升华自身的非医经历入手。不要认为没有学中医，以前的经历就没有用。其实有用，关键在于你怎么从方法论角度上总结。举个简单的例子。我在儿研所出诊的时候，好多孩子都有肥胖症。儿研所当时有跑步机，每去一次就得30块钱。从资产经营的角度讲，肥胖症是一个变现能力低下的问题，经济学上肯定得从机制入手，而不是跑步能解决的。事实上如果能抑制小肠的吸收功能，既不影响饮食，还能达到减肥的目的。减肥的时候就要从这里入手。在方法论上事理与医理很多都是相通的，至少我认为是相通的。这个问题是让大家解除神秘感。好多至理名言，像经常讲的"春捂秋冻"，实际上都体现了中医的思想。再就是要从解决自身或亲友的健康难点入手。如果觉得健康有问题，你们就得先研究自己。这样你才有动力，如果整天都只是知识的积累的话，你们就会没动力。学是为了解决问题,这是最重要的。我们能把握的最后一条,就是从调心、调气和注意饮食调节入手。这应该能把握住,不可能一步跨到调药上,距离太远了。这就是该怎么学的问题。

最后还有5分钟,我刚才说送给你们的一个礼物,就是教你们调气。好多同学可能在网上已经知道,但是网上没动作。我教大家做的是台湾的平甩功。我们的病人都做这个,效果很好,我们每天都用半个小时给自己保养。下面请张大夫给大家示范一下。

(观众鼓掌欢迎张大夫上台示范)

在她做的时候,我讲我对平甩功的理解。她做的时候,手臂与地平行。自由下落甩5下,然后下蹲,完了后就弹两下,然后起来,继续。弹跟甩的速度是一样的,就这么简单。为什么要做这个功呢?第一,从中医角度来说甩手的过程当中,涉及的都是与肺部有关的穴位,所以锻炼的是肺。而肺主一身之气,如果把气调动好了,很多病也就在"通"中自调了。第二,手上有六条经,脚上有六条经,甩的过程当中,12条经脉都在动,人体的气血也就动了。第三,膝关节是筋的大会,所有的筋都在那里会合。所以锻炼筋也就等于锻炼了肝脏。锻炼肝脏反过来,从五行上,把其他的脏腑都给调动起来了。我认为它很科学,所以把这个推荐给大家。实际上练的是气,随时都可以练,只是刚吃饱后别练。其他的时间,在哪儿都可以练。而且还可以边看电视边练,只是不要受他人的影响。不用花钱,就可以关注自己的健康。如果嗓子有咽炎或是身体不舒服,可以经常甩一甩。当然开始甩的时候会出现一些好转反应。比如,我三个月以前甩的时候,就像感冒一样,火都出来了,最后鼻子附近像烂了一样。如果甩胳膊越甩越疼,是因为胳膊有问题,坚持下去就没事。女同学肚子凉,经常冒凉气,甩的时候凉气能排出去,不要害怕。总而言之,我认为这是一个非常能体现中医特点的方法。实用,不用掏一分钱,就是拿出点时间关心自己。今天就讲到这儿,有不当之处大家可以跟我讨论。

主持人:再次感谢杨老师今天精彩的演讲。

如果对杨老师今天讲的内容有什么疑问的话,可以提出来。

观众甲:请教一下,如果自己诊断胃气,是怎么样的呢?

杨老师:比如说你早上起来就饿,饿就代表有胃气。从中医的角度来说,胃气代表心脾的水平。所谓的心脏功能和脾功能的水平,讲的就是胃气。

  观众乙：胃气能检查出来吗？

  杨老师：就刚才说的，就看你有没有饥饿感，早上醒来如果有饥饿感，就代表你本身有胃气。好多人早上起来没有饥饿感，那是因为里面的东西还没排空。有的起来后甚至觉得嘴很粘。

  观众乙：号脉能号出来吗？

  杨老师：应该能号出来。

  观众丙：您刚才讲的一个案例，你说你给别人看，那你是怎么看的呢？

  杨老师：通过号脉。

  如果你们有兴趣，我会毫无保留地教给你们的。这是我从实践当中摸索出来的，有的时候不一定很规范，但我认为一定很实用。因为有好多人请我去看他们能活几天。也有错的，因为有感情在里边。如果我跟他关系很好，我是不愿意让他走的，这时候就会出现不准。

  观众丁：老师，您说心率低于正常人的水平是寒象的表征，那寒象怎么治？

  杨老师：这一下子不好说。为了让大家明白医理，后面讲的时候我会讲好多临床实践案例。

  观众戊：问一个技术上的问题，做平甩功时，心情怎么调整的？

  杨老师：安安静静地，做一个自由分子，随意点。中医讲顺其自然，自由下落就完了，别管它，不要故意甩得很较劲就可以了。实际是拿平和的外部运动使你内部的气运转平和。就是这个原理。我已经练了四个多月了，觉得挺好，也推荐给过很多人，他们练得都不错。顺便说一下，一天当中，人的气血循环50周次。也就是说循环一周要28.8分。所以一般要求甩得动的人能甩够30分钟。这样正好调一遍。像老人甩不了那么多，每次可以先甩10分钟，然后逐渐增加。如果站不起来可以坐着甩，逐渐增加体力。

  主持人：再次以热烈的掌声感谢杨老师，今天的讲座到此结束。

2007 年 6 月 25 日